ロシアの空の下

中村喜和

風行社

［目　次］

一　旧教徒たち

『ロマノフカ村の日々』が世に出るまで

旧教徒

ロマノフカ村の名前を初めて耳にしたのは、一九八〇年代の半ばである。研究会「ロシアと日本」の席上だったと思う。

大学で教員をしている者は、研究室だけで勉強しているのではない。研究者の研究対象はかなり狭い専門に分かれているから、仕事先には似通った専門の仲間がいない場合が多い。自分と同じ分野の研究者がいるのは、別の大学や研究所ということになる。

そんなわけで、ロシア語の教員をしていてロシア文化と日本文化の相互交流に関心をもつ者たちが集まって「ロシアと日本」という研究会ができた。記録によると、「ロシア文学と思想に現れたアジアの影響とロシア人のアジア観の変遷に関する史的研究」という大げさなテーマを立てて文部省に〈科学研究費補助金〉を申請したのが昭和五五年度（一九八〇～八一年）である。といっても、この会が実質的に発足したときには正式な名前もなければ会の規則もなかった。毎月一回の割合で、初めは一橋大学、後には早稲田大学に集まって、会員が交替で自分の勉強や最新の話題について発表したのである。年かさのメンバーだけの名前を敬称抜きで挙げれば、早稲田大学の笠間啓治や安井亮平、北海道大学の秋月俊幸、東京外語大の渡辺雅司、初めは中部大学にいた井上紘一、それに私など、全体で一七人がメンバーだった。早稲田の高野明、大阪市立大の左近毅も参加していたが、高野さんは一九八六年に他界され、二〇〇二年には左近さんも早世してしまった。

東京やその近辺に職を得ている者たちは集まりやすいが、遠方に住む者は科学研究費から交通費が支出されないときは、例会への参加がむずかしい。その上、月に一回の会では全会員の報告が収まりきれない。というような事情があって、八〇～九〇年代には、ほとんど毎年あるいは隔年に、八王子のセミナーハウスなどで研究合宿を行なった。一晩か二晩泊り込みで喧々諤々、議論や討論をつづけるのである。むろん、休憩中に雑談もすれば、酒も飲む。そのような合宿のときに、だれかから、上に述べたように、満州にロシア人旧教徒の村があったという話を聞いたのである。

私は元来中世ロシア文学を専門としているので、旧教徒（古儀式派とも呼ぶ。英語では常にOld Believersと呼ばれ、分離派は蔑称）に関心をいだいていた。旧教徒というのは、一七世紀にロシア正教会の総主教ニーコンが教会儀礼の改革を断行したとき、それに従わなかった人々である。たとえば、正教徒が十字を切るときには元来人差指と中指の二本を立てるのが習慣だったのに、ニーコンはそれに親指をくわえて三本で十字を切るように改めた。それが正教会の根拠地ギリシャをはじめとして当時の流儀だった。聖堂内で拝礼をするときひざまずいて額を床につけるのを廃止して、頭を腰のあたりまで下げれば十分とした。聖歌のあとの「ハレルヤ」は二回ではなく三回唱えることとする……そのほかにも、ニーコンの提議した改革には信仰上の観点からすればきわめて重要な変更が含まれていた。古い儀式を守ろうとしたグループは頑強に抵抗した。そのリーダーの一人がアヴァクムという司祭だった。アヴァクムは逮捕されて監禁されたり、シベリアや北ロシアの北極圏に流刑にされたりした末、一六八二年に三人の仲間とともに火刑に処せられた。彼が獄中で執筆した自伝が中世ロシア文学における白眉の傑作とされているのである。私は『ロシア中世物語集』（河出書房、一九七〇年）を出版したとき、アヴァクムの自伝の抄訳を収めていた。彼の一徹な生涯とその自叙伝の力強い文体に感銘を受けていたので、一七世紀以来の堅固な信仰を受け継ぐ旧教徒には格別な興味をいだいていたのである。

正教会とそれを支持するツァーリの政府は旧教徒を迫害し、弾圧した。しかし旧教徒の多くは改革反対の態度をくずさなかった。政府の軍隊に囲まれると、集団自殺すらいとわなかった。一七世紀から一八世紀にかけて炎の中で命を落とした人数は数万人にのぼったという。政治上の支配者によって迫害や差別の程度はさまざまであったが、一九世紀の中ごろの時点で旧教徒の数はロシアの全人口の一割から二割に及んだという。人数については全国的な調査は行なわれておらず、通説は無い。国家正教会に属しているといっても、隠れ信徒が多くて、正確に数えようがないのである。

概して旧教徒は僧侶の権威を認める容僧派とその権威を認めない無僧派に分かれていたが、酒を飲んだりタバコを吸ったりすることが堅く禁じられている点は共通していた。全体的に禁欲的で、労働において勤勉であることも変わりがなかった。一八～一九世紀の近代産業勃興期にモロゾフ家やグチコフ家やリャブシンスキー家などの大企業家が旧教徒の中から輩出したことはよく知られているところである。

ロマノフカ村

ハバーロフスクやウラジヴォストークを含む極東ロシアが成立したのは比較的新しいことで、一九世紀の後半になってからである。中国を支配する初期清王朝の勢力はなかなか強大で、一六八九年にロシアと清国のあいだに結ばれたネルチンスク条約は、毛皮を求めるロシア人の狩猟家がアムール川流域に進出することを防いでいた。この条約から二世紀足らず経過すると、両国の立場は逆転していた。そのころになると、清国は南方でイギリスやフランスと戦い、連戦連敗していたのである。その弱みをついて、一八五八年の愛琿《ぐん》条約と一八六〇年の北京条約と二回にわたって結ばれた条約によって、アムールとウスーリはロシアの川になった。ロシア帝国としては新たに獲得したアムールの北流域とウスーリの東流域の新領土を早急にロシア化するために、この地に植民者を送り込もうとした。一家の働き手の数に応じて広大な土地を無償で与えるとか、徴兵や納税の義務を免除するとか、鉄道やオデッサからの船便を利用する場合には運賃を無料とするとかさまざまな方法で、ロシア人農民の移住を援助した。援助の対象には正教会の統制に服さない旧教徒や去勢派、プロテスタント系の福音派やモロカン派なども含まれていた。一八八〇年代の初めまでに、沿海州地方に存在する旧教徒の信仰共同体、すなわち集落は六〇をかぞえたという数字がのこっている。

その旧教徒が沿海州からさらに満州へ再移住する契機になったのは、ソビエト政権下で一九三〇年をはさんで二～三年のあいだに強行された農村の集団化政策だった。コルホーズ（集団農場）の名の下に農村の社会構造が大幅に組みかえられたのである。ソビエト体制の基盤となったのが無神論を奉ずるマルクス主義だったから、コルホーズでは正教会そのものが生き延びることがむずかしかった。すべての聖堂は

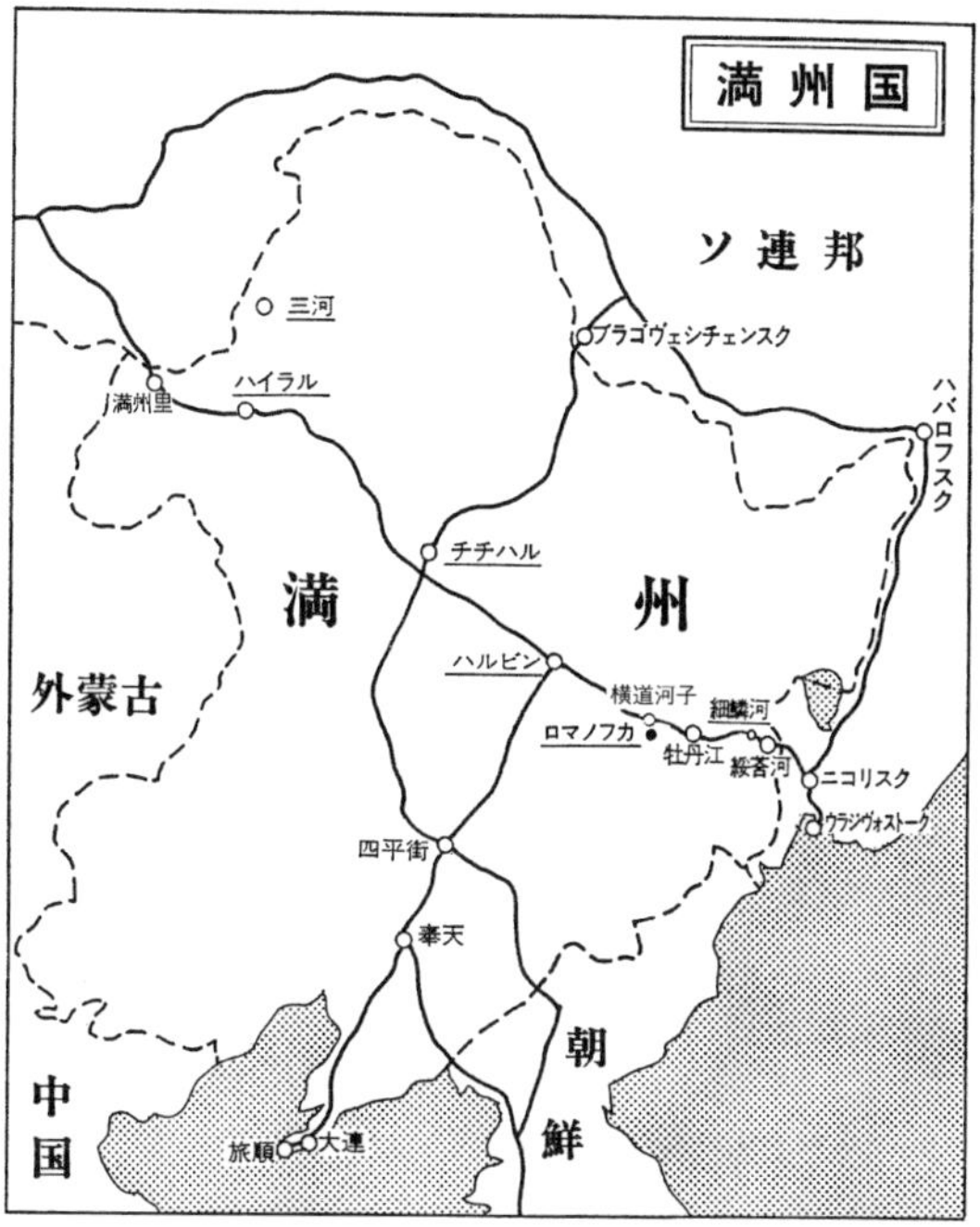

ロマノフカ村のありか（著者作成）

人民の財産として一挙に国有化され、宗教儀式を挙げるには、特別の許可が必要となった。通常の正教徒より一段と信仰の篤い旧教徒にとっては、共産主義者による支配は耐え難いものだった。この時期に沿海州地方北部のビキン川流域では旧教徒による武装蜂起が起こった。政府側も軍隊を動員して衝突が起こり、双方で一〇〇人以上の戦死者や処刑者を出した。沿海州の南部ではウスーリ川を渡って西の満州に亡命する旧教徒が相次いだ。その結果として生まれたのがロマノフカ村である。

　私はロマノフカ村の存在を知ってから、この村について書かれた資料を探しはじめた。その気になって集めると、かなりいろいろ書かれていることがわかった。単行本では次のとおり。
①a　藤山一雄『ロマノフカ村』、満州国立中央博物館編集、満日文化協会刊行、康徳八年（一九四一年）九月、新京特別市、四四ページ、限定三〇〇部（判型はB5よりやや幅広、全冊オフセット印刷）、定価三円
①b　右の本は書名を変えずに、翌一九四二年東京で再版された。財団法人満州移住協会刊行、七八ページ、発行部数は五千部。（判型はA5）、定価一円五〇銭（判型を小ぶりにし、紙も薄くした。普及版としたのである。）aとbでは、掲載されている写真に多少異同がある。
②　山添三郎『ロマノフカ村の話』、牡丹江鉄道局編、満州事情案内所刊行、康徳八年（一九四一年）一二月、新京特別市、五八ページ（判型はB6）、値段不明
③　暉峻義等《てるおかぎとう》述〈開拓科学生活図説〉第一冊『白系露人の営農と生活』、一九四二年一二月、東京、大阪屋号書店（大連、旅順、奉天などに支店あり）、六二ページ（判型はB5）、値段一円七〇銭、送料二四銭
このほかにロマノフカ村の記事や写真の紹介が新聞や雑誌、小説やエッセイに頻出した。そのすべてを網羅することは不可能なので、啓蒙的なものを一つ、研究的なものを一つだけ挙げておく。
④　姉川磐根「分裂派の生活」、『観光東亜』、新京特別市、一九四三年一月号、二〇〜二四ページ、分裂派とは分離派、つまり旧教徒を意味している。
⑤　飯塚浩二「北満における白系露人の入植地ロマノフカについての所見」『満蒙紀行』五四〜六九ページ。『飯塚浩二著作集』第一〇巻、平凡社、一九七六年にも再録されている。

単行本でロマノフカにふれているものも枚挙に暇がないが、珍しいものとしては栩澤龍吉の短編集『ハルビンの女諜者』（私家版、一九八四年）、小山龍太郎『応召日記』（私家版、一九八五年）がある。この二人は従兄弟の関係にあり、軍服姿で連れ立ってロマノフカ村を訪れた体験をそれぞれに語っている。

こういうリストは眺めるだけでうっとうしいかもしれないが、多くのことも教えてくれる。まず、単行本は一九四一年と四二年に集中していること。いわゆる満蒙開拓団が計画的に日本から大量に送り出されるようになってから、日本人農民の開拓入植の手引書、参考書として書かれたことが判然としている。雑誌の記事も同様である。

ロマノフカ村は周りを朝鮮人や中国人の集落にかこまれていた。都市にはロシア人も住んでおり、ロシア語で書かれたロマノフカ村の資料がないわけではない。満洲のロシア人作家として知られたニコライ・バイコフが一九三八年の初め、所用でハルビンに出てきたセミョーン・カルーギンと会って面談している。所用というのは、二頭の虎の屍を売りに来たのである。結局は薬局を営む中国人が商品としてそれを買い取った。バイコフはこのときにロマノフカ村ができたことをはじめて知ったようである。セミョーンは虎を生け捕りにせず、殺してしまったことを悔やんでいた。『ルベージュ』というグラフ雑誌にもしばしばロマノフカ村が記事として取り上げられた。文学作品としては、最近物故したワレーリー・ヤンコフスキーの短編「旧教徒たち」が断然すぐれている。この短編に登場する主人公は、虎を生け捕るロマノフカ村の名人たちである。彼らは豪胆であるばかりでなく、信義と友情に篤い人々であった。

ロマノフカ村がいかにして成立したか。それを最もよく示しているのが、満州へ亡命してきたロシア人旧教徒が、満州に住む白系ロシア人を代表する機関だった白系露人事務局（ビューローの名前で知られた）を通じて日本の特務機関に提出した「願書」である。それは最初の藤山一雄の本に掲載されている。これは彼ら自身の発言としてほとんど唯一の資料であるから、次に全文を引用したい。（オリジナルでは仮名はもっぱらカタカナを使用しているが、ここでは読みやすくひらがなに直した。旧漢字は新しい書体に変え、一部はひらがなにしている。）

願書

私等四名のカルーギン兄弟は別紙提出書の露人団体の代表者であります。血も宗教（すべて旧教信者）も郷里も同一にして、しかも職業も（すべて農夫猟師）同じであります。私等は皆同一の土地で働き自活し、民衆に社会国家に大いに役立ちたいと存じますので、耕作に適し、部落建設に格好なる土地を借用したく、右お願いする次第でございます。

私等に適せる土地は横道河子駅より東に鉄道に沿い一五露里、ナジェージュデンスキー退避駅（現在の柳樹信号場）の右側（南方）旧セフチェンコ林区引込線に沿い二露里の地点にして、建設年代不明の破損家屋の付近に私等の予定部落を置きたいと存じます。

右土地は現在のところはだれも耕作せず、持主も無く、そのままにしてあるものであります。もし私等に土着を許可くださるものならば、ただちに冬の用意に馬糧用牧草の刈入れをし、冬は木材の伐採運搬をなし、住家を建て、春は全部の家族を集めて、耕地耕作畑作に着手いたします。私等の一団は今のところ二五家族で、その内訳は、男子三三名、女子二八名、子ども六一名、財産家畜等は、馬二八頭、牛二三頭、犂《すき》二台、車二台、耙《まぐわ》四台。

なお、家畜および物品は土着（植民）が許可されれば、実際に必要とする数量まで増加いたす予定でございます。

いかなる援助も特別な自警団も私等には必要といたしませんが、ただご監督のもとにあって、正確な銃器を適当な数量だけ所持できるようお取計らいお願いいたします。右予定地は匪賊の横行地で（そのために無住地帯）ありますので、かならず私等で自衛団を組織せねばなりませぬ。

まず、最初の時期だけ課税の義務を免除していただけるよう、ご斡旋方お願いいたします。

なお、第一期の土着準備が立遅れになったり、春の移住が好都合に行かなかったりすることなく、完全に居住できるようになすため、許可の件は急ぎ解決くださるようお願いいたします。

ただいまのところは各地に仮に居住しております。

以上

カルーギン　イワン・ジノーヴィエヴィチ
カルーギン　セミョーン・ジノーヴィエヴィチ
カルーギン　イワン・ジノーヴィエヴィチ
カルーギン　ピョートル・ジノーヴィエヴィチ

（同じ名前の兄弟がいるが、ロシアの農民のあいだではこれはさして珍しいことではなかった。中村注）

むろん、この日本語の文章は旧教徒自身が書いたものではない。一九四二年に満鉄に招聘されロマノフカ村を訪れた人々の中に画家の柳瀬正夢がいた。彼ののこした文書中には「である」調の文体で書かれた「願書」が含まれている。しかもそれは正夢の筆跡ではない。おそらくは、案内役として彼に同行していた通訳が横道河子のビュローの事務所に保存されていたロシア語の原文を見て、自分なりに翻訳したものらしい。文意はまったく変わらない。私の想像では、カルーギン兄弟の口述したものをビュローの職員がタイプに打って、その翻訳を特務機関に提出したものであろう。村が作られて六年目の時点でロマノフカ村が全満州の中で一流の観光名所のような存在となっていたことも興味深い。

願書に対する許可は二週間後に出た。すばやい対応である。横道河子というのは、ハルビンから東南へ伸びる鉄道浜綏《ひんすい》線で二〇〇キロ余り、牡丹江まで残すところ四〇キロほどの場所にある中都市である。

願書を出したカルーギンの一家は農業集団化がはじまる前には、沿海州地方に住んでいた。ほとんどがペトロパヴロフカという名前の集落の出身である。旧教徒に関する私の研究仲間であるウラジヴォストーク博物館の館員のヴェーラ・コプコさんに問い合わせると、この集落はもう存在しないという。今の地図で見ると、シホテ・アリン山脈が沿海州を南北に走っていて、その山中というより前山にあたる場所にアルセーニエフという小都市がある。この町には鉄道も通じている。ウラジヴォストークから東北に三〇〇キロほどはなれたところにある。かつてのペトロパヴロフカはその市域内に含まれていた由である。今は市域といっても、旧教徒だけが集住したところなので、よほど辺鄙な場所だったと思われる。願書を出したのはカルーギン兄弟だったが、最初の年に移住してきたのはイワン・セレトコフとパーヴェル・ポーノソフの二世帯だった。彼らはいずれもペトロパヴロフカの住人たちだった。その翌年になると、カルーギン兄弟をはじめ一九家族が入植して一挙に村落の様相を呈してきた。翌三八年には二戸、三九年には三戸と移住者があり、一九四〇年の時点では、二七戸、人口は一四〇人を超えていた。

これほど詳しい情報が得られたのは、一九三九年に満鉄（正確には南満州鉄道株式会社）の出資で横道河子に開拓科学研究所が設立されていたためである。この研究所は大原社会問題研究所の後身として東京にあった労働科学研究所の暉峻義等を所長としていただき、その下に博士号をもつ三人の所員、一格下の博士号なしの研究員三人を擁していた。本編の主人公である山添三郎は医学博士の学位をもつ所員の一人であった。右に挙げた単行本の③がこの研究所の研究成果の集成である。

この本の記述は全体として緻密な科学的調査と観察できわ立っているが、「序」で記述者である暉峻は奇妙な錯誤をおかしている。冒頭の文章で彼は「研究に着手したのが昭和十三年九月であった」と述べているが、これが事実と食い違っているのである。国会図書館に所蔵されている『開拓科学』と題する隔月刊のパンフレットを見ると、その第一号は康徳六年（一九三九年、昭和一四年）の一一月に創刊されている。山添三郎を含む所員や研究員たちが横道河子の研究所に着任するのが、この年の九月七日だった。『開拓科学』第二号の日記抄によると、一一月二四日に山添所員は鈴木研究員をともなってロマノフカ村へ「各種調査のため数日滞在の予定で出発」したことが知られる。同第三号に「三河（満州の西北部、現在は内モンゴル自治区）をわれわれの調査対象からはずすことにする」と書かれているのは、このロマノフカ村でのフィールドワークの進行に満足した結果であろう。山添は一九〇八年一〇月生まれだったから、満州に渡った年に三一歳を迎えていた。新潟生まれで新潟育ちの彼は新潟医科大学を卒業し、生化学教室で研究を積んで博士号を取り、二八歳の年に縁続きで幼なじみの門脇絹子と結婚した。山添の作品の中にはロマノフカ村において撮影された着物姿の絹子の写真があるので、彼が常に単身赴任だったわけではないことがわかる。

上記のように単行本三冊が相次いで出版されたのは、次のような事情があったためであろう。ロマノフカ村の評判を耳にした新京（現在の長春）の博物館の副館長藤山一雄が、日本人開拓民の参考になるものがあろうと推察して一九四一年にこの村を訪ねる。この年の五月の末から六月のはじめまでの数日だった。日付まで分かるのは、「一雄」のサインと日付のついたスケッチがこの本に数枚含まれているからである。現地のロマノフカ村では彼を迎えて山添三郎が村のガイドを買って出た。村の教導者の家族と藤山・山添の二人を含む集合写真が本の中に掲載されている。教導者というのは、無僧派に属するこの村の人々の中で宗教儀礼のさいに司祭の役割をになう人物である。藤山は新京に戻ると、旅行の記録をまとめて、ただちに『ロマノフカ村』と題する三〇〇部限定の大型の書物（上記の①）を刊行する。新京の中央博物館にはロマノフカ村の農家の模型まで展示されていたというから、藤山はこの村のたたずまいによほど心服したものらしい。もっとも、彼の書物にはロマノフカ村の紹介とともに、古代ゲルマンの歴史からはじまってイギリス、デンマーク、南ロシアのそれぞれの農村の農圃形態の比較を論ずるような記述を含んでいる。ずいぶん衒学趣味をひけらかしたものである。それに反発するように、ひたすら啓蒙的かつ実用本位に書かれた本が②の山添本である。彼は読者に向かって、「日曜日や祭日に村を訪れると、すでに遠くから若い娘たちが赤や緑や黄や青の極彩色の晴着を着て三々五々遊び歩いているのを認めることができる。そんなときには、何かお伽噺か、夢の国にでも来たような感じにとらえられさえする」と賛美する一方で、ロマノフカ村を訪ねるならば、平日に来るべきではない。村人の仕事の邪魔になるから、という親切な忠告を与える。さらに「一、二回この村を視察して書いた視察記は少くないかもしれない。しかし、実際に自ら調査して書いた調査報告の類は未だ出ていないようである」という言葉も巻末にある。この語気には、藤山のペダントリーに対する開拓研究所の研究者たちの反発すら感じられる。そして、自らの正式な調査報告が③となって結実したのである。それが最もフォーマルで総合的な研究成果の報告書である。

ロマノフカ村の名称の由来について藤山は「言うまでもなく、ロマノフ王朝を追慕、憧憬の情より出で」たものと推量している。山添は旧教徒の歴史や正教会との儀礼の相違をよく理解していたにもかかわらず、成立の事情については藤山に同調している。初期に入植した人々のあいだで考え出されたというのである。しかし旧教徒がソビエト政権だけではなくて、帝政時代にもロマノフ王朝の政府と正教会から弾圧を受けたことを考えれば、この推定には納得がいかない。旧教徒たちは歴代のツァーリを「アンチクリスト」（反キリスト、すなわち悪魔）として憎悪していたのである。私がロマノフカ村育ちの女性を妻にもつ旧教徒から直接聞いた話では、ロマノフカと命名したのは「日本の将軍」だったという。さらに別の説によると、満州を東西に貫く中東鉄道を建設当時の地形調査で（つまり一九世紀と二〇世紀の境のころ）、村のある台地の両側を流れて台地のはずれで合流する川がロマノフカと名づけられていたという。この新説にも賛成しがたい。鉄道敷設のころの名称が伝わっていれば、願書の中で言及されたはずだからである。

さて、生化学者山添の担当はロマノフカ村の住民の食生活だった。彼の調査は動物性と植物性の食料の種類から、それぞれの料理法、炊事用具、食器にまで及んでいる。各戸が乳牛をもって酪農食品を自給していたが、家禽のほかにノロ（シカの一種）やイノシシ、キジ、カモを食していた。男はみな猟師であったから、必要に応じてケモノを獲っていた。小麦粉などパスタの類の食品としては、パン、ピロシキ、ペリメニ、ブリヌイなど一四種類の名称を挙げている。ある一家の各季節における献立の実例を表にしているところを見ると、食卓を観察することを許されたらしい。圧巻は、木の伐採運搬、狩猟、干草積上、家屋建築などいくつかの作業に応じて、蛋白質、糖質、脂質がそれぞれどれほど摂取され、どれほどのカロリーに達しているかを被検者の年齢別に算出していることである。一例を挙げると、四月二日（一九四〇年か）に木挽作業を行なった三二歳の男性が摂取したのは蛋白質一四九グラム、糖質を一〇一二・四グラム、脂質を一〇・五グラムで、熱量は合計四八二四キロカロリーで、ビタミンはA、B_1、B_2、Cのいずれでも不足するものがなかった。（カロリー計算は当時と現在では計算方法が異なっているかもしれない。）

旧教徒には、たとえ相手が正教徒であっても旧教徒でなければ食卓を別にし、食器については旧教徒以外の人間が一旦用いたものは「汚れたもの」として扱うなど、厳格なところがあった。それにもかかわらず、山添が食品・食事に関してこれほど詳しい調査を行なえたのは驚きである。これは私の想像であるが、山添は臨床の点でさして経験がなかったようであるけれども、医学博士であったから、ロマノフカの村人の病気のさいには多少とも治療面で助力をすることができ、健康維持の方面で貢献するところがあったために彼らの信用を博していたのかもしれない。生来彼は穏やかな性格で、大声を出すことがなかったということは家族（娘）が証言している。また彼は研究対象に対して心情的に敬意をいだいていた。右の書物の末尾で彼はこう書いている。「〔ロマノフカ村には学校が無く、大人たちの中に学校教育を受けた者はいないが〕それにもかかわらず彼らの生活一般が何となく文化的な匂いをもっているのは、やはり民族自体の文化のレベルの高さを示すものと見ることができるであろう」

日本からの旧教徒

ロマノフカ村が多くの日本人を惹きつけたのは、村自体の急速で見事な成長ぶりに周辺の日本人が目を見張ったということのほかに、この村では日本語が通用したという事情があったと思われる。満鉄の肝いりでつくられた開拓科学研究所が一応の目的を果たして組織替えとなり山添三郎が研究所を去る一九四一年までのあいだに、この村には南樺太（南サハリン）から五家族、一五人の移住者があった。南樺太は日露戦争後に結ばれた条約で日本領になって三〇年あまりを経過していた。したがってその地で生まれた男女は日本統治下で初等教育を受けたわけで、日本語をほぼ完全に身につけていた。

日本に旧教徒が住みついたのは一九一七年の革命以前である。二家族の旧教徒が北海道の函館の郊外にある笹流《ささながれ》と呼ばれる地区に移住したことが北海道庁の記録から判明する。彼らの暮らし方が市内に多い普通の正教徒たちといちじるしく異なっていることが日本人の注意をひき、しばしば土地の新聞に彼らについての記事が掲載された。彼らは酒もタバコもたしなまない。水は水道に頼らず、ある特定の小川の水を用いる。彼らは元来シベリアに住む旧教徒であったが、東方に政府や国家の教会からの迫害のない場所があるという伝説（新聞によると「ベルスセイタ」。多分白水境「ベロヴォージエ」のことであろう）を信じて北海道に移ってきたのだった。新聞記事によると、彼らの主導者はワシーリエフという白髪の老人であり、函館に到来するや否や、ロシア領事のヴィリゲリム・トラウトショリド（在勤は一九一三年のみ）のもとを訪ねて伝説の地名について質問したところ、否定的な答えを聞いて大いに失望したという。もう一つ旧教徒の存在を示す確実な文証がある。日本外務省の外交史料館に以下のような北海道警察から内務省への報告が保存されている。「従来函館市外の銭亀沢には「スタロヴェル」を奉じる白系旧露国人の農業に従事する特殊団体があったが、生活困窮その他の理由から彼らは漸次北米に移住し、目下は二戸九人が在住するに過ぎない」

北海道よりもさらに北に位置するサハリン島は帝政ロシアの時代には島全体が流刑地だった。この島の南半分は日露戦争のあと一九〇五年に結ばれた条約によって日本領となった。その新たに日本領となった南サハリンに、グリゴーリー・エフィーモフというノヴゴロド県からの流刑囚が住んでいた。彼は殺人のかどで、一八八四年にサハリンに流されたのだという。彼は妻や七人の子ども（五人の息子と二人の娘）とともにサハリン島の南端にあるアラクリ（荒栗）と呼ばれる村に住んでいたが、島の主権者は変わってもこの土地を離れなかったのである。一九二九年のサハリン庁の調査によると、夭逝した長男をのぞく四人の息子たちや二人の娘（夫の姓はプィラーエフとコージン）の家族は、農業と牧畜に従事し、それぞれ相当な資産をきずいていた。エフィーモフ家の中には函館に住む旧教徒の女性と結婚する者もいた。一九三〇年代になると、彼らのほかにザジガルキン、パニャーニン、エロフェーエフ、フロローフなどの姓をもつ旧教徒たちがアラクリの近くにある大泊市や遠淵村に住んでいた。彼らは牧畜ばかりでなく、この地に多い魚を餌にして養狐業をいとなんでいた、と日本人ジャーナリストが書いている。サハリンの郷土史家のセルゲイ・フェドルチュークの著作によっても、日本領サハリン時代の旧教徒やその他の外国人の動静を知ることができる。これらの旧教徒のうち、ロマノフカ村へやってきたのはザジガルキン、エロフェーエフ、コージン、エフィーモフ、フロローフたちである。私はひところ、南サハリンの旧教徒たちは全員がロマノフカ村へ移住したのではないかと思っていたが、そうではないことが、フェドルチュークの著述から知ることができた。エフィーモフ一族の大半はサハリンに残ったものらしい。

日本人訪問者のあいだで最もよく知られたのは虎狩りの名人アニシム・カルーギンに嫁いだエレーナである。彼女は父親のイサイ・フロローフ、母親のイリーナはもとより、兄のミハイールと彼の妻と子どもたちもろとも、八人でロマノフカ村へやってきた。一九二〇年に大泊（現在のコルサコフ）で生まれたエレーナは、仮に一九三九年に入村したと仮定すれば一九歳――まさに嫁入りざかりである。彼女にはすぐさま花婿が見つかった。山添の写真の中には、彼女が夫であるアニシム・カルーギン（願書を出したカルーギン兄弟の長男の息子）、生後一年ほどの娘のイリーナ、それに二頭のトラの仔と一緒に撮影された写真がある（五七ページ参照）。おそらくフロローフの家族はこぞってこの村へ最も早く、一九三九年ごろ、移住してきたものにちがいない。彼女の話す日本語は格別に流暢で、日本人とまったく変わりがなかったらしい。挨拶も応対も丁寧で、立ち居振る舞いが日本流だったという。

どこでも旧教徒の信仰共同体にとって、最大の悩みは結婚であった。食事のさいと同じように、結婚相手は同じ信仰をもつ者でなければならなかった。時代を経るにしたがって、小さな共同体の中は親戚ばかりとなってしまう。彼らのあいだでは七親等以内の親戚内での結婚はタブーであったから、青年男女が結婚相手を探すためには大きな困難が伴った。一九四一年までに南樺太から移住してきた一五人のロシア人の中には、エレーナのほかに、一四歳から一七歳までの未婚女性が四人もいた。男性も一五歳から二〇歳までの者が四人いた。ロマノフカ村にとって彼らは大歓迎だった。一九四三年にロマノフカ村を訪ねた作家の湯浅克衛は、近く樺太から四家族があらたに移住してくるという話をエレーナの口から聞いた。この種の証言はほかにもいくつかある。

サハリンから来た者の中には食べ物や慣習が異なることで、来訪する日本人に向かって移住してきたことを悔やむ者がいたが、それが本心からのものであったかどうかはわからない。いずれにしても、日本語を理解する人々が少なくなかったことは、日本人にとって好都合であったはずである。満鉄が恒例として日本本土から各分野の名士を招いたときにも、その視察ツアーのプログラムの中にロマノフカ村訪問が組み込まれていた。前述の柳瀬正夢などがその一例である。来訪者があまりに多いので、横道河子の特務機関がロマノフカ村訪問者の数を制限するに至った、と地理学者にして東大教授の飯塚浩二が書いている。彼自身は一九四五年の三月四日から五日にかけて、復活祭の時期にロマノフカ村を視察に赴いたのである。第二次大戦の終結前のきわどい時期だった。このときの村長はセレトコフで、白系露人ビュローからわざわざ通訳をつけてくれたにもかかわらず、セレトコフ家へエレーナ・イサーエヴナが現われて（おそらく夫のアニシムとともに）、村人と飯塚のあいだを取りもってくれた。

学界への紹介

満州の旧教徒ロシア人に興味をいだいた研究者は私だけではなかった。カナダの学者デイヴィド・シェッフェルは一九八九年に二編の論文を発表している。英語で書いた「ロシア人旧教徒とカナダ」（『カナダ民族学研究』第二一号、トロント）とドイツ語で発表した「満州における旧教徒」（『東方教会』第三二号、ゲッチンゲン）である。シェッフェルが利用したのは第二次大戦以前のものでは、満州の旧教徒がカナダ当局に提出した移民申請の書類である。大戦後について役立ったのは、一九五〇年代の後半に旧ロマノフカ村を含む満州を脱出し、南米や米国のオレゴン州を経由してカナダ・アルバート州エドモントン市の北東二五〇キロの原野に入植してベレゾフカ村を建設した旧教徒という生き証人だった。さらに満州に関しては、福田新生の『北満のロシア人部落』（東京、一九四二年）と藤山一雄『ロマノフカ村』（東京、一九四二年。上述①b）のような日本語の書物さえも部分的に利用している。日本語のできる協力者がいたのであろう。しかし、彼はロマノフカ村だけを取り立てて論じる文章を書かなかった。会議でも発表しなかった。（ただし、ベレゾフカ村の暮らしを撮影したヴィデオと著書『反キリストのかげで。アルバータの旧教徒』《In the Shadow of Antichrist. The Old Believers of Alberta》は見落とすことができない業績である。

ロマノフカ村を学界に初めて紹介する役が私に回って来たのには、もう一つの偶然があった。一九八八年に私は旧教徒に関する二回目の国際会議に出席した。最初の会議は一九八六年にドイツのハイデルベルクで開催されていた。主催したのはドイツの言語学者のクラウス・シュタインケ教授だった。二年後にその会議の報告集が刊行された。そこにはモスクワの文献学者イリーナ・ポズジェーエワともう一人の音楽学者の論文が収められているが、二人ともソビエトからの出国は許されず、論文は郵送されたものだった。

二回目の国際会議は旧ユーゴスラヴィアの中のクロアチア共和国の首都ザグレブで開かれた。国家としてのユーゴスラヴィアが崩壊する二年前である。ゴルバチョフのペレストロイカ政策のおかげで、このときにはソビエトからも数人の参加者があったほか、ドイツ、ポーランド、ルーマニア、ブルガリアや米国などの諸国の旧教徒研究者が集まった。人類学・民族学の国際学会がザグレブで開催されたのに便乗するような形で旧教徒に関する会議が招集されたのだった。核となる大学あるいは施設がなかったせいだろう、何人かの報告者があったにもかかわらず、この会議の報告集は出されていない。しかし私はここで初めて世界諸国の旧教徒研究者たちと顔を合わせることができた。ロシアからはモスクワ大学の文献学者で黒い髪をもつ雄弁なイリーナ・ポズジェーエワ、旧教徒の聖歌を専門とする背の高いセラフィーマ・ニキーチナがいた。ロシア以外からの参加者も少なくなかった。北ロシアの旧教徒の中心地だったヴィーグ共同体について古典的な著書を発表している中肉中背で白髪まじりのカルフォルニア大学デイヴィス校教授のロバート・クラミーが夫婦同伴で参加していた（その後の彼の著作も旧教徒研究者にとっては必読に値する）。ポーランドのウッチから来たエウゲニウシ・イワーニエッツ教授には知り合った瞬間からポーランドに移住した旧教徒たちの写真を買わないか、と申し込まれた。写真には一枚一〇ドルという値段がついていた。同じくポーランドから、中年のイレーナ・マルイニャクと若くて笑顔を絶やさないゾーヤ・ヤロシェーヴィツの二人の女性研究家が参加した。二人ともポーランド訛りでよどみなくロシア語を話した。ゾーヤは極東から参加した私の家族（妻と娘）のことを気づかってくれた。ドイツのシュタインケ教授は赤ら顔で、健康そうな大男だった。専門は言語である。ルーマニアから鉄道でやってきたフョードル・キリーラはロシア・カザーク（コサック）の末裔の旧教徒で、ブカレスト大学でロシア語を教えているとのことだった。

不参加でみんなに惜しまれたのは、研究者にとって必携の書『ロシアの旧教徒』の著者セルゲイ・ゼンコフスキー（一九〇七〜一九九〇年）と、シベリアのノヴォシビールスクに住んで名著『稀覯本を求める旅』を書き、やがて歴史部門のアカデミー会員となるニコライ・ポクロフスキー（一九三〇〜二〇一三年）だった。前者は高齢のため不参加という説明がクラミー教授からあり、後者は夫人の病気が原因とのことだった。この会議の世話人格で活躍したのが、万事にわたって陽気で面倒見のいい典型的なヤンキー・タイプの研究者リチャード・モリスだった。その後リチャードと文通しているうちに、何と、彼のアドレスとなっているオレゴン州のウッドバーンという村（町かもしれない）が満州の旧ロマノフカ村の住民たちの約半数の定住地であることがわかった。（他の半数はソビエト政権下のシベリアに移住し、ハバーロフスク地方の北部に村をつくっている。ごく一部は中国から最初に移住した南米に滞留している。）さっそく私はリチャードに、自分の主たる興味の対象がロマノフカ村であること、この村については日本語の資料がたくさんあることを知らせて、旧ロマノフカ村の住民たちから話を聞きたいのでオレゴンを訪ねたいという手紙を書いた。リチャードからはただちに快諾の返事があった。（リチャードには《Old Russian Ways. Cultural Variations among Groups in Oregon》AMS Press, Inc. NY, 1991という労作がある。）

私がオレゴン州ウッドバーンを訪ねたのは、一九九〇年の復活祭の時期だった。かつての山添氏の忠告にしたがって、平日ではなく、正教徒最大の休日を選んだのである。この年の復活祭は四月一五日にあたっていた。春の彼岸の直後の満月のあとの最初の日曜日が復活祭と決まっているのである。したがって年によって移動はするが、おおむねキリストの蘇りを祝う慣習が地上の自然の再生と響きあっているわけである。オレゴンでは白樺の新緑が萌え、ピンク色の八重桜と白い梨の花が咲き競っていた。ロマノフカ村の旧住民のど真ん中にリチャードの住まいはあった。その家は平屋で木造ながら、広々とした部屋が五、六室はあろうかという横に長い作りだった。意外にも、主は独り暮らしだった。彼があらかじめ宣伝をしておいてくれたおかげで、次々と旧教徒たちが訪ねてくる。私は上述の①と③の本を携えていったので、その本の中の写真をみんな珍しそうに覗きこむ。彼らが口にする言葉によって、写真の中の人物がだれであるか、難なくわかった。家畜の牛でさえも所有者が明らかになった。白地に黒いブチの形でだれのものか判明したのである。

オレゴン州のウッドバーンにはトルコから移住してきた旧教徒、中国の新疆自治区から移ってきた旧教徒、それに満州から南米を経由して再移住した旧教徒、の三つのグループがあり、それぞれトルコ系、新疆系、ハルビン系と呼ばれている。リチャードによると、一九八〇年の段階では総数が五千人ほどだった。

その後、さらに南米からの流入があり、一方ではカナダやアラスカへ流出する旧教徒がいたから、正確な数はつかめないらしい。ウッドバーンには旧教徒のほかに、ソビエトから出国してきたモロカン派やバプテスト派（いずれもキリスト教徒ながら少数派）のロシア人も混住している。

復活祭に始まる光明週間のおかげで、リチャードの隣家にすむ旧教徒を訪ねたり、客人の訪問を受けたりしているうちに、ロマノフカ村で日本人訪問者の通訳兼接待係をつとめていた上述のエレーナが前の年の一九八九年に他界したばかりと教えられた。彼女の夫で虎狩の名人だったアニシムは一九七九年にハバーロフスク地方のタヴリンカ村で死亡している。終戦の年にアニシムは他の村人とともにたちまちソ連側に逮捕され、裁判で悪名高い「反革命」の罪状で一〇年の刑期を宣告された。そこで夫婦の絆が断たれたことになる。二人のあいだに生まれたイリーナさんはオレゴン州で健在の由。（後年、天理大学の阪本秀昭教授がウッドバーンで、むこうから声をかけられたという。）また、①b で水桶を天秤棒で担いで写っていたフィオーナ・ボドノワはロマノフカ村の教導者クセノフォントの娘で、写真に撮られたときは一一歳か一二歳の少女だったが、結婚してチェレムノワと姓が変わった。ちょうど近所に住んでいるということで、すぐに呼ばれてきた。彼女としては半世紀前の自分の姿に対面したことになる。アルバム『ロマノフカ村の日々』の索引によれば、彼女の現住所はブラジルのパラナ州である。復活祭の時期に合わせてオレゴン州の親戚を訪問中だったのかもしれない。

ノヴォシビールスクの国際会議

さて、ソビエトの学界がやっと重い腰を上げ、第三回目の国際会議の開催に踏み切ったのが、一九九〇年である。主催者はニコライ・ポクロフスキー博士、場所は博士の本拠地シベリア最大の都市ノヴォシビールスクだった。博士は一九三〇年、ロストフ・ナ・ドヌー生まれ（父親がこの市の大学教授だった）、モスクワ大学で著名な歴史家のチホミーロフやグレコフの教えを受けた。一九五七年反体制運動に関与した件で政治警察に逮捕され、六年間入獄の刑を受けた。その後科学アカデミーのシベリア支部に職を得る。博士の研究テーマがシベリアにかかわっていたから、これは自然の成り行きでもあったろうが、前歴のせいで勤務地がモスクワやレニングラードのような大都市から故意に遠ざけられたという感じがしないでもない。

博士が責任者となった正式な会議名は「ヨーロッパ・アジア・アメリカにおけるロシア人旧教徒集落の伝統的な精神的・物質的文化」という長いものだった。九月下旬の五日間が会期で、当時のプログラムを見直してみると、発表者は六六名である。私の順番は会議の最終日二八日の午前の部の冒頭に割り当てられていた。各人の持ち時間は二〇分である。題目は「ロマノフカ、満州の旧教徒 一九三六～一九四五年」となっている。二年後に公刊された報告集では私の報告は五ページ半を占めているが、制限時間内に話すことができたのは簡単なレジュメに過ぎなかった。それでも意外なことに、興味を示してくれた人が何人かいた。休憩時間になると、私が言及した①や③のコピーを手に入れたいという申し込みを三、四人の参加者から受けた。たとえば、「ウラジヴォストークのヴェーラ・コプコ（報告の全文）、ペトロパヴロフカ、カーメンカ、アルヒーポフカ、スパースクなどの地名に心当たりある由」などというメモが私のノートにのこっている。

私が最も驚いたのは、報告の前日の二七日にポクロフスキー博士の研究室に呼ばれて、ロマノフカ村旧教徒の属する〈礼拝堂派〉(ロシア語ではチャソーヴェンヌイ)の宗教会議の議事録を示されたことである。ウラルに根拠地をもつこの宗派は数年毎にかなり広域の共同体の代表が集まって会議を開き、公私の問題について協議を行なう慣習があった。一九四一年の六月二三日と二四日の二日間にわたって満州居住の礼拝堂派旧教徒の会議がロマノフカ村で開催されて、何箇条かの決議が採択された。その手書きの文書が博士の机の上に置かれていた。私は分厚い写本を一晩だけ拝借して、関係箇所を書き写した。シベリアの研究所ですらゼロックスはまだ普及しておらず、いわんやデジカメなど思いも寄らない時代だった。日本語の文献ではロマノフカ村の宗教会議にふれているものはなかった。さしもの特務機関もまったく気づかなかったらしい。概して日本人はロマノフカ村の住民の生活の精神面には非干渉、無関心の態度をとっていたのだ。

このときの会議で人々の注目を集めたのは、一八世紀にイルクーツクの東のブリヤート地方へ集団的に流された旧教徒の一派セメイスキー派の女性合唱団が参加したこと、リトアニアからは北ロシアのポモール派に属する無僧派の聖歌詠唱グループが招待されていたことである。セメイスキー派の合唱団はチャストゥーシカと呼ばれる現代風の民謡と踊りをにぎやかに披露し、リトアニアの聖歌隊は古風で重厚な旧教徒独特の聖歌の詠唱を会場にひびかせて、世界各地から集まった研究者に深い感銘をあたえた。ザグレブで知り合った研究者の全員とノヴォシビールスクで再会したこともうれしかった。

シベリアの学会の論文集は二年後の一九九二年に出版された。私はその本をポーランドで受け取った。ロシアにつづいて第四回目の国際会議がポーランドの東部の都市ツェハノーヴェツでこの年の九月に開催されたときである。そのポーランドの会議で発表された報告が論文集の体裁をとったのは、やはり二年後の一九九四年だった。その後はこれほど大規模な国際会議は開かれていない。（ポーランド会議の論文集の序文を読むと、編集者はザグレブでの研究集会を正式な会議と認めていない。論文集が出なかったためであろう。）念のために言えば、ハイデルベルク会議後に公刊された論文集に収められた報告は一五編に過ぎなかったが、ノヴォシビールスク会議後の論文集は五六編、ツェハノーヴェツ論集は三四編を収録している。しかしこの数字の多寡にはあまり意味がない。一九九一年のソビエト体制崩壊後には、ロシアの国内はもとより、諸外国においても、年を追う毎に旧教徒に関する国際会議がますます頻繁に開催されるようになり、会議での報告の出版も盛んになったからである。旧教徒シンポジウムと銘打った会議やシンポジウムで二〇世紀の末までに私が出席したものだけを以下に列挙しよう。

一九九三年一〇月——ルーマニアのトルチャ市、一九九四年九月——ロシアのウラジヴォストーク市、一九九六年六月——フィンランドのイーマトラ市、一九九八年一〇月——米国のエリー市。それぞれの会議で、私はかつて函館に住んだ旧教徒たちの動静や、白系ロシア人として日本に亡命しながら南米に再移住していった旧教徒の家族や、南サハリンで共同体を営んでいた旧教徒たちのことなどを報告した。

レオンチー神父

このほか、ソビエト崩壊後のロシアで思わぬ幸運に恵まれたことも書いておきたい。

一九九四年夏のこと、かねてノヴォシビールスクの会議で知り合っていたペテルブルグにあるロシア文学研究所のサーシャ・ボブロフから、「湖底に沈んだ町」として知られるスヴェトロヤール湖を見学に来ないか、という誘いがあった。これは旧教徒にとっての聖地で、キーテジの名でも知られており、ヴォルガ川左岸の深い森の中にあった。奥ヴォルガと呼ばれるこの地方は旧教徒の多いところで、作家メーリニコフ＝ペチェルスキーの小説『森の中で』の舞台でもあった。七月一九日から三一日まで、日本からは中世ロシアの歴史やフォークロアの研究者たち八人、ロシア側からはボブロフをはじめ研究者四人のほかに、腰にピストルを帯びた本職の警官がボディガードとして参加した。治安がわるくて、どこへ行くにもボディガードがつかなければ安心できない時代だった。貸切りの小型バスの運転手はコーリャといい、恐ろしく手の器用なフィン系の好人物だった。目の瞳のように円形をしたキーテジの湖の水が実に清らかで深い感銘を受けたが（拙著『聖なるロシアの流浪』平凡社、一九九七年）、往路で貴重な出会いがあった。

モスクワに到着した当日の夜行列車で、ニージニー・ノヴゴロドには翌朝着いた。そこからは貸切のバスである。このバスに同乗者がいた。レオンチー神父と五人の子どもたちである。サーシャの同僚でわれわれの旅に同行したイコン画家のグレープ・マルケーロフが神父と長年の付き合いなのだという。一家はこれからさして遠くないネプリャーヒノという旧教徒の村の教会の祭日に行くのである。五人のうち四人は年頃の娘たちで、末が息子である。みんなロシアの昔話に出てくるような色白の美人ぞろいだった。父親の神父は旧教徒らしく立派な顎ひげをたくわえている。教会のミサのときにわかったが、子どもたちは聖歌隊の詠唱に加わるため父親に引率されていたのである。

私はバスの中や草原での休憩のあいだにレオンチー神父と話がはずんだ。彼が最初に発した言葉は次のようなものだった。

「おわかりですかね、われわれ旧教徒は日本人とよく似ているのですよ」

「どうしてですか」と私。

「つまり、古い教えを堅く守って、新しいことも取り入れようとしているのです」

いつのまに神父は日本についての知識を得たのであろうか。この挨拶には意表をつかれる思いがした。キーテジからの帰途にはニージニー・ノヴゴロドの神父の自宅に巡礼参加者全員が招かれてご馳走になった。そのとき、私はレオンチー神父が学識のある人物で、モスクワに出る機会があると、宗教関係の古書を求めてかならず古書店めぐりをする趣味の持ち主であることを知った。

二度目にレオンチー神父と出会ったのは、二〇〇〇年の九月末に、著名なロシア文化史家ドミートリー・リハチョフ博士の一年忌の法事のさいだった。研究集会と組み合わせて法事を主催したのはプーシキン館の別名をもつロシア文化研究所の中世ロシア文学のセクションだった。九三年の長寿を恵まれたリハチョフ博士は亡くなるまで、このセクションの部長をつとめたのだった。博士の墓はペテルブルグの名士が眠るコマロヴォにある。市の中心部から海岸沿いに西へ車で一時間ほど走った森の中である。そのときの博士の墓はごくつつましいもので、有名な女流詩人アンナ・アフマートワの立派な記念碑に隣接していた。墓参の参加者が一人ひとり墓前に白い花をささげ終わったとき、祭服をまとった数人の僧侶があらわれた。その先頭にレオンチー神父が立っていた。リハチョフ博士自身が旧教徒であったかどうか、私にはわからないが、母方の家系を通じて旧教徒の宗派に連なっていたことは、博士の回想記にも書かれていたことを私は思い出した。神父たちの読経は一〇分くらい続いた。そのあとでレオンチー神父が短いスピーチをした。それが実に印象的だった。「教会の中にいても、信仰の何たるかを知らない人がいます。教会の外にいても、信仰をよく理解している人がいます。ドミートリー・リハチョフ先生がまさにそのような人でした。博士ほど伝統的なロシア文化を深く理解し、尊重した人はいませんでした……」一五〇人ほどの参列者が神父の言葉に耳を傾けていた。神父の声は高いモミの森によくひびいた。ところどころに白樺の木が混じっていて、その木々の葉が金色に輝いていた。

研究集会の最後の日には、同じ会場で旧教徒の男性聖歌隊の詠唱があった。一〇〇万ともいわれる信徒の中からえりすぐった声の持ち主たちなのであろう、どんなプロの合唱団にもヒケを取らない力強い演奏だった。詠唱を指揮していたのがレオンチー神父であった。

写真家山添三郎

二〇〇四年の夏のことだった。私は何気なくパソコンの画面に人名を打ち出していた。暑さしのぎに遊んでいたといってもいい。ロマノフカ村に関係した人々の名前を調べているうちに、労働科学研究所を主宰していた暉峻義等の経歴を知った。彼はいわゆる左翼とは一線を画して体制内改革を目指した医学者だった。生年は一八八九年、東京大学の医学部を卒業して大原社会問題研究所に属し、紡績工場の女工をはじめ労働者の生活条件の改善を目的に労働科学研究所を創立したのが一九二一年である。満蒙移民が当面の政策課題としてクローズアップされたころから彼が大陸への移民の問題にも関心を寄せ、一九三九年（昭和一四年）に満鉄の後援を受けて開拓科学研究所を創設したのはまことに自然な推移だった。戦時中大政翼賛会に深くかかわった経歴が災いして大戦後戦犯に指定されたが、指定解除後は日本大学医学部に迎えられ、一九六六年に没した。藤山一雄（一八八九〜一九七五年）は山口県出身で下関梅光女学院地理学科の教諭を経てから、満州国に渡って独立宣言の起草に関与した人物だった。満州国立中央博物館の副館長をつとめ、一種の農政家だったこともわかった。彼には博物館について独特の信念があって、その展示は実際の生活に役立つものでなければならないと考えていた。博学の上に政治家的な資質をもった人でもあったらしい。山口県知事の顧問に任じられたこともあった。

暉峻の研究所には博士号をもつ「所員」と学士号だけの「研究員」がいて、上記の③の序文では、所員の名前が三人挙げられている。その三番目の山添三郎博士まで来たとき、パソコンのスクリーンにたくさんの情報がどっと現れた。博士は生化学者で群馬大学の名誉教授であり、同時にエスペランチストでもあるようだった。没年は書かれていない。山添先生は健在かもしれない、と思うと胸がおどった。

私はこまごまと自分の履歴を述べた上で、山添先生のご住所をお知らせ願いたい、という趣旨の手紙を群馬大学の図書館宛てに書いて投函した。何となく、庶務課に出したのでは個人情報は知らせられないと断られそうな気がしたからである。まもなく、返事が来た。前橋市の住所を知らせる手紙だった。私はさっそく先生に手紙を出した。そして何回か手紙の往復があったのち、炎暑がおさまった秋口になって、前橋市へ出かけていった。お宅はＪＲの駅から歩いて一〇分くらいの近さだった。一九〇八年生まれの先生は九六歳に手が届こうとしているはずであった。しかし、応接間に現れた先生は言葉つきも歩き方もしっかりしている。老耄という印象は微塵もない。穏やかな人柄であることは一目でわかった。生化学に詳しいというだけでなく、健康を保つための自制心を充分に備えているにちがいなかった。肝心のロマノフカ村のこともよく覚えておられた。その旧教徒村について寄稿した同窓会の会報のコピーもいただいた。これは村人の写真ですと言って、アルバムも見せられた。そのアルバムには今まで見たこともない写真が何枚かあった。「ライカをもっていましてね、趣味で撮っていたのですよ」と先生は言った。私はアルバムをお借りして近くのコンビニへ行き、ゼロックス・コピーをとった。そのコピーを日本国内や外国の知り

ヴェーラ・コプコ

ニーナ・ケルチェラーエワ

合いの旧教徒研究者たちに送った。私が写真に格別な興味をもったのに気づかれたせいか、その後は顔をみせるたびに少しずつ新しい写真を見せていただいた。幾度かうかがううちに、その数はやがて一〇〇点を超えるほどになった。

写真のコピーを送った相手の一人はウラジヴォストークの沿海州博物館のヴェーラ・コプコさんだった。彼女とはノヴォシビールスク会議以来の友人だった。翌年の二〇〇五年になって、彼女から手紙が届いた。旧ロマノフカ村の住民がハバーロフスク地方の奥地に村をつくって住んでいる。山添さんの撮った写真をもってゆき、一枚一枚について、だれが写っているのか、どういう状況で写されたのか、村人に訊いてみたい。そのためには博物館の仕事を一時休んで出張しなければならない。その出張がなぜ必要か説明するような要望書を私から博物館の館長宛に送ってもらいたいという内容である。ヴェーラの本職は博物館の所蔵品の修復者である。旧教徒に関する研究にも関心をいだいていることは周知の事実であるけれども、単なる趣味や好奇心のためではなくて、公務として出張したい、という事情があった。彼女が勤務する沿海州博物館の館長ウラジーミル・ソコロフもかねてから私は相識の仲だった。

私は旧ロマノフカ村住民を写した写真がたくさん見つかったので、そのアルバムを作成することを目的として、日本、ロシア、アメリカの研究者が国際的なプロジェクトを立てている、という大義名分を思いついた。アメリカにはリチャード・モリスがいる、喜んで協力してくれるだろうと考えたのである。むろん、そういうアルバムが作成できるだろうと本気で予想したのではない。リチャードは一九九四年のウラジヴォストークでの旧教徒研究会議に参加して大いに存在感を示したので、彼の名前はこの要望書に重みを与えるはずだった。

結局、ヴェーラは同僚のニーナと連れ立って、何回かハバーロフスク地方のタヴリンカ村とベリョーウゾヴイ村をおとずれた。そこへ行き着くためには、ウラジヴォストークからの経路としては、まずシベリア幹線鉄道の本線で、隣接する州都のハバーロフスクまで夜行列車に乗り、そこで幹線鉄道の本線から北行きの支線に乗換えてアムール川に沿って下流のコムソモーリスクまで鉄道に乗り（もっとも、ウラジヴォストークからハバーロフスク経由でコムソモーリスクまで直行する列車が一日に一本ある）、そこからはアムール川の支流のアムグーニ川に沿ったバム鉄道に乗り換えて二〇〇キロをさかのぼらなければならない。バム鉄道の客車の運行は一日一本だけである。目的地に着くまでに、ウラジヴォストークからすべての連絡がうまく行って丸二昼夜かかる、とはヴェーラの話。彼女たちは着いた先でたくさんの人々に写真を見せ、聞き取りを行なったのである。初めはノートをとり、やがてカセット・レコーダを使って録音をした。二〇〇六年にはニーナと連れ立ってアメリカのオレゴン州へ出かけた。二〇〇八年にはオーストラリアへも足を運んだ。この一点ごとの写真の調査がアルバムに大きな価値をもたらすことになった。ヴェーラはもともと沿海州出身の旧教徒の家族関係に詳しく、二〇〇四年には『沿海州の旧教徒、歴史と伝統　一九世紀中葉――二〇世紀三〇年代』という大きな著書を出版していたほどだから、だれとだれがどういう親

タマーラ・モリス＝ユムスノワ

リチャード・モリス

戚か、だれがどのような家系に属しているかを熟知していた。写真に撮られている人物の名前さえわかれば、それがどのような経歴の持ち主か、おおよその見当はつくのだった。写真の提供者は山添先生だったが、写真に意味を与えたのはヴェーラさんの聞き出した本人や親戚・知人の回想だった。

　オレゴン州に出張したときには、ウッドバーンに住むリチャードの家に宿泊した。彼はその一年ほど前にタマーラ・ユムスノワという名前のロシア婦人と結婚していた。彼女の父親はブリヤート人、母親はロシア人だったから、正確にはハーフというべきだろう。彼女の本職は言語学で、タマーラがロシアからオレゴン州に旧教徒の方言調査に来たときに知り合ったのだという。そういう次第でタマーラも自然とわれわれの協力者になった。アメリカ人と結婚しても彼女は相変わらずロシア科学アカデミー付属の言語学研究所の所員という身分を失っていなかった。仕事の本籍はロシアにあるので、彼女はモスクワとオレゴン州のあいだをしばしば往復しているのだった。

アルバム

瓢箪から駒が出たような成り行きだったが、ヴェーラとニーナの熱心な活動のおかげで、写真に解説をつけて一冊のアルバムに収めれば、社会的にもまた学界に対しても意味深い出版ができるように思われてきた。そのときのアルバムの構想は以下のようなものだった。

題名は〈ロマノフカ村の日々〉

1　ロマノフカ村の成立（中村）
2　アルバム（写真説明はヴェーラとニーナが担当）
3　ロマノフカ村の崩壊と一部の住民のソビエト帰還（ヴェーラ、ニーナ）
4　一部の住民の南米移住、さらに北米への再移住（モリス夫妻）
5　旧教徒の方言語彙集（タマーラ）
6　ロマノフカ村の住民の網羅的な人名索引（ヴェーラ、ニーナ）

アルバムの核心ともいうべき内容については、次のような章立てを相談して決めた。アルバム形式で写真を並べるとしても、分類と順序が必要だからである。

⑴埴生の宿、⑵子どもたち、⑶青年男女、⑷家族と隣人たち、⑸狩人たち、⑹農作業と菜園作業、⑺家畜たち、⑻養蜂、⑼家事、⑽遊戯と娯楽、⑾ロマノフカ村の日本人たち。

執筆者としては、姓のロシア語アルファベット順に挙げれば、ニーナ・ケルチェラーエワ、ヴェーラ・コプコ、リチャード・モリス、タマーラ・モリス＝ユムスノワ、中村喜和の五人が並ぶことになった。

このころになると、相互の連絡はすべてｅメールで行なっていた。一通の手紙を書けば、ウラジヴォストークとオレゴンの仲間に一瞬のうちに伝わるので、便利この上なかった。

出版社は初めから決まっていた。ウラジヴォストークに「ルベージュ」(国境)という出版社がある。この社名はかつてハルビン市で刊行されていた週刊グラフ雑誌の名前である。それにちなんで、この出版社は社名と同じ『ルベージュ』という名前の文集を出している。さすがに週刊というわけにはいかず、年に一回の割合であるが、分厚い雑誌の編集のセンスは悪くないという印象があった。社長はA・K氏である。二〇〇七年の二月に私がウラジヴォストークを訪ねたとき、上述の博物館館長ウラジーミル・ソコロフが私をA・K氏に引き合わせた。われわれのアルバムの出版のことはあらかじめソコロフが話を付けてくれていた。シベリア鉄道の終着駅に近いレストラン・ノスタルギーアで会食をして、われわれが年内に原稿を完成させて出版社に引き渡すという条件で彼は出版を承諾した。

その年に発行された『ルベージュ』の第八六九号(号数が多いのはハルビンで創刊以来の号数を引き継いでいるため)に私の書いた論文「ロマノフカ村の運命」と、ヴェーラの書いた「満州の旧教徒共同体一九三六〜一九四五年」が掲載された。私がロマノフカ村の成立から戦後までの外面的な歴史を略述し、ヴェーラは生き残った人々やその子孫たちの回想を引用しながら住民の生活の内面を描いたのだ。

私は、ウラジヴォストーク在住ということでヴェーラにわれわれ執筆者の代表として出版社とのあいだの連絡係となるよう依頼した。個々の執筆者が自分の原稿のことで出版社と直接交渉すれば、全体として齟齬が生じることを恐れたのである。

その心配は杞憂に終わった。その年も終わらぬうちに、突然、A・K氏から出版が不可能になったことを知らされたのである。「アルバムを出版するための金を出してくれるスポンサーが見つからない」というのが刊行できなくなった理由だった。

自費出版

ウラジヴォストークで出版できないとすれば、どうするか。その対策がわれわれにあったわけではない。しばらくは呆然として過ごした。

ウラジヴォストークでだめなら、モスクワの然るべき出版社から本を出そうと考えついたのは、リチャードの妻のタマーラだった。彼女にはすでに旧教徒の方言を収集して大きな辞書を刊行した実績があった。そのときの出版社が引き受けてくれそうだという。それは人文関係ではモスクワでも指折りの出版社だった。長たらしい名前は興をそぐので、仮にK社としておこう。タマーラからの知らせでは、八千ドルのお金があればK社から本を出せる、とあった。アルバムだから、A4かB5くらいのちょっと大型の判、分量は二〇〇～三〇〇ページになると思われた。発行部数は一千部と決めた。それだけあれば、ロシア国内や北米などに住んでいる旧教徒たちの需要を満たした上で、ロシアや諸外国の研究者にも行きわたるだろうと計算したのである。

その金を工面するとなると、執筆者の中の二人の男性が半分ずつ拠出する以外にない、と私は考えた。私はリチャードに手紙を書いた。彼も不服を唱えなかった。金を送るときには、円では送れない。米ドルに換えておく必要がある。私は所要の金額を立川にあるアメリカの銀行C・Bに預金して口座を開いた。二〇〇八年の一〇月のことだった。一ドルは一〇〇円というのがその時点での為替相場だった。もっとも一ドルにつき二円の手数料を要求されたので、実際には単純な掛け算だけではすまなかった。いざとなったら、すぐにアメリカのリチャードのもとへ送金する手はずをととのえたのである。

なかなか理解できなかったのは、ロシアにおける自費出版の慣習である。タマーラによると、自費出版をすれば印刷製本された部数はすべて出資者のものになるという。しかし、五人の執筆者たちの自宅に、合わせて一千冊の本がドサッと送られてもその始末に困ってしまうだろう。

私は日本の例を挙げて確かめようとした。私の知るかぎりでは、日本の場合の自費出版はこうである。ちょうどそのころ、私の友人がロシア文学について書いた本を、横浜のS社という出版社から出した実例があった。S社というのは小規模ながらも、主としてロシア関係の書籍を刊行している堅実な出版社なのである。友人は完成原稿をコンピュータに打ち込み済みで、CDディスクを一枚渡したきりである。写真の手配も執筆者が準備した。判型は並の菊判で三三四ページ、部数は一千部で、彼が出版社に支払った金額は一〇〇万円だった。二カ月ほどのちに書物がすっかり出来上がったとき、友人は二〇〇部を無料で受け取り、あとの八〇〇部はその出版社が自社の出版物として取次店を通じて書籍市場に出した。そうした場合の売り上げは出版社の取り分となる。事実、私は友人の本が新宿の紀伊國屋の人文科学の階の一隅にある本棚にS社が出版した他の本と並んでいるのを見かけた。

だんだんわかってきたのは、モスクワのK社の場合はそうではないらしかった。印刷された一千部の書物を発注者が丸ごと引き取らない場合、たとえば二〇〇部だけ注文者が受け取り、その他を市販にまわすとすれば、出版社から小売店へ販売用に送り出す部数の送料や手数料を注文者が負担しなければならない仕組みのようだった。日本におけるように、書籍取次業、すなわち本の卸業がシステムとして確立していないらしいのである。とすれば、初めの自費出版費用が八千ドルとしても、出版後に不定額の追加料金を支払わなければならないことになる。これを逆の面からみれば、刷り上った一千部のうち二〇%をこちらが受け取り、のこりの八〇%を出版社の取り分とすれば、最初の八千ドルという費用が多少とも割引されるのではないか、というこちらの思惑も存在したのである。

その点についてタマーラ経由でK社と押し問答を重ねているうちに、ウラジヴォストークから横槍がはいった。ヴェーラの伝えてきたところによると、博物館のソコロフ館長が自費出版に反対しているという。ロシア人旧教徒を撮影した写真アルバムを外国人研究者の資金負担で出版することは不適当である、ロシア人の沽券にかかわる、というのである。沽券という言葉ではなかったが、そんな意味合いの表現だった。自費出版の計画はとりさげてくれ、その代わりに博物館の次年度の予算で出版を考える、という館長の代案が知らされた。私は、なるほどそういうものかと思い、幾分失望すると同時に、現今のロシアの財政状況では予算がつけられる可能性はごく低いだろうと考えた。

「秘蔵コレクション」コンクール

ソコロフ館長がまったくあてずっぽうのことを言ったのではないことが、やがてわかった。

予算云々は別の話として、ロシア各地の博物館に所蔵されているすぐれたコレクションを公刊し、いわば埃をかぶったままの秘宝に光をあてるという目的で、新興財閥ポターニンの援助のもと、「秘蔵コレクション」（文字通りには「最初の刊行」）の募集をはじめたのが二〇〇七年だった。ウラジヴォストークの博物館はそのコンクールに応募したのである。

ウラジーミル・ポターニンという人物の経歴は以下のとおりである。一九六一年モスクワ生まれ。外交官を養成する国際関係大学を一九八三年に卒業するも、外交畑には進まず、外国貿易省に入省した。一九九一年末のソ連崩壊に際会して銀行業界に転進し巨大な国際金融ファンドをつくり上げた。時にポターニンは三〇歳。ロシアの新興財閥は例外なく九〇年代前半の社会混乱期に芽吹くのである。彼はエリツィン大統領の選挙運動に協力し、一時は第一副首相の地位にまで昇る。現在は政治の世界から距離をおき、インテルロスという投資会社が彼の収入源になっている。インターネットの二〇一三年ロシア新興財閥番付では上位の第四位に位置している。その資産額は一四五億ドルとある。

彼がポターニン慈善基金を設立して「秘蔵コレクション」の出版を始めようとしたのは、革命前のロシアの財閥の多くが一定の経済的基盤を確立すると美術館や博物館をつくったり、イコンの収集を始めたりしたのに似ている。ロシアのブルジョアジーの伝統なのである。モスクワのトレチャコフ美術館やプーシキン美術館はそのようにして発足したのだ。

興味深いのは、このコンクールで選ばれ最初に出版されたコレクションがシベリアのオムスク州立博物館所蔵のアイヌ絵だったことである。本の題名は『オムスクのセンセーション』だったが、中心となっているのは画家平沢屏山《びょうざん》（一八二二〜一八七六年）の作品である。幕末期のアイヌ人の風俗を描いた水彩画一二点に過ぎないが、それぞれの作品の部分の写真もある。巻末には有名なポーランド人研究家のピウスーツキの写真をはじめ二〇世紀になって撮影されたアイヌ人の衣服、装身具、生活用品などの写真が添えられている。さながらアイヌ文化の粋を集めたという趣きがある。画家については千葉大学教授の荻原真子氏の解説が収められている。判型は三八×二九・五㎝の大判本で、ドイツで印刷製本されたものである。市販されることは想定外で、値段はつけられていない。装丁を含めて、豪華本の部類に属する。博物館のコレクションそのものではなくて、関連資料を博捜、吟味して一冊にまとめている。コンクール入選作の出版にあたったインテルロスの編集部が単にオリジナルの複写を行なうだけでなく、その価値の解明のための労を惜しんでいないことが一目瞭然である。

当然予想されるように、ポターニン財閥のコンクールへの応募は非常な数に上ったらしい。同じくインターネットの資料によると、二〇〇七年から二〇一二年までの六年間に応募の件数は四〇〇件に達したという。

改めてヴェーラに確認すると、ウラジヴォストークの博物館が資料をそろえてコンクールに応募したのは二〇〇九年の秋のことだったという。そして入選の知らせを受け取ったのは二〇一〇年の春だった由。入選がただちに出版に結びつかないことは、『オムスクのセンセーション』の場合からもうかがえる。われわれにとってもいろいろの問題が表面化した。

その一つは写真の所有権の問題である。それまでは、私が山添先生から渡された写真のコピーをヴェーラに送っていた。現像された写真をさらにプリントした映像が被写体などからの聞き取りに用いられていたのである。写真のネガは山添氏の手元にあった。もっとも、この問題は山添博士が二〇〇七年一月に他界され(九八歳と二カ月あまりの生涯だった)、博士の娘に当たる真理子さんから博士の遺品中写真のネガをまとめて私に託されたことによって解決が容易になった。私はいただいた一千点以上のネガのうち、ロマノフカ村に関するものをえらび、折から来日中であったソコロフ館長に手渡した。日露間の郵便ではしばしば紛失したり破損したりする事故がおこるので、これで一安心だった。事はこれですんだと思っていると、「秘蔵コレクション」に採択されるためには問題の品物が確かに当該の博物館の所有物であるという証明が欠かせないということがわかった。写真の場合は格別に「持ち主」があいまいである。ネガからプリントは何枚でも複製できる。プリントされた写真の数だけ所有者がいることになる。

インテルロス出版所が写真のネガにこだわることには理由があった。あとになって聞いたのだが、ネガが古ければ古いほど、表面にさまざまな汚れが付着している可能性があるという。インテルロスとしては、プリントをする前にできるだけ経年による汚れを取り除いておきたいと希望していたのである。

二〇一〇年に「秘蔵コレクション」入選の知らせがあったとき、博物館としてはネガを手元に所有していたものの、まだ寄贈の手続きがとられていなかった。役所というものは面倒なもので、然るべき手続きが欠けていたら、所有権を証明できないという。まずネガの一点ずつについて、番号、簡単な内容、保存状態、館内の所蔵番号、所有権の発生した理由（この場合は、すべて寄贈）を明らかにした上で、博物館と私のあいだで契約書が作成された。一点一点のネガに番号をつけ全部で二一ページにわたるリストを作成したのはヴェーラとニーナで、ウラジヴォストーク博物館館長ヴィクトル・A・シャライのサインの上には青色の丸い公印が押されている。私についてもハンコが必要というので、私は朱印のハンコを捺印したページをスキャナーでとってeメールの添付ファイルで送った。日付は二〇一一年八月一一日、リストに記載されたネガの数は二三六点である。奇妙なことに、同年四月二六日付の契約書があって、そこには博物館館長代理という肩書きで、私の知らない女性のサインがある。ただし公印はおされていない。この文書のおかげで、この年に館長の交代が行なわれたことがわかった。一九九〇年代から面識のあったウラジーミル・ソコロフ氏は極東ロシアの歴史を専門とする学者で、五〇歳近くの浅黒い顔の謹直な人物だった。彼の後任のヴィクトル・シャライ氏は三〇歳を少し超えたばかりという若さと、二メートル近い長身が会う人をまず驚かせる。もっとも、彼と知り合うのはまだ先のことである。ついでに、私からの寄贈にかかわった者としてヴェーラとニーナの二人の職名がわかった。ニーナは主任管理者（英語ならcurator）、ヴエーラは修復部門部長である。二人とも、専門職である。このような専門職や行政職を含めて、国立沿海州統合博物館には一六〇人ほどが勤務しているのである。

嘆願状（チェロビーチエ）

二〇一〇年の春にコンクールに入選したとわかっても、インテルロス出版所での作業はまるではかどらなかった。入選したからには、今年の秋ごろまでにはアルバムが出るだろうと私は思い込んでいた。ヴェーラやニーナもその見通しだったし、何よりもタマーラ・モリスのようにオレゴン州とモスクワを頻繁に往来する仲間もいる。彼女の勤務地はモスクワなので、同じモスクワ市内のインテルロスの事務所には簡単に立ち寄る便利がある。しかしその年の春から夏にかけて、タマーラから来る知らせはだんだん悲観的に変わっていった。

エレーナ・ユヒメンコ

そのころ、私はまたもインターネット情報で「秘蔵コレクション」コンクールの審査員の中にエレーナ・ユヒメンコの名前があることを知った。私は彼女に直接嘆願状《チェロビーチエ》をしたためることにした。チェロビーチエとは中世ロシアの歴史上の術語で、何かを依頼したり報告したり、誰かを訴えたりする目的で、皇帝《ツァーリ》や役所に提出する文書である。

ユヒメンコさんはわれわれのアルバムの出版に決定的な役割を果たすことになるので、以下に略歴を述べておく。一九八一年モスクワ大

ニコライ・ポクロフスキー

学文学部卒。一九九〇年にペテルブルグのロシア文学研究所（いわゆるプーシキン館）の大学院を終了して、二〇〇〇年にロシア文学専門家として博士号をとった。彼女の研究対象は旧教徒であり、容僧派と無僧派の双方にわたって、すぐれた研究を発表し続けている。二〇〇九年に生誕記念日を迎えたということは、一九五九生まれということになろう。これは推察である。モスクワの赤の広場の一角にあるロシア国立歴史博物館の学芸員を長く勤めている。私は公的な場所では、一九九〇年代にペテルブルグで開催された学会で知り合い、その後は故ドミートリー・リハチョフ博士追悼の研究集会でしばしば顔を合わせたし、ロシア文学研究所の研究員の誰かの家での私的な夕食会で同席することもあった。彼女の勤めがモスクワにありながらペテルブルグで出会うことから、中世ロシア文学のペテルブルグ学派に属していることは明らかであった。中世文学に関する限り、モスクワ学派とペテルブルグ学派ははっきりと肌合いが異なる。エレーナさんは大学院時代をロシア文学研究所で過ごしているので、視野が広くて自由闊達なリハチョフ博士の薫陶をたっぷり受け継いでいるのである。

　私の嘆願状に対してすばやく返事が来た。よろしい、協力しましょう、という内容である。この快諾ぶりに力づけられて、私は引き続いて原稿の執筆依頼を送った。それは極東ロマノフカ村の旧教徒といっても現代のロシア人の大部分の人々、わけても若い人々にはさして関心を呼ばないであろう。現代の若者にとっても理解できるように旧教徒とは何者であるか、ユヒメンコさんに解説を書いていただきたい。それができるのはあなたしかいない、と書いた。決してお世辞を言ったのではない。今のロシアで、彼女は最も積極的に旧教徒の歴史について著書を発表しているのだ。それは米国における公民権運動にも似ていて、マイノリティーである旧教徒を社会的偏見から擁護する行動のように見えた。さらに、もう一つ私は願い事をした。ロマノフカの旧教徒は無僧派の中でも〈礼拝堂派〉というグループに属していた。これはシベリアにつづくウラル地方に多い宗派である。折りよくノヴォシビールスクのポクロフスキー博士は二〇〇二年に夫人と共著で〈礼拝堂派〉に関する大著を発表していた。前にも書いたように、〈礼拝堂派〉は一九四一年にロマノフカ村で中国に住む同宗派の宗教会議を開いたことすらあるのだから、関係浅からざるものがある。博士からも寄稿を得られたら、われわれのアルバムはさらに意義深いものになるでしょう、と書いたのである。ポクロフスキーさんとは一九九〇年代の学会で初めてお目にかかったが、博士は一九九七年に来日したことがある。上越教育大学で歴史教育の国際会議を開いたときに招待されたのだ。そのとき私は博士のガイドをつとめたという縁があった。

私はペテルブルグのリハチョフ博士には四〇年以上お世話になった。つまり、時間の長さだけで言えば、自分が古参という意識がはたらいていたかもしれない。何となく後輩に向かって物を言うような印象があった。思えばかなり厚かましい要請であったけれども、ユヒメンコさんはどちらも引き受けてくれた。

私があえて嘆願状を書いたのは、ユヒメンコさんと多少とも親しい関係があると自分で思い込んでいたからであるが、もう一つ、アルバムの出版が自分たちの手をはなれてインテルロスの手に移ったと理解していたためでもある。もはや私は監修者ではないのだから、私の提案の採否は先方の気持ち次第である、と考えていた。そうなると、かえって自由に思ったことを言えるのだった。

いずれにしても、ポターニン財閥の「秘蔵コレクション」に入選したことは非常な幸運であったし（早い話が、宝くじの一等に当たったようなもの）、その上、ユヒメンコとポクロフスキーという旧教徒研究における二人の碩学の協力を得られることになったのは、われわれの仕事を地方的な手仕事から全国的あるいは国際的なレヴェルの研究に引き上げたような僥倖にちがいなかった。

ユヒメンコさんのおかげだったと私は信じているが、やがてインテルロス編集部の中で人事の異動があり、新しい編集者のタチアーナ・ユトケーヴィチが『ロマノフカ村の日々』を担当することになった。

まもなくユヒメンコ博士から彼女とポクロフスキー先生の原稿のゲラ刷りが私の手許に届いた。それぞれ意外な大作である。ユヒメンコさんは私自身の原稿にも目をとおし、ノヴォシビールスク学会での報告論文に書きながらアルバムでは省略していた幾つかの文節を補足するようにという忠告を受けた。全体的に見れば、私は書物の根幹とも言うべきアルバムを浮き上がらせるために、解説の文章はなるべく短めにと心がけていたのに反し、新しい編集部は必要なことは遠慮なく十分に語らせる方針であるように思われた。その方向性には私も異存がなかった。

二〇一二年の春から夏にかけては、満州の地名や「満州国」の法的ステイタス、その特別な年号、日本人の人名の表記法、日付、地図の書き方等々、ありとあらゆる問い合わせや確認のeメールが編集者と私のあいだを毎日のように往復した。ヴェーラがいつも仲介者となった。タチアーナ↓ヴェーラ↓中村と来て、帰りはそれと逆に中村↓ヴェーラ↓タチアーナと戻って行くのである。タチアーナとヴェーラ自身の二人のあいだの質疑はもっと活発だったにちがいない。

そのうち、ウラジヴォストーク経由のeメールの定期便がぱったり途絶えた。原稿はすべてイタリアに送られて印刷の段階に入ったとヴェーラが知らせてきた。

出版

『ロマノフカ村の日々』がロシア各地の都市で行なわれている書物のブックフェアに出品されているという噂を教えてくれたのは、もっぱらロシア語図書の販売を行なっている日本ナウカ社のMさんである。二〇一二年の一一月半ばのことである。とうとう出たか、という嬉しさを抑えきれず、私はすぐにウラジヴォストークのヴェーラにメールを打った。彼女はまだブックフェアのことは何も知らなかった。

Mさんはブックフェアに出品されている証拠としてA5判（ハガキの二倍の大きさ）一一枚からなる『ロマノフカ村の日々』の組写真を私に送ってくれた。執筆者にも知らさないで、と私は違和感をおぼえたが、実はこの時期、書物そのものの製本はまだ進行中だった。インテルロスとしてはその代わりに、一一章からなるアルバムから代表的な写真を一枚ずつ選んで、絵ハガキのセットのように組んで、書籍業界の関係者に配布せざるを得なかったものらしい。要するに、イタリアでの印刷と製本が手間取っていたのである。手間取る理由が存在した。

一一月の下旬になって、ポターニン慈善基金の理事長ナターリア・トルスタヤの名前で、私を一二月二一日にモスクワで行なわれるプレゼンテーションに呼びたいという招待状が届いた。この招待状は公的な証明力に欠けたせいか、ヴィザを受け取るにはちょっと手間取ったが、それでも一九日の深夜に私を乗せたJALの飛行機はモスクワに着いた。本来は夕方に到着するはずが、機体の整備のために六時間も遅れ、深夜にずれ込んだのである。アエロフロートの航空機はモスクワの西北にあるシェレメーチエヴォに着陸するが、日航の飛行機はモスクワの南側のドモジェードヴォに降りるのである。

出迎えにドモジェードヴォ空港に現れたのはモスクワ大学の女子学生だった。インテルロス社でアルバイトをしている美術学科の一年生だという。空港の気温は零下二〇度だった。都心のオストジェンカ通りのホテルまでタクシーで一時間ほどの道のりである。そのタクシーの中で、私は初めて箱入りの『ロマノフカ村の日々』を渡された。インテルロス社の出版部長格のセルゲイ・ウムノーフからの依頼であるという。真夜中の薄暗いタクシーの中では、本の仕上がりはわからない。ホテルに着くまで私はずっしりと持ち重りする本を抱きかかえていた。モスクワの街路は車道も歩道も白雪に覆われていたが、屋内ではプラス二〇度を超す常温に保たれている。長い旅に疲れ果てた私は、ホテルの部屋に入ると薄いタオルケットの中にもぐりこんだ。

翌日の朝ゆっくり眺めた本の外面的な形状から記述しておこう。

タテ　二六・五cm、ヨコ　二四cm、厚さ三・二cm。三六六ページ。
箱の色は濃い焦げ茶、表側に二対、裏側に一対の丸い穴
トビラに本の題名『ロマノフカ村の日々』
下部に四行の副題：日本人写真家の目に映じた満州のロシア人旧教徒村　一九三〇年代〜一九四〇年代
　Ａ・Ｋ・アルセーニエフ名称沿海州国立統合博物館のコレクションより
「秘蔵コレクション」シリーズ、モスクワ、二〇一二年

目次は以下のとおり。（カッコ内は分量を示すページ数）

（序文）

信仰に魅せられて　ナターリア・トルスタヤ（4）
人生を生きること　ヴィクトル・シャライ（2）

旧教徒概観

旧教徒の歴史と移住の経路　＊エレーナ・ユヒメンコ（31）
ウラル・シベリアの旧教徒宗派〈礼拝堂派〉＊ニコライ・ポクロフスキー（10）
本書で用いられる旧教徒関係の人名、術語、用語　エレーナ・ユヒメンコ（12）

ある村の歴史

日本人研究者たちの目に映じた旧教徒村ロマノフカ　中村喜和（11）
ロマノフカ村の日々（219）
　アルバムであって、以下の章からなる。１ロマノフカ村の思い出、２子ども、３青年男女、４家族と隣人たち、５猟師たち、６野良仕事と野菜畑、７家畜、８養蜂、９家事労働、10遊戯と娯楽、11ロマノフカの日本人たち
ロシアへの帰還　ヴェーラ・コプコ、ニーナ・ケルチェラーエワ（4）
ロマノフカ村から西方への道　タマーラ・モリスとリチャード・モリス（8）
沿海州旧教徒の歴史、博物館の記録より　＊ヴェーラ・コプコ（19）

索引、解説、各種情報

アルバムの中で回想を提供した人々の情報（3）
ロマノフカ村、ならびに本書で言及されている満州の旧教徒村の住民の索引　ヴェーラ・コプコ、

ニーナ・ケルチェラーエワ（4）
方言、廃語などの解説　タマーラ・モリス（5）
地名解説　マリア・アファナーシエワ、ヴェーラ・コプコ（4）
満州について　アンドレイ・ポルトフ（1）
人名解説　マリア・アファナーシエワ、中村喜和（2）
ポターニン慈善基金と「秘蔵コレクション」（1）
A・K・アルセーニエフ名称沿海州国立統合博物館（1）
執筆者紹介（1）
レジュメ（2）

特筆に価するものは右の目次の中でとくに＊（星印）を付したもので、これらの力作によって、ロマノフカ村の歴史は旧教徒の歴史の中で明確な位置を与えられ、広い視野の中で眺められるようになった。これらはいずれもわれわれの最初のプランにはなかったもので、「秘蔵コレクション」に編集を委ねた結果として挿入されたものである。

最も人目につくものは、書物全体が袋綴じに製本されていることだった。印刷した紙を二つに折って折目を外側にして綴じているのである。江戸時代の日本の製本はだいたい袋綴じだった。さらに、アルバム部分は本を九〇度左に回転させ、つまり背の小口を手前にして眺めることになる。このジャポニズムは写真がすべて日本人の手になるものであることに敬意を表しているのである。

プレゼンテーション

一九九二年に初版が出た『岩波ロシア語辞典』でプレゼンターツィヤの語義を見ると、「(手形などの)提示」の意味しか示されていない。日本語で「プレゼン」などと省略されている語の新しい意味は、日本語にもロシア語にも、わりと最近になって付け加えられたらしい。元来フランス語の vernisage(ヴェルニサージュ)が「展覧会などの開催前日の、招待者のみによる内覧」の意味で使用されていた。ロシア語のプレゼンターツィヤは、そういう限定的な催しをさすこともあるし、一般の観客に対するPR、宣伝というときにも用いられるらしい。

ポターニン慈善基金から受け取った招待状に印刷されていたプレゼンテーションは明らかに「古典的な」意味だった。いわば内覧会であった。私は前夜ヴェーラさんに一七時開始ですといわれていたので、一〇分ほどはやく指定された建物に到着すると、「展覧会は明日からはじまります」とあっさり入館を断られた。「いや、今晩の準備のために、一七時に来るように言われたのです」と言いはる私に対して、「お客さんは七時からです」と門番のおばさんは強硬である。私は「内部」の人間と見えないらしい。それでは、一七時は七時の聞き間違いであったか、と私は引き下がった。幸い、宿舎は歩いて五分ほどの近さである。すると、三〇分くらいしてケイタイが鳴った。(モスクワに着くと同時に、私は着信専用の携帯電話を与えられていたのである。)「みんな待ちかねています」とヴェーラの声。急いでひきかえすと、なぜか今度は門番のおばさんがいない。五階の会場に駆けつける。なるほど、報道関係者であふれかえっている。マイクを手にした人々が右往左往し、フラッシュがあちこちでたかれている。インテルロス社は、今度の書物の刊行にあわせて、本に収めた大部分の写真を大きく引き伸ばして、写真の展示会を開催しようと企てていたのだ。そういえば、建物の入り口に大きく、〈信仰、希望、満州：写真家山添三郎の記録した満州の旧教徒たち　一九三六〜一九四五年〉という横断幕がかかっていた。

私が二つか三つのインタヴューに答えおわったころ、あたりが急にざわめいて、黒衣の僧の一団があらわれた。先頭にレオンチー神父、続く長身の僧侶が現ロゴスキー正教会の首長コルニーリー府主教とすぐに紹介された。レオンチー神父とはなつかしい再会である。かたく抱き合う。目下神父はロゴスキー古儀式派正教会の主任司祭という肩書きである。両頰に現れている精気は少しも衰えていない。聞けば、美人ぞろいの娘さんたちは全部結婚して、末娘のマリアが結婚に際しピーメノフという姓を継いだ由。旧教徒の高僧と異邦人が顔と顔を近づけて話し合うのが珍しい光景のようで、あたりに人垣ができた。

舞台での挨拶を済ませ、人波が引き潮のように引いたあと、一五人ばかりの内輪の宴会になった。時刻は午後一一時。会場は私の宿舎に付随するレストラン。その席上、私はこんな愚問を発してしまった。

「ところで、箱の穴は何ですか。全部で六個ありますが」

私の横に座っていたウムノーフ編集主任からすぐに答えが返ってきた。

「メガネですよ。日本人はみんなかけているではありませんか」

そうか、ロマノフカ村の住民でメガネをかけているものは一人もなかった。それと反対に、開拓科学研究所の所員と研究員はほとんどメガネ使用者だった。むろん山添さんも例外ではない。

この書物について時間をかけて眺めているうちに、装丁を受け持ったデザイナーのジェーニャ・コルネーエフが細部にわたって贅を凝らしていることがだんだんとわかってきた。袋綴じの長所は裏写りしないことであるが、アルバムの各章の見出しの部分だけは、わざと裏面に黒い印刷をして裏写りを強調し、画面に立体的効果を出そうと工夫している。アルバムの各章の解説とキャプションは印刷のインクの色を変えている。第一章 赤、第二章 青、第三章 緑、第四章 紫……という具合である。これは写真がすべて一九三〇〜四〇年代のもので、モノトーンである単調さを埋め合わせようとしたのかもしれない。
のちに教えられたことであるが、高度で特殊な技術を要する印刷と製本のため、仕事を発注した先は、イタリアでも特別な家族経営的な印刷所だったという。

いくつかの写真について

アルバムにつづくこの本の後半はロマノフカ村の住民の四散のことを語っている。もっとも、それはつけたりに加えられているのであって、この本の核心は沿海州から逃げ出してきた旧教徒ロシア人が北満州の山の中の台地に再結集して自分たちの共同体をつくりあげ、第二次大戦が終わるまでのほぼ一〇年間平和な生活を営んだ時期の映像である。開拓科学研究所所員の山添三郎の撮影になるものが約八〇%を占めているので、撮影の時期は一九四〇〜一九四一年と考えられるが、その他の写真家の作品もふくまれている。本文では一枚ごとに作者と出典を示しているが、念のために、本アルバムに収められている撮影者と収録作品の数を示しておこう。氏名の五〇音順である。bとe以外の撮影年代は不明である。

a　東友芳、荒木忠三郎『異郷のモダニズム』、名古屋市立美術館、一九九四年、　各一点
b　桑原甲子雄、『満州昭和15年』、晶文社、一九七四年、　七点
c　長谷川伝次郎、『満州幻想』、東洋経済新報社、一九七四年、　一四点

d　馬場八潮、淵上白陽編『回想の満州』、恵雅堂、一九五八年、　　三一点
e　山添三郎、沿海州国立統合博物館所蔵、　　一七三点

写真の総点数は最初の計画よりも四割弱ふえている。これは「秘蔵コレクション」の編集部がウラジヴォストークの博物館の所蔵となった山添氏のネガを洗いなおして、五〇点を新たにアルバムに採用したからである。内容の題名と章立てにはほとんど変化がない。例示的に数枚の写真について説明しよう（五六〜五九頁）。

『ロマノフカ村の日々』には合計して二二七点の写真が収められている。一九四五年の春の時点ではほぼ五〇戸、二五〇人の住民が住んでいたが、大戦終了後の社会の荒波の中でロマノフカの村民たち一人一人が辛い人生の道を歩むことになる。一九三〇年代の後半から一九四〇年代の前半にかけての一〇年間は彼らに与えられた至福の瞬間だったともいえよう。

四月の末、例によってモスクワからウラジヴォストーク経由で新しい知らせが届いた。それによると、われわれの本はロシア出版協会から「諸文化の対話に貢献した二〇一二年度最善の本」の賞状を授与された。副賞はイワン・フョードロフのずっしりした置物。さらにユネスコのモスクワ支部からも「諸文化の対話に最も顕著な貢献をした二〇一二年度のベスト・ブック」の賞状を授与されたという。

注

『ロマノフカ村の日々』のロシア語の題名は以下のとおり。

E. M. Юхименко и др., Дни в Романовке. Японские фотографии, запечатлевшие русское старообрядческое село в Маньчжурии на рубеже 1930-х–1940-х годов, из собрания Приморского государственного объединённого музея имени В. К. Арсеньева во Владивостоке.

一九四五年以後のロマノフカ村のロシア人については以下の書物に詳しい。阪本秀昭『満洲におけるロシア人の社会と生活』京都、ミネルヴァ書房、二〇一三年

（A）　表紙の二人はアニシム・カルーギンとエレーナの夫婦である。1940 年の撮影と推定される。夫 30 歳、妻は 20 歳。初めアニシムはウクライナ娘といい仲だった、しかし相手が旧教徒ではないので、父が結婚に反対していた。フロローフ一家が南サハリンから移住してきた直後、エレーナを見そめて妻にした。虎狩りの名手。ヤンコフスキーの小説では「栗色の髪の美男子」と描かれている。エレーナが南サハリンから来たのは 1938 年か 39 年。日本語が良くできたので、接待係を任されていた。しかし戦後アニシムが逮捕拘留中に、エレーナは南米経由でアメリカにわたる。その後二人が再会することはなかった。アニシムはハバーロフスク州で 1979 年没。エレーナは 1989 年オレゴン州で没。娘のイリーナの語る父親像―「歯が痛いとき、いつも父さんと寝ていた。とってもやさしい人だったわ」

（B）　裏表紙。イサイ・フロローフ。上記エレーナの父親。ヴォルガ沿岸地方の生まれ。一時南サハリンに住むが、妻と未婚の娘と息子たち、すでに妻帯していた息子たちの一家を挙げて、満州に移住してきた。1943 年、ロマノフカ村で没。孫の一人でバサルギンに嫁いだフェヴローニャの回想「第一次大戦中じいちゃんは捕虜になってドミトリー・セレトコフと脱走した仲なんだって。湖にもぐってストローで息をしていたの。それで体を冷やしちゃって、いつも咳をしていたわ」

（C）　181 ページ。嬰児はイリーナ。アニシムが生捕ってきた虎の仔を娘に見せている。作家ニコライ・バイコフらの作品によると、ロマノフカ村の虎狩りは以下のように行なわれた。冬が来て農閑期になると、男たちは気心の知れた仲間数人のグループをつくり、特別に育てた猟犬を連れて山にはいる。目的は虎の生け捕りで、たずさえる銃は護身用である。雪の上に虎の足跡を見つけると、追跡を開始する。幾日かして目指す獲物の姿を発見すると、急いで森の木の枝でＹ字状のサスマタをつくる。猟犬たちに虎を襲わせているあいだにサスマタで虎の首や足を押さえつけ、四肢を縄で縛り上げるのである。生け捕った虎は高価で動物園などに引き取られた。その収入は村内でほぼ平等に分配されたらしい。ロマノフカ村の各戸にシンガーミシンが備え付けられていたのはそのためと思われる。

〔『ロマノフカ村の日々』より〕

（A）

（B）

（C）

（D）　155ページ。　エリザヴェータ・カルーギナと二人の息子。村の隣人パヴロフの談「エリザはがっりしたきれいな人だった。道で匪賊の中国人と出会うと彼女は〈手をお見せ〉と言うんだ。手に豆がないと働きが足りないと言って、相手からベルトを引き抜いてひっぱたいたもんさ。匪賊に殺された夫の仕返しだよ。沿海州からは夜中に一人でウスーリ川を渡ってきた。川の真ん中で船頭が櫂を波に流されると、後の半分は泳いで渡ったんだ。」彼女の夫はカルーギン兄弟の弟のほうのイワン。彼は匪賊との銃撃戦で戦死した。山添三郎がロマノフカ村に寝とまりするのは彼女の家と決めていた。

（E）　138ページ。　左がポルフェリア・コージナ、右はナターリア・エフィーモワ。ともに南サハリンからの移住組。二人はいとこ同士だった。隣人カルーギンの回想「ナターリアは立派に日本語が読み書きできた。ロマノフカ一の美人という評判だったよ」前者はボドノフ家に嫁いでハバーロフスク州に住み、後者はカルーギン家の嫁となってオーストラリアに住んでいる。写真は馬場八潮。

（F）　170ページ。　ナターリア・コンシナと娘のワッサ、旧姓ポストニコワ。1917年あるいは1918年、シベリア生まれ。アンナ・グシコワの回想「ナターリアはとっても歌がうまかったわ。声がきれいなの。みんなシャリャーピンって呼んでたわ」〔巻末の人名辞典に「シャリャーピン」の見出しが立っていて、1873～1938年、ロシアの歌手と説明がある。〕フェヴローニャ・バサルギナの談「そりゃ上手に歌ったけれど、あのおばさんには夜というものがなかった。四六時ちゅうが昼間で、はたらいていたわ。子どもが六人もいて、夫が連れて行かれちゃったのだからね」アブラム・セメリコフの話（彼の妻がロマノフカ村の出身だった）「ナターリアのことは詳しく知らない。遠くはなれていたからな。とっても美人じゃったよ。中国人はマダムなどと言わず、〔トランプの〕クイーンと呼んでおったわ」巻末の索引情報では、彼女についてはボリヴィアに去ったことが知られているのみである。

(D)

(E)

(F)

国境にこだわらなかった旧教徒

沿海州の旧教徒

今はボーダーレスの時代だという。性別や年齢の差にしばられず、中央・地方の差別を超越するのが現代風とされる。それでもことが国境となると二の足を踏みたくなるが、かつて信仰のためならその国境さえ意に介さないロシア人たちがいた。その人たちは北海道とも深いかかわりを持っていた。そのちょっと変わった人たちのことを書いてみたい。

話は沿海州から始まる。日本海を隔てて北海道と向かい合っている沿海州がロシア帝国の領土となったのは、一八六〇年のことだった。日本の幕末期に当たる。広さは北海道の約三倍あるが、人口の点では北海道の方が二・五倍も多い。本格的な開拓の出発時点はあまり変わらないが、もともとロシアは国全体の人口が希薄な上に、沿海州は国の中心部からひどく離れているのである。

だから、沿海州開発の最大問題は人間をどのように集めるかであった。ここが無人の地だったわけではない。ツングース、オロチョン、ナナイ（古くはゴリドと呼ばれた）、ウデゲなどの諸族が先住民で、一八七八年に榎本武揚公使がロシアから帰国するときには、満州族の姿も見かけた。榎本が『シベリア日記』で最も多く筆を費やしているのはカザーク（コサック）だった。ロシア政府は沿海州を手に入れた直後に、まずバイカル湖の東に住むカザークの一部を屯田兵として強制的にウスーリ川流域に入植させた。榎本の一行はハバーロフカ（現ハバーロフスク）からウスーリ川に入り、汽船で川をさかのぼりながらウラジヴォストークに向かっていた。ハンカ湖の近くで船を下りて屯田兵の家に立ち寄った。客を見た妻と子どもたちは恐れて近づかなかったというから、付近にあまり人が住んでいなかったことがわかる。やがて帰宅した主人に尋ねると、「畑は一〇デシャチーナ、牛を八頭、馬を六頭もっている」という答えだった。

一デシャチーナは一ヘクタール強、つまり一町歩あまりである。われわれの感覚からすると、ずいぶん広い。むろんこれは政府が給与のほかに無償で与えたのである。帝政時代にカザークは、町人や農民とは別に独立した身分を形成していた。古い時代辺境に住みついた逃亡農奴などを祖先とし、一九世紀には国境警備や植民の任に当たる武装集団の趣きを呈していたのである。もっとも、榎本と話した屯田兵はザバイカルからウスーリに移住させられたことに不満を抱いていた。以前住んでいたザバイカルの方がずっと暮らしやすかったというのだ。明治三三年（一九〇〇年）に海軍軍令部が発行した『露領沿海州紀要』を見ると、「カザークは概して腕力があって辛抱づよい上にほかのロシア人に比べて正教信仰があついけれども、性格が怠惰でだらしないという欠点がある」とある。

榎本が通った直後あたりから、ロシア政府はシベリア植民に本腰を入れはじめた。毎年何万という人びとがヨーロッパ・ロシアからウラルを越えて、シベリアや中央アジアに向かった。そのほかに一八八三年以後は、黒海のオデッサから義勇艦隊の汽船がウラジヴォストークまで移民を輸送し始めた。費用や時間の点で海路の方がずっと経済的だった。ヨーロッパ・ロシアのあらゆる県から人びとが東の新開地へ移ってきた。ウクライナの黒土地帯も例外ではなかった（今でも極東ロシアにはウクライナ系の姓の人が多い）。北海道に四国や九州の出身者が少なくないように、沿海州へもさまざまな地方から移民が押し寄せてきた。ポーランドやフィンランドのように当時ロシア帝国領だったところからも来た。言ってみれば、シベリアの東の果ての沿海州は全ロシアの縮図でもあった。

それなりの優遇策もとられていた。まず第一に移住の費用を国家が負担した。義勇艦隊の汽船の料金は割り引きされるか、無料とされた。沿海州に着くと、移民家族には一世帯当たり一〇〇デシャチーナが割り当てられた。農耕に必要な馬が二頭、乳牛用の牛が一頭のほか、種子も提供された。最近の農村研究者の調査によると、ロシアの農民は意外に腰が軽かったようである。多くの農民が移住を繰り返した実態が具体的に明らかにされているのである。トルストイの小説「人にはどれほどの土地が要るか」を読めばわかるように、広くて良い土地が安く手に入ることを知ると、さっさと家族ぐるみで引越しをしたらしい。われわれには想像しにくいことだけれども、日本のように島国でないからそれが可能だったのである。ただし移住した先がいつも天国であったかどうかとなると、話は別である。

ここで旧教徒が登場する。彼らにとってはロシアの最果ての地が天国だった。その名も「白水境」（ベロヴォージエ）と名前までついていたことが分かっている。旧教徒とは何者か。ロシア正教会では一七世紀の中葉に総主教ニーコンが一連の改革を断行した。二本指の代わりに三本指で十字を切るとか、脆拝を禁止するとかのような条項のほかに、イコン（聖像）の描き方にイタリア風画法を取り入れてもよい、聖歌を斉唱するだけでなく多声での合唱も認めるというような事柄も含まれていた。西欧化あるいは近代化ともいうべきこの改革を承認しないで、昔ながらの儀礼に従って純粋な信仰を守ろうとしたのが旧教徒、またの名が旧儀式派だった。正教会は彼らを分離派と決めつけて破門した。破門となると事は穏やかにすまない。政府も教会も、ことごとに旧教徒を弾圧し、迫害した。権力の側からのあまりの追及に耐えかねて集団自殺する者が一七世紀から一八世紀にかけて何万人の規模に達した。投獄され流刑された者はもっと多かった。

旧教徒はロシアの各地に散らばっていた。地域ごとに、また時代ごとに多少の差はあったが、彼らは信仰の自由が保証される場所を求めていた。彼らの目が極東に向けられたのは自然の成り行きである。

これも最近になってやっと明らかにされたのだが、旧教徒たちは一八六〇年以前にアムール川の支流であるゼーヤ川やブレヤー川の流域に移住してきた。一八九〇年代にはこの二つの地区だけで旧教徒の集落が三〇を数えたという。一八六〇年には沿海州に早くも旧教徒が住みついており、二〇世紀の初めには沿海州の旧教徒人口は二千人に達していたという。もっとも、正確な人口統計も宗派調査も行なわれたわけではないから、詳しいことはわからない。そんな不確実な数字だけではイメージがわかないが、たとえばほんの一例で沿海州のイリインカという村では三六戸の世帯数に対して馬が一三五頭、牛が一六五頭いた。漢方医学で珍重される鹿の袋角をとるという有力な現金収入源もあった。これではもはや貧農の部類には属さないだろう。

有名な探検家のアルセーニエフが沿海州を背骨のように貫いているシホテ・アリン山脈の深い森の中で、ある旧教徒の集落を見つけた。彼らは当局を恐れかつ毛嫌いしていたから、とかく人里はなれたところに集落をつくり、自給自足的な生活を送ろうとしたのである。その村の村長は四〇代の半ばで賢そうな目をしていた。妻と二人の子どもは小ざっぱりした服装に身を包み、明るい部屋は清潔で掃除が行き届いていた。大きな書物を何冊も収めた本棚があったのは、旧教徒がことのほかニーコンの改革以前の古い書物を大切にしたからである。さらに壁には時計がかかっており、シンガー製の手動ミシンが立っていた。その脇に小口径のモーゼル銃とツァイスの双眼鏡が吊るしてあった。

旧教徒の大半が比較的豊かに暮らしたのには理由がある。彼らは概して勤勉だったばかりでなく、酒を飲むことが戒律上禁じられていた。タバコもお茶やコーヒーもいけなかった。男はヒゲを剃ることがタブーで、女はいつもサラファンを着ることになっていた。

先回りして言っておこう。二一世紀にはいった現在も、沿海州には大勢の旧教徒が住んでいる。一〇〇年前のように、隠れて暮らしてはいない。後で述べるように、ソビエト時代には痛ましい事件があり大きな犠牲を払ったが、ソビエト体制の崩壊とともに息を吹き返した。筆者は一九九九年にウラジヴォストークのある会議で自分たちの新聞を発行している旧教徒たちと会う機会があった。発行部数が七千部というから、私は目を見張ったものである。

南樺太残留のロシア人

旧教徒が国境にこだわらなかった事情はうすうす察していただけたと思う。信仰を守るために国を棄てたり、逆に国を追われたりしたことがあったからである。アムール川沿いの地方、ゼーヤ川流域やハバーロフスクにはルーマニアから再移住してきた旧教徒がいた。ピョートル大帝治下の反乱の際にトルコ領へ逃げ、二〇〇年ほど外国で暮らした末に、またその子孫が宗教迫害をやめたロシアへ戻ったというわけである。

沿海州の話をいったん脇に置いて、サハリンの事情をのぞいてみることにしよう。

一八九〇年にこの島を調査に訪れた作家のチェーホフは、北サハリンの小さな村で初老の旧教徒に出会った。その男は流刑囚あがりで高利貸しをしていた。怠け者の旧教徒は想像しにくいが、几帳面でしまり屋という性格の旧教徒は金貸しに向きそうである。

一九〇九年に出版された書物の中に、サハリンのコルサコフ（旧大泊）あたりに一〇七人を越える旧教徒の一団が住む村があると書かれている。小麦と野菜をつくり、漁業や狩猟にも従事して堅実な暮らしを営んでいる、というのである。一部の者は二、三カ所に土地を持ち、一〇頭もの乳牛を飼っていた。長老格のイワン・パルフョーノフの全資産は五千ルーブルと見積もられるという数字まで挙げている。この資料を紹介しているハバーロフスク大学のロバーノフ博士は、旧教徒が信仰面や家庭生活においては保守的でありながら、経済という点では「後ではなく前を見ていた」、つまり進取の気性に富んでいた、と結論している。これはなかなか鋭い観察である。

ただ、一九〇九年の出版という年代がくせ者である。日露戦争でポーツマス条約が結ばれた結果、サハリン島の南部分が日本領とされた。そこに住んでいた住民はロシア領に引き上げるか、それともその場に残るか、自由に選択することが許された。約五千人（一説に一万人）ほどの住民のうち、二〇〇人あまりのロシア人、ポーランド人、タタール人が残ることを選んだ。彼らは一括して残留露人と呼ばれた。民族は違っても、ロシア帝国の国民であったからである。日本側の資料でその地域的分布を見れば、名好や敷香のような北部に全体の半数、残りは豊原、大泊、真岡に半分という割合だった。そのうち大泊には一九〇八年の時点で三二人という記録があるから、パルフョーノフの率いる旧教徒は日本領となった樺太から立ち去ったと考えざるを得ない。

その代わり、確実に居残った旧教徒のいたことがその後の日本側の記録から判明している。時代は一挙に二〇年ほど下るが、一九二七年に樺太庁が『南樺太居住外国人の状況』という調査報告書を作成した。その中にエフィーモフという姓を持つ一族についての記述がある。彼らは南樺太の中でもアニワ湾の東寄りの海岸に面した場所に住んでいた。右の報告書の中から要点をかいつまんで抜き書きしてみよう。
大泊（ロシア名コルサコフ）から東の方向へ五〇キロほど行ったところに長浜村荒栗という場所がある。ここへ一八九九年にグリゴーリー・エフィーモフという旧教徒が住みついた。もともと彼はヨーロッパ・ロシアのノヴゴロド県の出身で、重い罪を犯したためにサハリンへ流刑になった者である。荒栗で農業と牧畜を営むうちに相当の財産を積み、五男二女をもうけたが、一九二五年に病死した。男の子はそれぞれ一家をなし、娘たちも然るべき配偶者に嫁いだ。このときの調査は資産状況にも及んでいて、まず第一にびっくりするのはエフィーモフ一族がなかなか裕福だったことである。長男のピョートル、次男のキリール、それに二人の娘の婿たちがそれぞれ三千円の資産家と評価されている。三男ヤーコフの資産は一千円で、四男と五男については記載がない。

エフィーモフ家につらなる七世帯からなる一族は、荒栗を中心として西は大泊、東は遠淵にいたるまでの各地に分散して住んでいた。農業と牧畜は父親の代からの生業であるが、一九三〇年代に入ると養狐業がそれに加わった。ピョートルの家では戸主が亡くなって長男のワシーリイの代になっていたが、一九三五年現在で肉牛を二五頭、狐を五〇匹飼育していた。餌にするニシンはいくらでもとれたから、狐飼いは有利な仕事だったと思われる。

ここで話はちょっと逆もどりする。グリゴーリー・エフィーモフの息子の一人にミケータがいた。彼が年ごろになった一九一八年に、函館に住むロシア人旧教徒の娘アナスタシア（愛称はナースチャ）との間に結婚話がおこった。一九一〇年ごろから函館の近郊にもロシア人旧教徒たちが住んでいたのである（このことについては後述）。旧教徒の泣き所は結婚問題であった。彼らはどれほどの僻地でも平気で移住したが、子どもの配偶者を探すことが難題だった。まず第一に相手は同じ信仰を奉ずる者でなければならなかった。第二に、いとこやはとこ同士の結婚は禁じられていた。小さな信仰共同体では、あっという間に村じゅうが親戚になってしまうのである。

サハリンからグリゴーリーとミケータが函館へやってきた。ナースチャの両親はヴォルガ河畔サマーラの出身で、函館では野菜を栽培しながら生計を立てていた。その売上金を銀行に預けると利子が付く。利子を受け取ることは神の御心に背くことだと言って両親はその金を知人の漁業家である沢克巳という人物に託していた、と当時の『函館新聞』は書いている。旧教徒の中にもさまざまな宗派があった。ナースチャ家の家族はよほど厳格なグループに属していたのである。その宗派はエフィーモフ一族とは異なっていたらしい。

ミケータとナースチャの結婚にはナースチャの父親が異を唱えた。樺太から来たミケータがヒゲを剃っていたというのが反対の理由だった。サハリンの旧教徒の習慣では、結婚した男子はヒゲを剃らないが、未婚のうちは剃ることになっていた。戒律を少しでも踏み外してはならないと考えるのが旧教徒であった。

ただしこの場合はナースチャがミケータを好きになり、ヒゲはそのうち自然に生えてくるものだからという説得が効を奏して、父親も妥協した。それどころか、ナースチャの両親は「地所二〇〇坪と牛二頭、馬一頭を三二〇〇円で売り払い」、娘夫妻と一緒に樺太へ渡ってしまった。

私は日本統治下の南サハリンにはエフィーモフ一族につながる旧教徒しか住んでいなかったと思っていたが、その誤解を正してくれる本が一九九六年にユージノサハリンスクで出版された。著者は若い著述家のセルゲイ・フェドルチューク氏である。

この本によると、革命後の一九二五年にエウスターフィー・ザジガルキンという旧教徒が一家を挙げてカムチャツカから函館へやってきた。主人の病気治療という理由だったが、実際は宗教迫害を恐れての亡命だった。湯川にしばらく滞在したり、岩手の盛岡でパンを製造販売したりしていたが、やがてサハリンは荒粟の旧教徒に合流した。しかしそこに根を生やしてしまったのではなくて、一九三〇年の半ばには息子のピョートルを連れて東京へ出かけ、ダリア・マクシーモフという白系露人の娘と結婚させている。このマクシーモフ家はヴォルガに沿った町サラートフの出身で、やはり旧教徒だったらしい。旧教徒の分布の広さとネットワークの堅さには恐るべきものがあった。

ところでグリゴーリー・エフィーモフの息子の一人キリールの妻は村山ヨシ子という日本女性だった。一九四七年にキリールが日本のスパイという容疑で逮捕され、一〇年の刑を言い渡された。この夫婦の間には八人の子どもがいたが、妻は一九四八年の引揚船で幼い子どもを連れて日本へ帰国した。娘の一人のアンナはまだサハリンで健在である。

ピョートル・ザジガルキンも政治警察に逮捕されるという悲運に見舞われて一九六〇年代に他界した。

比較的近年になって彼の長男のフョードルはサハリンからハバーロフスクへ移住した。旧教徒の同志のもとへ去ったのだという。フェドルチューク氏の記述はすべて当事者とのインタヴューと政治警察ＫＧＢの調書に基づいているので完全に信用できる。

旧教徒はかつて自分の信仰を守ってロシア国内を転々としたばかりでなく、日本に移住してからも北海道各地や東北・東京まで足を伸ばし、さらには中国東北部（昔の満州）、南米、北米、オーストラリアに散っている。それを消極的な流浪や漂泊と言えなくもないけれど、私は彼らが与えられた条件の中で可能な限り勇敢に運命を切り開いていった結果と見たい。島国根性などとは無縁で、国境にこだわらない生き方には感嘆のほかない。

サハリンの消防士

その後まもなく、私はユジノサハリンスクとハバーロフスクを訪ねる機会に恵まれた。そしてそれぞれの町で旧教徒の歴史を研究しているフェドルチューク氏とロバーノフ氏に会うことができた。二人の名前や仕事はかなり以前から知っていたのだから、私にとっては実に幸運な巡り合わせだった。

フェドルチューク氏のことは「若い著述家」と紹介した。それはそれで誤りではないのだが、もっと正確に言えば、つい先だってまでは消防士として働きながら、そして今は年金を受け取りながら本を書いている三七歳の青年、ということになる。今までに出版された著書は『ロシア人の目で見た豊原』（一九九二年出版）、『南サハリンのポーランド人』（一九九四年）、『火と生活』（一九九五年）、『樺太のロシア人』（一九九六年）、『サハリンのローマ・カトリック教会』（一九九八年）などである。このうち私の手許にあって旧教徒の子孫の調査に大いに役立ったのは『樺太のロシア人』である。

彼には収集癖もあって、古い日本家屋の鬼瓦や商店の看板の類、それにおびただしい真鍮製のエンブレム（金属製の名札）を彼の居間で見せてもらった。エンブレムにはたとえば「豊原市渡邊商店」などと日本文字が打ち出されていた。これらのコレクションが消防署勤めという彼の以前の職業と密接に結びついていたことは言うまでもない。日本支配が終わって五五年が経過した現在、かつて豊原と呼ばれたユジノサハリンスクでは木造の日本家屋は全部焼け失せ、コンクリート造りの樺太庁博物館と北海道拓殖銀行の支店だけが生き残って、郷土史博物館と美術館になっているのである。

フェドルチューク氏は単なるマニアとして物を集めているのではない。歴史家兼著述家として、日本文化に対して並々ならぬ興味を抱いているうちに、資料としての物品を珍重し愛蔵するにいたったのである。

彼のもう一つの趣味は外国旅行である。ヨーロッパやアジアの多くの国々を訪れたが、日本だけはまだ行ったことがないと残念がっていた。いくらロシアが広くても、余暇に本を書く消防士は彼のほかにはいなかったことだろう。

本筋を外れそうになった。『樺太のロシア人』の中で触れられている旧教徒の家系はエフィーモフ家とザジガルキン家だった。両家の子孫は今ユジノサハリンスクとコルサコフに居住しているが（ちなみにエフィーモフ家の息子の一人は日本女性と結婚していたから、髪の毛が黒い人たちもいる）、旧教を信仰の対象としている形跡はなさそうである。この点はフェドルチュークさんもしかと確かめてないと言っていた。宗教のように心の内面に属する事柄は外から容易にのぞきこめないのである。

今回の旅はごく短期間で時間の余裕がなかったが、いずれは両家の新しい世代に会ってみたいと思っている。テレビ番組として放送されたインタヴューのビデオだけはとくと拝見した。

ドナウからアムールへ

ところが、ハバーロフスクでは何から何までだいぶん状況が違っていた。旧知のロバーノフ氏はこの町にある国立の教育大学で歴史学部長をしている。彼自身が歴史学博士なのである。ロバーノフさんには大学で落ち合い、極東における旧教徒研究の現状を教えてもらった。予想外だったのは、この町に住む旧教徒たちの教会へ招待を受けたことである。ハバーロフスクに到着したその日に、「旧教徒たちがあなたを待っていますよ」と聞かされて、初めは何のことか意味が飲み込めなかった。やがて前の年の秋にウラジヴォストークで知り合った旧教徒たちが、あらかじめ私の到着を街頭の宣伝ポスターで知り、待ち受けてくれていたことがわかった。

ウリヤーナの場合は流浪する旧教徒の典型的な例である。彼女の父方の祖父はルーマニアからアムール地方へ移住してきた旧教徒だった。ドナウ川が黒海に注ぐデルタ地帯には、一八世紀の中ごろから旧教徒ロシア人が住みついていた。ルーマニアという国家すらまだ存在せず、バルカン半島全体がトルコ帝国領に含まれていたころ、故郷を追われた旧教徒がイスラム教徒の国に助けを求めたというわけである。信仰を守るためには祖国を捨てざるを得ないというのが旧教徒のつらい立場だった。

トルコは宗教的な亡命者に寛大だった。といっても、トルコ政府は避難所を提供する代わりに、ロシア帝国と戦争が起こった場合、トルコの尖兵として従軍する義務を旧教徒に課した。ロシア人同士が戦うという悪夢がクリミア戦争（一八五三—一八五六）のときに現実となった。この戦争でロシアが負けたのは旧教徒のせいだ、とする世論が実際にロシアの一部では根強かったのである。

時が移って日露戦争（一九〇四―一九〇五）でロシアが大敗した後、ツァーリが譲歩を余儀なくされてロシアで初めて憲法（国家基本法と呼ばれた）がつくられた。そこでは近代国家にふさわしく良心の自由がうたわれた。二〇世紀の初めのことである。折から極東の開発はますます多くの人手を必要としていた。沿海州のみならず、バイカルから東のすべての土地が移住農民を求めていた。

ドナウ・デルタの旧教徒がロシア政府の誘いを受け入れたのは、もう一つの理由からである。一九世紀の後半にルーマニアという国家ができてみると、ロシア人はたちまち少数民族ということになった。支配民族であるルーマニア人との間にさまざまな摩擦が生じたことが伝えられている。旧教徒は信仰のみならず言語や風習にいたるまで、母国から持ち出した古い伝統を保持していたからなおさらである。そこで何世代かにわたって住み慣れたドナウ・デルタを捨て、ウラルを越えてはるかかなたの新天地を目指す旧教徒の群れが、陸路あるいは海路で東へ向かうことになる。この動きは一九一〇年前後に始まって一九一四年まで続いたが、一四年に第一次世界大戦が始まり、その余波で革命が起きるので、途中で中断してしまう。

アムール州へやってきたドナウ旧教徒はゼーヤ川とブレヤー川の流域に住みついた。ゼーヤはブラゴヴェーシチェンスクでアムールに合流する川、ブレヤーはその少し下流にあたる。

一九一二～一九一三年ごろの新聞に載ったルーマニア系旧教徒の家族の写真を見たことがあるが、彼らの体格はロシアの農民と少しも変わらない。男はあくまで肩幅が広く、女は腰が太い。男が例外なく長いヒゲをたくわえ、女がサラファンを身にまとっていることは言うまでもない。ウリヤーナのおじいさんはそのようにしてロシアに戻ってきた旧教徒の一人だったのだ。

ウリヤーナが属する旧教徒の教会を探し当てるのに大して時間はかからなかった。市内といっても市の中心からかなり外れた集落の中に、木造で小ぶりの教会が立っていた。献堂式が一九九五年というから、まだ木の香りも失せていない。

訪ねたのが土曜の夕方だったから、礼拝はもう始まっていた。聖歌隊は六人からなる女性と子どもたち。会堂に立つ信徒は男女合わせて一〇人あまり。恐らくこれからもっと集まってくるのであろう。祭服に身をかためた司祭のアレクセイ神父はまだ二〇歳代と見える若さである。モスクワのロゴスキーにある府主教庁(容僧派)から派遣されてきたとのことだった。

アムールに沿った地方のようにある程度まとまって住んでいれば、宗教的な共同体を維持することが可能なのである。ロシアにとって最も新しい土地であるサハリンではそれができなかったと想像される。

ウラルからの使者

東方に旧教徒の理想郷があるという白水境伝説は、ウラルのカザーク(コサック)の間でも大きな話題になっていた。一九世紀の末にアルカージーと名のる偽主教がこの伝説を宣伝して回っていたことが判明している。偽物だけに、本物にも増して弁舌はさわやかだったのだろう。それまでのおよそ一〇〇年の間に、どれほどの旧教徒が家族を挙げて東へ向かったかしれない。彼らが目標として目指したのはアルタイ山脈だった。シベリアの大河オビ川第一の支流にイルトゥイシ川がある。そのまた支流のブフタルマ川の流域が白水境であると、初めは信じられていた。まずここに多くの旧教徒たちが移住してきた。しかしそこがユートピアでないことがわかるのに大して時間はかからなかった。

やがて真の理想郷はアルタイよりもっと先に存在すると考えられた。目的地はずるずると後退した。アルタイの峠を越えるとジュンガリア砂漠である。砂漠を踏破し中国を横切り、ついには海を越えた日本こそ白水境のありかとする伝説が生まれた。しかしこの経路で日本に到達した者は一人もいなかった。

ウラル・カザークたちは奇策を思いついた。海路で、つまり船に乗って日本にたどり着こうとしたのである。カザークの特徴は行動力に富むことである。彼らは仲間うちからかなりの額の金を集め、三人の男たちをいわば先遣隊として日本に送り出した。そのうちの一人、グリゴーリイ・ホフロフの日記が刊行されている。

その日記によれば、彼らは一八九八年の五月下旬に故郷をあとにする。まず鉄道で黒海の港町オデッサに出た。あとは船旅となる。目的地は決まっていても、日本に直行したわけではない。イスタンブール、アトス、テッサロニキ、パレスチナと正教の聖地への参詣を行なった。初めからそれは当然のこととして旅行日程に組み込まれていたように思われる。七月になってからカザークたちはスエズ運河を抜け、インド洋を横断して八月初めに東シナ海に出た。まもなく海水が急に白く変わったので、彼らは白水境近しと胸を躍らせる。しかしすぐにその白濁は長江の水が海に流れ出ているせいと知らされる。

ホフロフの一行が長崎に入港するのは、日本の暦で明治三一年（一八九八年）八月一九日のことである。彼らは「ルーマニアの出身でロシア語のわかるユダヤ人」の旅館に投宿した。そのころ長崎にはロシア領事館があった。彼らは領事館を訪れ、ロシアの旧教徒が日本に住んでいるかどうか尋ねた。領事は不在で、応対したのは日本人の秘書だったが、彼らの質問が一笑に付されたことはむろんである。代わりに彼らはニコライという僧がロシア正教会の宣教師として活動していること、彼の布教によって二万五千人以上の日本人が正教徒に改宗したと聞かされた。

ウラルの旧教徒が長崎に滞在したのは三泊四日にすぎない。ついでながら、ホフロフの目に映じた日本人の姿は次のようなものである。「彼らは背は高くないが、がっしりした体格をもち、頭はなめらかに剃っている。男は裸の体の上にボタンをとめない白い背広（浴衣？）を着ている。足にはたくみにくりぬいた木片（下駄）を履き、紐でむすんでいる。道を歩くと、この木片が音を立てる。女性も背が低く、頭はなめらかに結っている。被りものはせず、足には男と同じ履物をはいている」。

ホフロフらは八月二二日にウラジヴォストークへ去った。この町からハバーロフスクまでは鉄道が敷かれていたが、その先からイルクーツクまではまだ鉄道がなかった。北満州を経由する東支鉄道の工事が始まる直前だった。一〇月の末になって三人のカザークはやっとウラルの家族のもとへ戻った。

ウラジヴォストークから函館へ

ホフロフをはじめとする旧教徒の一行が長崎を後にしてから一〇年あまりたった一九一〇年（日本の暦で言えば明治四三年）ごろに、今度は函館へ旧教徒がやってきた。ウラジヴォストークの港から来たらしい。「らしい」と書くのは、出発地がこの港よりもっと北寄りで、日本海に面した沿海州の長い海岸線のどこかの集落だった可能性もあるからである。具体的な名前を挙げればオリガ、カーメンカ、アムグー（かってはアマグー）などと呼ばれる場所に、一九世紀の末以来旧教徒のグループが小さな集落を形成していた。そのあたりはシホテ・アリンの高い山脈を越えなければウスーリ河流域のロシア人居住地と連絡がとれず、日用品を手に入れるのは不便であった。そこで彼らはときどきやってくる日本人の船に乗って買い物は日本でしていた、と探検家のアルセーニエフが書いている。ナナイ族の自然児デルスウ・ウザラーが登場することで有名な旅行記の中にそういう一節が含まれているのである。

一体どんな日本人が沿海州へ出かけていたのだろうか。その疑問は容易に解けた。カムチャトカ半島からオホーツクの沿岸にかけて、さらにまたサハリンと日本海沿いの沿海州の河川という河川にサケ・マスが溯上する。主に函館に本拠を構える漁業家たちがこれらの川を絶好の稼ぎ場所としていたのである。やはりアルセーニエフの紀行文をそのまま引用しておこう。

アマグーの旧教徒集落は一八世帯からなっていた。最初の入植者は一九〇〇年に〔南の〕ダウビへ川からきたものである。この旧教徒たちは純粋に大ロシア人の風貌をとどめていた。家父長制、服装、世帯道具類、衣服の刺繍、木彫りなど、すべては古代のロシアを思わせた。私は一挙に数百年も昔に戻ったような気がした。彼らのもとへは日本の船がやってくる。ロシアの船は稀である。従って住民たちは買物をすべて日本でしている。

最初に日本へやってきた旧教徒は二家族だった。夫フョードルと妻クセニアとその娘からなるサヴェーリエフ家、アキムとフョークラ夫妻のワシーリエフ家である。彼らは最初のうち函館の新川町に住んでいた。そこでは何を生業としていたものかわからないが、大正三年（一九一四年）の秋から函館市の郊外にある志苔《しのり》村笹流《ささながれ》に移住した。そこで牧畜に従事するかたわらニワトリと蜜蜂を飼いはじめた。彼らの経営ぶりは着実だった。彼らが住む土地は函館市の沢克巳という人物の持ちものだった。

右に述べたことはすべて大正六年（一九一七年）に執筆された『函館支庁管内町村誌』という書物に記載されているのである。この本で名前を挙げられている沢克巳は函館で知られた漁業家の一人だった。大阪岸和田の出身で、同志社で学んだあとウラジヴォストークにわたってある日本人の商店で働いた。沢はロシア語と中国語に通じていた。函館へ来たのは一九世紀の末である。青柳町に三〇〇坪の土地と家を持ち、その上志苔村にも農地を所有したのだから、漁業家として財をなしたのである。沢のことは『東亜覚志士記伝』にも記載されている。人柄は純真かつ正直で、国士のふうがあって、北洋漁業に多大の貢献をしたと書かれている。

志苔村も笹流も現在の地図にはないが、ちょっとしたエリアマップを見るとトラピスト修道院の東側に志海苔川という細流のあることがわかる。笹流は今の赤坂町あたりの地名である。函館空港の滑走路のすぐ北側といえば最も分かりやすいだろう。『函館支庁管内町村誌』の統計の部を見ると、笹流のロシア人の数は男三人、女四人、合計七人となっている。サヴェーリエフ家とワシーリエフ家の二世帯のいずれかに男と女の子どもが一人ずついたのだろう。彼らは単に生活上の便利さを求めて、あるいはまた漁業家沢克巳との知己の縁だけに頼って北海道へ来たのではなかった。

前の章でもちょっとふれたが、『函館毎日新聞』の記事から、彼らが函館で当時のロシア領事のトラウトショリドのもとを訪ね、「白い世間」がどこにあるか問い合わせたことが知られている。この事実から彼らもまた信仰の自由が保証される場所、例の白水境を探していたことが分かる。サヴェーリエフとワシーリエフの二家族はウラルのカザークと同様に、東方の理想郷を求めて仲間のもとから派遣されたに違いない、と私は推察している。

函館のロシア村

さて、大正のごく初年に函館市郊外の笹流（現在の赤坂町）に住み着いた旧教徒はその後どうなったであろうか。

かつてこの町に旧教徒らしいロシア人が住んでいたことを記憶している市民はもう絶無とは言わないまでも、今となっては新しい証言を得られる可能性は非常に低いと思われる（実のところ、私は若いころのエレーナさんをご存じの方はいませんか、と叫びたい気がしているのだが）。国際都市函館におけるロシア人コロニーの中でも旧教徒は少数派を形成していたからなおさらである。私が旧教徒たちの暮らしぶりをかいま見ることができたのは、もっぱら『函館毎日新聞』と『函館新聞』の記事のおかげである。とりわけ『函館毎日新聞』の記者が同情心をもって彼らの動静をフォローしていた。以下、主としてこの新聞の記事にもとづいて彼らの生活をスケッチしてみよう。

大正三年（一九一四年）に二世帯七人だったロシア人旧教徒は八年後には四世帯一九人まで増えていた。全員で土地を耕し、牛を飼い、蜜蜂を飼育していたが、注文があれば馬車による運送業にも従事していた。グループのリーダーはアキム・ワシーリエフという白髪を生やした長老である。一〇〇歳を優に越えていたようだが、正確な年齢は自分でも知らないらしい。シベリアのさる村の出身で、父祖伝来の旧教を奉じていたのだ。故郷では正教会の圧迫を受け、信仰の自由を求めて北海道へやってきたのである。東の方角に古式の信仰が伝来しているユートピアのような島国があると聞き、着いたところが函館だったという。

アキムの家の内部はごく質素だったが、一隅の祭壇に古い聖書が六冊ほど置かれていた。それは毎土曜から日曜にかけて、あるいは祭日の折に、集落の者たち全員が集まってここで祈禱するためのものである。

アキムじいさんは天然の川の水しか飲まず、塩も岩塩以外は用いないが、仲間の旧教徒の中には平気で酒を飲みタバコを吸うような不心得者もいた。

『函館毎日新聞』を読む限り、旧教徒でも若いロシア人の中には幾分なりとも戒律を完全に守らない者が現れていたようである。面白いことに、大正一五年（一九二六年）の北海道外事警察から内務省あてに「スタロヴェル」を奉ずるロシア人のグループが存在することを報告した文書のあることはすでに言及した（一七ページ）。

「スタロヴェル」を奉ずるとは旧教徒のことにほかならない。最初の旧教徒は帝政ロシアの時代に北海道へ渡ってきたのだったが、一九一七年には本国で社会主義革命が起こってロマノフ王朝が倒れていた。日本政府はそれ以来社会主義思想がわが国に広まることを恐れ、亡命と称して来日するロシア人に対する警戒を強めていた。露骨な尾行を含め、さまざまな手段を用いて情報を集めていたのである。

しかしさしもの警察の内偵に粗漏があったためだろうか、函館の旧教徒の信仰共同体はこのまま尻つぼみになって消滅していったわけではない。新聞記事を読んでいくと、別の情況が見えてくるのである。

まず第一に、笹流や団助沢を含む銭亀沢から離れた湯川に、もう一つの旧教徒グループが成立していたようである。日曜日には合同で礼拝を行っていたというからケンカ別れというのではなく、土地の狭さがすべての旧教徒の一カ所への入植を許さなかったらしい。

湯川では産業道路をはさんで湯倉神社のはす向かいあたりに、かつてロシア人が固まって住む一角があった。その中に旧教徒たちも交じって暮らしていた。全部合わせると、旧教徒は四〇人から五〇人くらいの規模に達していたと考えられる。当時のロシア人の職業の一つに「馬車追い」があった。馬に引かせる運送業である。これは函館の故老から耳にした昭和初年の思い出話だが、馬の手綱をとったのは男ばかりでなく、若い娘もこの重労働をこなしたという。旧教徒のロシア人ならありそうなことである。しかも彼らの馬は道産子に比べるとはるかに体格が良く、力が強かったらしい。ウラジヴォストークから船に乗せて連れてきた馬に違いない。

旧教徒が携わった仕事の中で函館市民に最も深い感銘を与えたのはパン売りである。大正一三年(一九二四年)四月の『函館新聞』はカルーギンという姓の旧教徒一家の生活ぶりを取り上げている。この家族は以前カムチャトカに住んでいたが、前の年に革命を逃れて函館に移住してきた。三七歳の父と二九歳の母の間に一一歳を頭に五人の子がいる。両親がパンを焼き、上の二人の息子たち、サゾーンとイワンがそれを売りさばく。毎朝パンのつまった箱を背負って五稜郭方面へ出かけるかわいらしい二少年の姿を見ることができた。売り上げは少なくて二、三円、多い日は六、七円もあったという。

これとは別に湯川千人風呂で客を呼び、この風呂行きの馬車を駆していたメーシャという人気者がいた。彼は笹流の住人だったとあるから、まちがいなく旧教徒の出身である。正しくはミハイール、つまりミーシャと呼ぶべきところだろう。メーシャと呼ばれて湯川で人気を博していたことが新聞記事から判明する。

しかし結局のところ、旧教徒は北海道に根を下ろすことはできなかった。シベリア風の粗放農業経営が日本の土壌に合わなかったことが第一の理由である。比較的狭い土地に濃密に肥料を施すような農法に彼らは慣れていなかった。季節ごとに野生のキノコやベリー類を与え、薪を無尽蔵に供給してくれる森林に乏しいことも彼らには大きな不便だったに違いない。その上日本という国自体がまだ貧しくて、外国からの来住者に充分な仕事口を提供することができなかった。信仰については言うまでもなく、言語や風習もまったく異なっていた。大恐慌というパニックが資本主義圏を襲った時期だから、事態はよけいに深刻だった。

大正末期の新聞に次のような広告が出た。

急告　牛馬破格値で売却
牛　二才、五才（妊娠中）と六才（同）の三頭
馬　駄用七才と八才、馬車馬八才
湯川団助沢　ニック・エロフェーエフ

旧教徒が立ち去った先は、たとえば前述のカルーギン一家は米国だったと新聞にある。これは外事警察の調査と一致している。メーシャの一家はサハリンだった。もっとも彼については数年後ふたたび函館に舞い戻って日魯漁業の通訳になったという噂がある。仙台、東京、横浜などへ流れるケースもあった。いずれにしても、内地では農業を行なえるほどの土地がないのである。

昭和七年（一九三二年）「満州国」建国後は玄界灘を越えて満州に渡る者が増えた。その中に例のエレーナも含まれていたのである。彼女は一〇代の少女時代を函館で過ごし、一九三〇年代の後半になってロマノフカ村へ嫁いだことになる。

離散と邂逅

満州にはロマノフカ村のほかにも、数カ所に旧教徒の集落があった。ごく大ざっぱに言えば、それらはハルビンから東に向かって細鱗河（シリンへ）までの鉄道の沿線近くに位置していた。それとはまったく別個のグループをなしていたのが、満州西北部三河のカザークの一部である。

バイカル東部のいわゆるザバイカルに本拠地を構えていたカザークは三河に二〇あまりの村をつくっていたが、そのうちの二つほどが旧教の信奉者からなっていたのである。このグループは容僧派だった。彼らと同様に司祭の権威を認める容僧派はハルビン市内にも居住していて、独自の教会を持っていた。

これに対して、ロマノフカ村をはじめ沿海州から亡命してきた人びとは教会組織を持たない無僧派に属していた。

いずれの宗派にとっても、第二次大戦の結果としての満州国の瓦解は大きな試練であった。逃げ出してきたはずのソビエト体制にまたも捕捉されてしまったのである。とりわけロマノフカ村は日本人との親密な交際のゆえに手痛い報復を受けた。成年男子のほとんど全員が逮捕され、ソビエト領へ連行されてラーゲリ送りとなった。赤軍と入れ代わりに中国国民党軍が満州の主人公となり、やがて東北部を含む中国全土が共産党の支配下にはいった。覇権が移動するたびに、白系ロシア人の扱いも変わった。旧教徒の一部の者たちは嫩江（ネンチャン）あたりに固まって住まわされたようである。

一九五三年のスターリンの死後、中国のロシア人の運命に変化が生じた。帰国を希望する者はソビエト領内への帰還が許された。ソビエト領内といっても中央アジアの原野を開拓するという条件つきだった。帰国を望まなければ、香港を経由して外国への出国が認められた。ハルビンや三河などの容僧派旧教徒は大部分がオーストラリアに渡った。現在もシドニーに彼らの大きなコロニーがある。

無僧派旧教徒の場合、ごく一部はオーストラリアのブリスベン近くに移住したが、多数派は南米のブラジル、ボリヴィア、アルゼンチンなどの未開地に入植した。しかし南米は定着に適さない土地だったらしく、一九七〇年代の初めに米国オレゴン州への再移住の波が起こる。

一九九四年にウラジヴォストークで旧教徒会議が開催されたとき、私はアメリカから参加したという六七歳になるプローホル・マルチュシェフという旧教徒に紹介された。彼は沿海州の生まれで、それが初めての里帰りなのだった。四歳のとき両親に連れられて満州へ逃げ、沿海州との境に近い細鱗江に住んだ。成人してロマノフカ村生まれの娘と結婚した。中国政権下で苦しい日々を過ごしたあと、香港に出てボリヴィアに移住した。南米での生活に見切りをつけてオレゴンに移ったとき、彼は四〇歳の働き盛りだった。むろん仲間と一緒での行動で、彼は無僧派旧教徒の中でリーダーと認められていた。

肥沃なオレゴン州の耕地でのラズベリー栽培は経済的に豊かな生活を保証してくれたが、信仰を守るという点では問題があった。テレビを通じて遠慮会釈なく家庭に侵入してくるアメリカ的文化が子弟を教会から遠ざけることが深刻な脅威と受けとめられたのである。オレゴンからカナダのアルバータ州、さらにはアラスカの海岸へと、何度目かの移住がはじまった。彼らはまるでロシアのピューリタンのようだった。

アラスカにニコラエフスクという旧教徒村があることは私も聞いていたけれど、その創始者がマルチュシェフ老人とは知らなかった。彼の額には何本か深いシワが走っていたが、その一本一本に私などのうかがいしれぬ苦労が刻まれていたのである。

世界各地に散らばっている旧教徒は現在のところ共通の課題に直面していると言えそうである。今や彼らを脅かしているのは、彼らの独特の信仰と生活様式に対する周囲の不寛容ではない。多少とも差別は残っているにせよ、どこでも良心の自由は認められている。むしろ外部からの迫害が止み自由が与えられたからこそ、信仰を後世に伝えにくいというパラドックスが年長者を苦しめている。信仰を維持するためにはいかなる国の国境を越えることも恐れなかった旧教徒も、ありあまる自由には頭を抱えているのである。このことは、一見ナショナリスティックな旧教徒がロシア人の中で最もインターナショナルな行動様式を示している事実とともに、現代文明の普及が少数派の文化の保持を困難にしているもう一つの事実をわれわれに示している。

ルーマニアのリポヴァン

はじめに

ここで紹介するのは二〇一〇年の末に出たばかり、まだインクの香りも失せない本である。著者はアレクサンドル・プリガーリンという人物。ウクライナ人らしいから名前もオレクサンドルというように発音すべきかもしれないが、書物自体がロシア語で書かれている上に、発行地もオデッサ、イズマイル、モスクワと三つの町に及んでいるから、一往、ロシア語風に呼ぶこととする。文中の人名や地名も、本来はそれぞれ現地名があるはずだが、わかりやすい慣用にしたがうことをお許しいただきたい。書名はやや長くて、以下のとおりである。『ドナウ川のロシア人旧教徒たち』が正題で、副題は「一八世紀末から一九世紀の前半における民族・宗派共同体的性格の形成」。

この本が扱っている主題——ロシアの旧教徒——は私が年来興味をもっているテーマである。とりわけ、ロシア国外に住んだロシア人旧教徒についてはいろんな本で書いたことがある。昔書いたことを繰り返すのはわずらわしいので、それらは文末に本書の原題などといっしょに参考文献としてまとめて挙げる予定。

興味があれば、それを参照してくださることをお願いしたい。

リポヴァン派の成立

一七世紀の中ごろに、ロシア正教会の総主教ニーコンが儀礼上の改革を断行した。その内容は上述したので繰り返さない。改革への反動として、ロシアでは一七世紀の末以来、自分たちの「古式に則った正しい信仰」を守るために権力の抑圧をのがれて国内の辺境に隠れ住んだり国外へ逃亡しようとしたりするグループがあらわれるようになった。ロシアの北部やシベリアに比較的多く旧教徒が住み、さらにはロシアに隣接する国々に旧教徒の集落が発生したのはそのためである。現在では南北アメリカ大陸、それにオーストラリアにまでロシア人旧教徒の居住地が広がっている。

ようやく二〇世紀の七〇年代になってロシア正教会では旧教徒を「異端」と見なすことをやめたが、まだ多少とも大きな宗派（旧教徒の中にさまざまなセクトが作られているのである）で正教会に復帰合流した話を聞かない。

プリガーリン氏が刊行した新刊書は、ロシア帝国の辺境とオスマン・トルコ帝国の辺境とが隣接するドナウ川最下流のデルタ地帯、それにドナウ左岸のベッサラビアのブジャーク、ドナウ右岸のドブルウジャと呼ばれる地域を中心に、独特の伝統をもつロシア人旧教徒の共同体がどのように形成されたか、を研究したものである。

著者が述べているところによると、本書で問題とする地域において、当時ロシア人旧教徒の人口は全体の住民のほぼ五分の一であった。つまり、絶対的なマイノリティ、すなわち少数派だったのである。したがって、この地域全体の歴史の展開というような大状況の見地から眺めるならば、旧教徒の動向はごくローカルなエピソードということになる。（大状況のことは志田恭子『ロシア帝国の膨張と統合』北海道大学出版会、二〇〇九年、のような著書が参考になる。）しかし逆に旧教徒にとってみれば、ロシア帝国が絶えず強大化して膨張し、国境を南に押し下げて迫ってくることは、命にかかわる重大事だった。プリガーリン氏もその点を強調している。旧教徒はいつも追われる立場にあったのだ。

著者が設定した時間的限定のあとになるが、現在のルーマニアには「ロシア系リポヴァン協会」（設立一九九〇年）が存在することを頭に入れて本書を読めば、いっそう興味が増すことと思われる。これについては後述する。

リポヴァンの出自

著者プリガーリン氏はドナウ川のデルタの南北に旧教徒の共同体が成立した過程を以下のように明快に整理している。

＊「フィリープ派」や「ピリポン派」（いずれも宗派の宗祖の名前にもとづく名称）が「純正な信仰」の聖職者のいる地を求めて、ベラルーシのポレーシエからウクライナを経てモルダヴィア公国（現在のモルドヴァとプルート川右岸を含む）・ワラキア公国（現在のルーマニアの南西部）方面へ移住してきた。その一部がロマンス系の言葉が話される環境の中で一八世紀の半ばまでに「リポヴァン」のいう名前を得た。

＊ピョートル一世治下のブラーヴィンの反乱後、ドン・カザークの一部が「ネクラーソフ派」（やはり統領《アタマン》であるイグナート・ネクラーソフにもとづく呼称）の名前で北カフカスのクバン汗国やオスマン帝国の臣

ドナウ下流地方の旧教徒居住地略図
(プリガーリン氏の著書に掲載された地図にもとづく)

民となった。黒海をめぐる政治上の状況の変化の下で、彼らは新しい居住地を探す必要に迫られ、一八世紀の四〇年代と七〇年代にドナウの河口に到達した。

＊旧教を奉じるウクライナ各地の多数の農民や町人たちがことあるごとに、ロシア帝国の支配領域を去ってオスマン帝国の国境地帯に移住しようと試みた。オスマン帝国領内では彼らの信仰に対する抑圧がなかったからである。

＊旧教徒の共同体が定着した過程には、第四次露土戦争（一八〇六〜一八一二年）と第五次露土戦争（一八二八〜一八二九年）が大きく影響している。ネクラーソフ派の特殊な軍事的性格もあり、戦争の時期にはとくに人口移動がはげしかった。その実情を著者は各地の集落の詳細な人口統計、性別・年代別の人口構成比などの数字を示しながら解明している。

＊多少とも状況が落ち着いた一八三〇年代以後になって、出自と信仰を共有する旧教徒の共同体がド

ブルウジャで根づいた。一九世紀の中ごろブジャーク（ドナウ・デルタの北側）に住む旧教徒の数は六千人を下らず、ほぼ同数の旧教徒がドブルウジャ（ドナウ・デルタの南側）の住民になって共同体を形成していた。

こんな風に結論を要約しただけでこの書物の骨子がわかってしまえば、細部にわたって縷々と説明するのは読者にとってかえって迷惑かもしれないが（地図を参照のこと）、それではB５判で五〇〇ページを超えるせっかくの労作に付き合った筆者としてはいささか物足らない。物事の細部に神が宿るという金言もある。もう少し話をつづけたい。

本書の最も大きな功績は、右にまとめたような一見単純そうな事項でも、それを確実な根拠にもとづいて綿密に論証したことである。一体、今までロシアの北部とか奥ヴォルガとかシベリアや中央アジアなどの旧教徒に関しては、さまざまな研究が発表されてきた。それに反して、ウクライナや南ロシアの旧教徒については知られることがまことに少なかった。ニーコン改革の反対派はウクライナには発生しなかった、というような表面的な印象すら生まれていたほどである。ようやく二〇〇七年になってシベリアの研究者ナターリア・グリヤーノワ女史の『旧教徒とキーエフ府主教区の創造的遺産』が公刊された。しかしそれは文献学的な研究である。

西南ロシア、すなわち現在のウクライナで暮した旧教徒の動向や消息に関する本格的研究は私の知るところプリガーリン氏のものが最初である。しかもその研究のレヴェルはきわめて高い。そのことは叙述の方法や用いた諸史料の質の良さによって一目瞭然である。著者が利用した文書館はモスクワやペテルブルグのさまざまな公文書館のような大きな施設はもとより、従来の旧教徒研究ではほとんど顧みられなかったキーエフ、オデッサ、キシニョフ、さらにはイズマイルなどの郷土史的な文書館の一次史料にまで博捜の手が及んでいるのである。

ネクラーソフの遺訓

ネクラーソフ派カザークの特別な社会的立場については若干の解説を必要としよう。ドン下流の故地を逃れてカリスマ性の強い統領イグナート・ネクラーソフの指揮のもとカフカース山脈の北側のクバン流域に移住したとき、彼らはオスマン帝国の出先機関とのあいだに特別の契約を結んだといわれる。それはオスマン帝国がロシアと戦う場合、ネクラーソフ派は武器をとってトルコ軍とともにロシアと戦うこと、その代償としてカザークはオスマン政府のいかなる課税や賦役からも免除される、というものだった。時のスルタンはアフメド三世（一七〇三〜一七三〇年）であるから一七三〇年までにそのような了解が成立していたことになる。ロシア本国にあって与えられていた武装集団という特別の身分を、カザークはトルコにおいても維持しつづけ、ただ武器の矛先をロシアに向けるという立場に変えたのである。トルコ領内にあっても正教会の聖堂（むろん旧教徒式）を保持すること、鐘を鳴らすこと、イスラム教徒とは通婚を強要されないこと、などの許可を得ていた。

さらにカザークの中にはネクラーソフの「遺訓」として次のような習慣が守られていた。

＊ロシアのツァーリには従わず、ツァーリの支配するロシアには戻らない。
＊カザークはカザークを雇ってはならない。

＊年長者に従え。女性を敬え。
＊各人は収入の三分の一を軍団の金庫に納める。
＊村の中に酒場を開いてはならない。商人になるな。
＊すべての重要事項は成人男子全員の集会（クルーグ）で決定する…

これらは成文法ではなく口承で伝わったものであるが、一八世紀の後半以後、ネクラーソフ派の後裔たちがドナウの河口、エディルネなどの多島海沿岸部、さらにはアナトリア半島の内陸部の各地に移住してからも、基本的には彼らの行動を規制しつづけていた形跡がある。ロシアで成立していたカザークの生活様式を維持していたのだ。

クバンでも、バルカン方面でも、トルコ軍に組み込まれたカザークの部隊は、北から勢力を伸ばしてくるロシア軍と勇敢に戦ってしばしば祖国の軍隊を破ったことが知られる。自分たちが居住する地域が戦場であるから、地の利を得ているという強みもあった。

とはいうものの、時間が経って一九世紀になると多少とも事情に変化が生じていたのも当然であった。ドブルウジャのカザークの中にはロシア側に寝返り、ロシア帝国領となったベッサラビアから侵入してくるロシア軍の案内人の役目を買って出る者があらわれた。（おそらくはロシア側の工作によるものであろう。）トルコ軍はロシアとの戦争がはじまると、内通を恐れてカザーク軍を後衛にまわして監視下に置いたという事例まで生じたことを著者のプリガーリン氏が紹介している。

クリミア戦争（一八五三〜一八五六年）の前夜にはバルカン全土にわたって大きな変化が生じていた。かつてウクライナを含んで巨大な版図をもちながらロシアの従属下に陥っていたポーランドには早くから祖国復興の動きが生じていたが、その代表者の一人ミハウ・チャイコフスキが一八四〇年代にイスタンブールにポーランド独立運動派の東方機関を設立した。彼はスルタンの宮廷に近づいて、その信望を得た。ロシアが共通の敵であった。帝政ロシアを敵と見る点ではネクラーソフ派も同様であった。チャイコフスキはドブルウジャのサリキョイ村のアタマン（この場合は選挙された村長の格）のガンチャールとも手を結んだ。

もともと旧教徒は聖職者を失って難渋していた。主教の位階をもつ高位聖職者がいなければ司祭の叙任ができないのである。正教会を離れて以来、高位聖職者の職は空位のままだった。チャイコフスキは、イスタンブール（かつての東ローマ帝国の首都コンスタンティノープル）総主教庁で府主教の僧位に挙げられていたギリシャ人アンブロシオスをガンチャールに紹介した。さまざまな経緯があったが、結局このアンブロシオスが、当時オーストリア帝国領内にあったブコヴィナ（現在はウクライナ領内）の旧教徒の修道院で旧教徒の府主教として推戴された。旧教徒はこのときはじめて自前の位階制度をもつことができたのである。僧侶を受け入れないグループはその後も無僧派として存在をつづけるが、多数派を形成する容僧派はブコヴィナの府主教の権威を承認した。モスクワではロゴスキー墓地に集住していた旧教徒がアンブロシオスによって叙任された主教を受け入れることによって、ロシアにおける旧教徒の最大のセンターになった。アンブロシオスが府主教の地位についたのは一八四六年のことだった。

チャイコフスキはもう一つ大きな仕事をした。彼はイスラム教徒に改宗してサディク・パシャと名乗り、スルタンからアナトリア半島に広大な領地を賜った上、ロシアと戦うためにネクラーソフ派を中心とするオスマン・カザーク連隊を組織したのである。元来ドンを去ったネクラーソフ派がトルコ領内に居住を許されたときの条件がロシアと戦うことだったけれども、それからすでに一世紀以上が過ぎていた。それでもカザークはすばやく反応し、ドブルウジャやアナトリアの内陸部から約三〇〇人の応募者があって、彼らの全員に将校の位が与えられた。ほかにユダヤ人やセルビア人などもくわわって、総勢は六〇〇人になった。連隊長はサディク・パシャこと、チャイコフスキだった。もっとも、この軍隊は期待されたほどの戦果をあげたとは思えない。成立から一〇年ほど経過した一八六四年にはカザークの兵役は免除され、カザーク旧教徒たちも他の諸民族と同様に、貨幣をもってスルタン政府への納税をはじめるからである。

その後のリポヴァン

本書が考察の対象としているのは一九世紀の前半までである。厳密に言えば、クリミア戦争やその後の旧教徒の動向は埒外になる。本書が見事な学術的研究の成果として後世にのこることは当然予想されるが、旧教徒の歴史に興味をいだく者としてはリポヴァン・ロシア人の現状にも深い関心をもつのは自然なことであろう。

以下は、「葦の髄から天井をのぞく」程度のおぼつかない管見にすぎないが、参考事項として付記しておく。

一九九三年に私はドブルウジャを訪ねたことがある。リポヴァン協会が旧教徒に関する国際会議を主催して、それに招かれたからである。会議自体はドナウ川に面するトゥルチャ市で行なわれ、会議のあとで、旧教徒の女子修道院やジュリロフカ、サリキョイなどの村々を見学した。その旅のことはここでは繰り返さない。ただそのとき知り合った何人かの研究者とはその後も文通をつづけていた。その一人がブカレスト大学の大学院生クセーニア・クラソフスキさんだった。クセーニアはやがて米国の大学に留学してロシアの女流詩人マリーナ・ツヴェターエワについての論文を書き、学者の道を歩むようになった。

二〇〇四年の春のこと、クセーニアの姪のアレクサンドラさん（以下サーシャ）がブカレストから来日した。日本への留学を志望し、試験に合格した結果だった。そのさい叔母の勧めがあったかどうかはまだ尋ねたことがない。彼女の父親はブカレストで技師をしている。

はじめサーシャの日本語の知識は皆無にひとしかった。私たちは英語で話し合った。彼女の英語は実に見事なのである。最初の一年間は東京外国語大学のコースで日本語を学習した。彼女の寮は私の住む多摩市に近いので、時々会うのには都合がよかった。二年目に彼女は東北大学の経済学部に入学した。仙台で四年間勉強をするうちに、彼女の日本語はかなりの進歩をとげた。日本語のｅメールの文章を書くことにも不自由がないようになった。サーシャは早稲田大学の大学院商学研究科にすすみ、マーケット・リサーチを専攻した。卒業は二〇一一年で、めでたく大手の製造会社Ｂ社に就職が決まった。

彼女にはめでたいことがもう一つ重なっていて、仙台の大学在学中に知り合った韓国青年のＫ君と婚約が成立し、二〇一一年の二月にルーマニアと韓国の両方で挙式をしたのである。

彼女の父親のアファナーセさんとその妹のクセーニアはドブルウジャのジュリロフカ村の生まれである。母親のヨネーラもロシア語が自由である。つまり一家は純粋なリポヴァンである。

ことは個人に属することで一般化はできないが、サーシャの生活態度はしっかりしている。大学院に通いながら家庭教師として英語を教えていて、アルバイトにも精を出した。院生時代に妹と年下の従妹を日本に呼んで、二週間ほど東京、仙台、京都などを旅行してまわった。

サーシャの身長は一六五センチ。すらりとしているが、華奢ではない。カザークの血が見事に受け継がれている。

私は彼女が帰省をするたびに、リポヴァン協会が発行している月刊のバイリンガル（ロシア語とルーマニア語）の新聞『ゾーリ』（ゾリーレ）の最近号を持ち帰ってもらっている。一九九〇年発刊のこの新聞はタブロイド版で毎号二〇ページである。その新聞を読むことによってルーマニアのロシア人社会の動向を感じ取るのが、私の現在の取材法である。

もちろん、新聞とならんで、あるいはそれ以上にサーシャとの何気ない会話から気配を感じ取る。

たとえば、次のように彼女は話すのである。


「私はロシア語で話したことがありません。でも人から何か話しかけられると、わかります。ジュリロフカに住むおばあさんは、いつも私にロシア語で話していましたから」

「結婚式はルーマニアで挙げます。お父さんはジュリロフカ村の教会で行なうことを望んでいますが、お母さんは反対しています」

「お父さんはルーマニア語のほかはロシア語しか話しません。こんど日本にきたら、先生とロシア語で話せると喜んでいます」（ここで「先生」とは私のこと。サーシャの家族は彼女の卒業式に合わせて来日する予定だった。）

かつて、ジュリロフカ村でもサリキョイ村でも、村人の生業は漁業と農業だった。（カザークの機動性を生かして密輸も副業としたとプリガーリンは書いているが、それは昔のことである。）村ごとに旧教徒の教会があり、村の中ではロシア語が話されていた。

しかし一九世紀の後半になってモルダヴィアとワラキアが合併してルーマニアという国家がつくられるにいたって、その領域に含まれたドブルウジャ全域にわたってルーマニア化がすすんだことも容易に想像される。第二次大戦後チャウシェスク体制のもとでは初等教育がすべてルーマニア語で行なわれることになった。

サーシャの祖母はロシア語だけで暮らし、父と母は首都に出てルーマニア語とロシア語を話し、そしてサーシャの代ではもはやロシア語は使われないところに、住民の生活事情が象徴的に反映している。

おそらく村の若者たちは生まれた村の中では職業を見つけることができないであろう。それがどのような結果をもたらすかは、想像するに難くない。私はリポヴァンにおける信仰の維持、伝統的行事の継続の点では、アファナーセ・クラソフスキ氏に会って話を聞く前から悲観的になっていた。ロシア語がリポヴァンに忘れられていく、という私の心配は取り越し苦労ではなかったのである。

本文で取り上げた書物は以下のとおり。

Александр Пригарин, «Русские старообрядцы на Дунае. Формирование этноконфессиональной общиности в конце XVIII - первой половине XIX вв.» Одесса-Измаил-Москва, «СМИЛ» - «Археодоксия», 2010, 527 стр.

私は以下の著書でリポヴァンに言及している。

『聖なるロシアを求めて――旧教徒のユートピア伝説』の中の「ネクラーソフ派カザーク」平凡社、一九九〇年（平凡社ライブラリーで増補版、二〇〇三年）。

『聖なるロシアの流浪』の中の「ルーマニアのリポヴァン派」平凡社、一九九七年。

『ロシアの風――日露交流二百年を旅する』の中の「サリキョイ村の歴史」風行社、二〇〇一年。

二　漂流民たち

大黒屋光太夫の足跡をたずねて

ロシア旅行

一九六五年の夏、私ははじめてロシアの土を踏んだ。横浜から出航して津軽海峡を通過してロシア沿海州のナホトカまでは二日間の船旅。ロシアに入国してハバーロフスクまでは夜行列車の利用——つまりシベリア鉄道の末端のごく一部をかすめるのである。（終点のウラジヴォストークは閉鎖都市で、外国人を入れなかったのである。）そこからはモスクワまで飛行機で一気に飛んで行くことができる。しかし私たちは途中のイルクーツクで飛行機を降り、ここで道草をくった。東京とモスクワを結ぶ定期航空路がなかったころのことである。

私たちというのは亀井高孝《かめいたかよし》先生、村山七郎先生、それに私の三人である。当時の年齢順に、亀井先生は七九歳、村山先生は五七歳、私は三三歳だった。亀井先生は専門から言えば西洋史の研究者で、東京帝大文学部を卒業してから長いあいだ武蔵高校や第一高等学校で教鞭をとっておられた。すでに職を退いて久しく、鎌倉で悠々自適の生活を送っていた。

村山先生は順天堂大学でドイツ語を教えておられた。村山先生が著名な言語学者であり、第二次大戦中もベルリンにとどまって勉学をつづけたという経歴は、学界の中でよく知られていた。私はといえば、この年、東大の駒場にロシア語の講師として採用され、教師生活の第一歩を踏み出したところだった。

それぞれ二回りほども年齢のひらいた三人が一つの旅に出る動機となったのは、江戸時代にロシアから帰還した漂流民である。学者としての研究分野が西洋史とはいうものの、亀井先生は古くから大黒屋光太夫の事績に深い関心を寄せておられた。先生の出身が津の藤堂家の縁つづきで、伊賀名張地方を治めた大名格の家柄だったから、伊勢の光太夫はほとんど同郷人である。光太夫研究の経歴はずいぶん長くて、光太夫からの聞書きを桂川甫周がまとめた『北槎聞略《ほくさぶんりゃく》』の手書きの善本をずっと以前に神田の古書街で入手し、すでにその校訂本を一九三七年に三秀舎から出版していた。一九六四年には『大黒屋光太夫』という伝記を吉川弘文館の人物叢書のシリーズで発表した。

一方、ソビエトではウラジーミル・コンスタンチーノフという日本学者が一九五〇年代に大黒屋光太夫に目を向けていた。彼はモスクワのレーニン名称国立図書館の書庫の中で、やはり光太夫の話をまとめた『魯斉亜国睡夢談』という手書本を見つけてロシア語に訳し、本文の写真翻刻ともども、「ロシアの夢」という副題をつけて出版した。コンスタンチーノフさんはその仕事で博士号をとった。その作業のときにも亀井先生の助言をあおいだのだったが、『魯斉亜国睡夢談』より『北槎聞略』のほうが格段に内容が詳しくかつ記述がすぐれていることを理解して、『北槎聞略』のロシア語訳に着手した。博士は当時ロシア科学アカデミー附属の東洋学研究所に勤務していた。まもなく、その研究所から亀井先生にロシアを訪ねるようにという招待状が届いたのだった。

一九六五年の春に村山先生は『漂流民の言語——ロシアへの漂流民の方言学的貢献』（吉川弘文館）を出版された。それは日本の各地からロシアへ漂流した船乗りたちがかの地に残してきた記録、あるいは帰国した者たちから聞き取った記事の中に含まれている言葉からそれぞれの方言を再現することを目的とした研究だった。対象となった漂流民は、薩摩のゴンザと南部佐井の水主《かこ》たち（いずれもロシアから帰らなかった人々）、伊勢の光太夫らと仙台石巻の水主たち（帰国を果たした人々）などである。それは日本語の歴史に興味をもつと同時にロシア語が堪能な研究者でなければ不可能な作業だった。村山先生の仕事はロシアの日本学者にも高く評価されていた。したがって村山先生にも亀井先生と同じころ東洋学研究所から招待状が送られてきたのも不思議ではない。

私はといえば、中世ロシア文学の専攻といってもまだほんの駆出しで、二、三冊のロシア語の専門書の書評や紹介を大学の紀要に書き、日本における中世ロシア文学の研究状況をレニングラードのロシア文学研究所が刊行している年報に発表しただけである。日露交渉史にも格別の関心がなかった。偶然ながら、私は一橋大学の大学院で亀井先生のご長男にあたる亀井孝《たかし》先生のゼミに加わっていた。その孝先生の推薦で、高孝先生のポーター兼通訳の資格でお伴をすることになったわけである。こうして、自分が研究対象とする国に初めて旅行するという幸運に恵まれたのだった。

一言書き加えておけば、亀井高孝、村山七郎の両先生は、ソビエトへ出発する直前に共同編著の形で一冊の本を刊行された。本の中身は一九三七年初版の『北槎聞略』の復刻が中心で、前文に亀井先生が解説を新たに執筆され、巻末には村山先生が「大黒屋光太夫の言語学上の功績」を書き下ろしたのである。「はしがき」には「われわれ両名は光太夫の足跡を追うて近く訪ソする。本書の再刊はその手土産の意味を含んでいる」と記されている。この本の出版元も吉川弘文館である。

私の手許には、この本の皮表紙三方金の箱入り特製本がある。「訪ソ記念、昭和四十年夏龜井高孝」という筆書きのサインがはいっている。帰国してから頂戴したのである。今ではこの本は稀覯書になっていて、『北槎聞略』と言えば主として岩波文庫(桂川甫周著、亀井高孝校訂、解説加藤九祚、初版一九九〇年)が普及しているはずである。

私の記録によると、横浜から船に乗って日本を発ったのは一九六五年の六月一〇日、同じ横浜に戻ってきたのは七月二三日である。従者の私は絶えず亀井先生と村山先生に随行していた。

イルクーツクにて

私たちがハバーロフスクからモスクワへ直行しないで、イルクーツクに数日間滞在したのには、理由があった。極東ロシアは一九世紀の中ごろに獲得された新しい領土で、光太夫とはかかわりがなかった。ロシアで光太夫らの漂流民の暮らしの拠点となったのがイルクーツクだったからである。

船頭の光太夫をはじめ一七人の乗り組んだ神昌丸は天明二年(一七八二年)の一二月に伊勢の白子港を出帆した。遠州灘で嵐にあって遭難し、半年以上太平洋の波間をただよってからアリューシャン列島のアムチトカ島に漂着した。この島に四年間暮らすうちに七人の仲間を失った。カムチャトカ半島からこの島のロシア人猟師たちを迎えに来た船は難破したが、光太夫らはロシア人に協力して難破船の残がいから新しい船をつくり上げて、カムチャトカ半島のニジネ・カムチャトカに着いた。ここでひと冬を過ごす間に三人が命を落とす。一七八八年の夏に山越えをしてオホーツク海をわたってオホーツク港に着き、そこからさらに極寒の地ヤクーツクを経由して一七八九年の初めにやっとイルクーツクへやって来たとき、光太夫一行は六人になっていた。まもなくそのうちの一人が他界したから、残るのは光太夫（船頭）、小市（賄《まかない》、パーサーに相当）、庄蔵、新藏、磯吉（いずれも水主、すなわち水夫）の五人となった。この中で一七九二年に蝦夷の根室に戻ってきたのは光太夫、小市、磯吉の三人である。庄藏は片足を凍傷で失って不具となり、新藏はこの地の女性を妻にめとり、いずれも正教キリスト教に入信したために帰国を断念し、この地の土になった。

という次第で、イルクーツクは光太夫一行に何かとゆかりの深い場所だった。ここには、一七五〇年代から日本語学校がおかれていた。（その前身は一七三〇年代からペテルブルグにあった。）光太夫たちより四〇年ほど前に、下北半島佐井村の竹内徳兵衛の持ち船である多賀丸が難船し、下北の船乗りたちがイルクーツクへたどりついた。彼らはここで日本語を教えることになった。初代の日本人たちは光太夫らの到着以前に亡くなっていたが、彼らの妻や子どもたちは健在で、何人かは光太夫らの前にあらわれて、おぼつかない日本語を披露しさえした。そのうちの一人「さのすけ」（三之助か）という者の息子で日本名「さんぱち」（恐らく、三八）、ロシア名アンドレイ・タターリノフという人物が、レクシコンと題して一種の日露辞書と簡単な日露会話帖を書き残していた。その中では神を意味するロシア語に「仏」をあて、それを「フォドゲ」と読んでいるので、東北方言の特徴が歴然としているのである。

村山先生はすでにこのレクシコンを翻刻して、一八世紀前半の南部方言の姿を示す史料として学界に紹介していた（『漂流民の言語』参照）。イルクーツクの市内には、かつて日本語学校が航海学校とともにおかれていたという建物がのこっていた。私たちはイルクーツクからバイカル湖を見物に行った。車をかなり速く走らせて、一時間半くらいかかったように思う。地図で調べてみると、市内からアンガラ川に沿ってバイカル湖までは約六〇キロの道程である。光太夫はバイカルの対岸すなわち東の岸に温泉場があり、そこへ湯治に行ったことがあると『北槎聞略』で語っているが、私たちにはそこを訪ねる余裕はなかった。

イルクーツクの名刹《めいさつ》はズナメンスキー修道院である。私たちが訪れたときこの修道院は閉鎖されていたが（一九九四年に復活）、ロシアのコロンブスとも呼ばれたグリゴーリー・シェリホフの墓があった。彼のことは光太夫も言及している。一八世紀末のイルクーツクで一、二を争う大商人だった。そして、光太夫の帰国のために尽力してくれることになるフィンランド系の学者のキリール・ラクスマンとは、ロシアの東方進出の手法をめぐって、この商人はするどく対立する立場にあった。二人は犬猿の仲だったのだ。ただし、私自身がこのことを知るのは後の話である。亀井先生と村山先生は名所旧蹟を訪ねるたびごとに豊かな故事来歴の蘊蓄を披瀝されていたが、私はあたかも門前の小僧で、このとき初めて経を習いはじめたところだった。

飛行場からホテルまでの送迎や訪問先までの車の手配などは、すべてIntourist（イントゥーリスト）の差配であった。どういう取り決めがあったものか、ある日にはホテルに高級車チャイカが来て、アンガラ川をせき止めた大きな発電所を見物に行った。地図で見ると有名なブラーツクの大発電所までは片道五〇〇キロもあるから、もっと手前の発電所だったにちがいない。それでもずいぶん大規模なものだった、という記憶がある。

モスクワにて

モスクワの空港にはコンスタンチーノフさんが迎えに来ていた。背が高くて横幅も広い人だった。亀井先生は小柄でやせ形のほうだったので、コンさん——私たちだけでなく彼を知る日本人は彼をそう呼んでいた——が亀井先生に話しかけるときには、まるで子どもと話すように身をこごめなければならなかった。それがきわめて慇懃に行なわれるのだった。私は文字どおり鞠躬如《きっきゅうじょ》という言葉を連想した。コンさんは戦争前に早稲田大学に留学した経験があり、その日本語にはへんな癖がなかった。たった一つ私がちょっと奇異に感じたのは、奥さんのことを常に「細君」と言うことだった。その言い方は戦前調の名残だったにちがいない。コンさんもスターリンの大粛清の被害者の一人で、三〇年代の末から一五年間をハバーロフスクのラーゲリで暮らしたとのことだった。コンさんが昔のことを話す口調はまるで世間話でもするように、淡々としていた。

違和感を感じさせられることがもう一つあった。コンさんは『北槎聞略』を「……モンリャク」と発音した。亀井先生は「ブンリャク」である。私は亀井先生がコンさんの発音を訂正されることを期待したが、期待は最後まで空しかった。「あれはちょっと変ですね」と村山先生に言われただけである。村山先生もうなずかれたのみである。おかげで、「聞略」はいまだにロシアでは「モンリャク」で通っている。

光太夫はイルクーツク滞在中の一七九一年の早春に、そのころのロシアの首都であるサンクト・ペテルブルグまで往復したことがあった。キリール・ラクスマンに伴われての旅で、直接女帝のエカテリーナ二世にお目通りして帰国の嘆願をするのが目的だった。旅の途中で、光太夫はモスクワにも立ち寄った。クレムリンを見物したことは言うまでもない。「二間半ばかり」（四・五メートル）もある有名な大砲や、重さ約二〇〇トンもある「小山」のように巨大な鐘のことを『北槎聞略』の中で語っている。私たちも見物に出かけた。これは今でもすべての観光客がかならず足を向ける名所である。

忘れられないのは、市内の団地にあるコンさんの住まいへ夕食に招かれたことである。コンさんの話では、「細君」とはハバーロフスクのラーゲリで知り合ったとのことだった。相客には歴史学者のトペーハ博士と日本語学者のスィロミャートニコフ博士が呼ばれていた。トペーハさんと亀井先生のあいだでは話がはずんだが、村山先生とスィロミャートニコフさんのあいだでは、会話が成立しなかった。言語学者が本性寡黙であるというより、村山先生はロシアの日本語学者としてはレニングラードのペトロワさんしか認めていなかったからである。村山先生はすでに一九六〇年八月に、モスクワで開かれた国際東洋学者会議に出席していたが、スィロミャートニコフさんとは相識の間柄ではなかった。そのおかげで、コンさん宅からの帰りぎわに、随員の私はスィロミャートニコフ博士から、日本語で書いた彼の文章の校閲を依頼された。「翌日までに」という急ぎの作業だったが、それは何かの著作の序文かレジュメのようなもので、日本語の文法の規則に一〇〇パーセント忠実に従っているものの、文体としてはまったく日本語らしくない奇妙な文章だった。

モスクワではホテル・ナツィオナーリが私たちの宿だった。まだマス・ツーリズムがはじまる前だった。今なら、学者風情はとてもこのような五つ星の高級ホテルには泊まれない。

レニングラードにて

予期に反して、コンさんはレニングラードへ同行しなかった。モスクワとレニングラード（現サンクト・ペテルブルグ）は研究のテリトリーを画然と分け合っているという印象だった。もともと革命以前は首都ペテルブルグのほうに学術研究の本拠があって、いまでもこちらに東洋学博物館がおかれている。科学アカデミーの東洋学研究所ペテルブルグ支部に付置されているのである。

この博物館に光太夫の旧蔵書と思われる日本語の刊本が数冊あることがわかって、しかも墨の筆書きで光太夫の手になるらしい書込みが見つかった。その書込みを読み解いてもらいたいというのが、実は亀井先生を招待するにいたった最大の趣旨だった。こちらにはウラジスラフ・ゴレグリャードという若い日本学者がひかえていた。彼はコンさんに負けないほどの見事な日本語使いで、てきぱきと事を運んでくれた。

一七九一年の末、帰国を許された光太夫がペテルブルグを去るに当たって置き土産とした本があった。つまり、故郷伊勢の白子の浜を出帆するときすでに神昌丸の船頭用の船室に置かれていた光太夫の蔵書である。その内容はといえば、大部分が『太平記』『源平ゑ入』『森鏡邪正録』のような軍記物や御家騒動ものであり（いずれも端本）、『節用』（二冊もの）のような辞書ないし百科事典的な実用書もあった。それらの書物の一部の余白に、さまざまな書き入れがあるのだった。

たとえば、「此本何方様へ参り候とも早速私しかたへ御帰したのみ入候」などは、最初から書かれていたものだろう。「おくら様」「亀屋兵蔵」「お兵様」「お嶋」「謙吉様」「お虎様」「おもふ御方様」というような人名を列挙したものもあった。最も興味をひかれたのは、日本語ながらロシア文字で書かれた三二ページに及ぶ長文の書込みであった。亀井先生が村山先生と相談しながら読み解かれたのであるが、ここにその一部を示そう。漢字と平仮名と片仮名の区別や句読点は私がかりに加えている。「さてわ、サンペテルブルグへ《到着し》［この言葉のみロシア語――中村］今にて七月目になり候。さて、グラフ［伯爵］・ベズボロトコわ……。天下様えわたさず、国えは帰さず……このように憂き難いたし候ことも、みなみな国にて親に不幸いたし候罰に候。グラフ・ベズボロトコめが鬼になって責めくさるわい……何事もみな南無阿弥陀仏、こればかりじゃ。」

この文中のベズボロトコ伯爵というのはエカテリーナ二世の側近で、政府の中では外交を担当していた。ラクスマンはベズボロトコを通じて、漂流民を帰還させせつつ日本に交易を求める使節の派遣をロシアの最高権力にはたらきかけていたのである。実はその文中の一部は後になって墨で塗り消した形跡がある。つまり、一七九一年の九月ごろになって、帰国を許すという政府の決定が出て、光太夫はさんざん呪っていた人名を抹消する必要を感じたのだった。書込みについてくわしくは、亀井先生の著書『光太夫の悲恋』（吉川弘文館、一九六七年）を参照されたい。

上述の人名の中で「お嶋」だけに様がつけられておらず、書込みに「親不孝云々」とあるところから、亀井先生は光太夫が親の許さぬ配偶者と暮らしていたのではないか、という推測をたてられた。それから三五年あまりたって、『大黒屋光太夫史料集』全四巻（日本評論社、二〇〇三年）の編者山下恒夫氏が岩波新書『大黒屋光太夫』（二〇〇四年）を書いたとき、新発見の諸史料を勘案してこれと似たような推定を述べているのはすこぶる興味深い。

村山先生の旅の主目的もレニングラードにあった。オリガ・ペトロワさんは折悪しく入院中だった。天井ぎわの本棚から書物をとろうとして脚立から足を踏みはずし背骨を痛めたとのことだった。義理がたい村山先生はまず病院へお見舞いに出かけられた。ペトロワさんはその後退院しないまま、一九九三年に九三歳で長逝する。彼女は村山先生より八歳年長で二年早く他界したことになる。

仕事が一区切りついたころ、私たちはクンスト・カーメラ（人類学博物館）を訪ねた。これは珍奇なものを好んだピョートル大帝のコレクションをもとに世界中の珍品奇物を集めたところである。村山先生には初めからアテがあったようである。学芸員があらわれたところで、「ゴンザとソウザの蠟製の首像があるはずですが」と先生は切りだされた。二人とも佐井の漂流民よりさらに以前の一七三〇年代にペテルブルグで暮らした薩摩出身の船乗りである。このうちゴンザは天才的な青年で、一七三九年に二二歳で亡くなるまでに非常に大部のロシア語＝日本語辞典や日本文法書や会話集などの著述をのこした。学芸員はたしかにそれらが存在したことは台帳に記載されているけれども、現物は保存されていないと答えた。その代わり身元不明のものがあると言って、倉庫から古びた二つの実物大のカシラを持ち出してきた。双方とも目がひどく吊り上がっていて、一方には黒い口髭がついていた。私にはとても日本人とは思えなかったが、村山先生はじっと眺めてから、「これですよ」と断定された。髭のないほうが若いゴンザにちがいないとのことだった。二、三日するとモスクワから形質人類学者のデーベッツ教授がやって来るというので、私たちは再度クンスト・カーメラを訪問した。デーベッツ教授とのやりとりのときには、村山先生は終始ドイツ語を使われた。頭部のいろんな部分については専門的な術語があるらしく、その計測値などもすべてドイツ語だった。先生のロシア語も見事だったが、ドイツ語は一層自由に使いこなしておられることがわかった。おかげでクンスト・カーメラはすっかり納得して登録をあらため、今ではソウザもゴンザも行方不明扱いされていない。

若いほうのゴンザが科学アカデミー図書館司書のアンドレイ・ボグダーノフの指導を受けながら『新スラヴ・日本語辞典』の題名で露和辞典を完成させたのが一七三八年の秋である。亡くなったとき彼の年齢が二〇歳そこそこで、しかも祖国をはなれて一〇年ほど経ってからであるので、奇跡のような話である。

村山先生はすでにゲッチンゲン大学の図書館が所蔵しているその辞書の写しをもっておられたが、このとき東洋学研究所でオリジナルの写真フィルムも入手された。その後、井桁貞義、輿水則子両氏の協力を得て『新スラヴ・日本語辞典』が一九八五年にナウカ社から刊行された。B5判五七二ページという大冊である。「ウォトカ」を「アヲモイ」（泡盛）、「良い」を「ヨカト」などとしているところはまぎれもなく薩摩風である。後年、鹿児島市の呉服商吉村治道氏の熱意により、さらにゴレグリャードさんの肝いりもあって、ゴンザの全著作のコピーが鹿児島市にもたらされた。そして鹿児島市の繁華街がゴンザ通りと命名され、「ゴンザファンクラブ」が活動している。（上村忠昌著『漂流青年ゴンザの著作と言語に関する総合的研究』二〇〇六年のようなすぐれた研究もある。）

コンスタンチーノフさんがロシア語に翻訳した『北槎聞略』は訳者の急死（一九六七年）後もなかなか出版されなかった。やっと日の目を見たのが一九七八年のことで、有能なゴレグリャードさんが編集したのだった。このロシア語訳にはロシア人でなければつけられないようなロシア側の史料にもとづく詳細な注釈がついている。岩波文庫版の『北槎聞略』はその注釈を取り入れているので、一層本文の価値を高めている。モスクワにはコンさんの原稿を整理し校正ができるような学者が見つからなかったにちがいない。「聞略」には「モンリャク」のほかに「ブンリャク」という読み方があることを編者の「はしがき」の末尾にさりげなくつけ加えているところが心憎い。

私は三週間ほどのレニングラード滞在中、ときおり暇をもらってロシア文学研究所に顔を出した。私たちの宿は、都心にあるホテル・アストリアだった（やはり現代の評価で五つ星）。ピョートル大帝に献じられた有名な青銅の騎士の像や、イサーキイ大聖堂の近くにある美しい古典主義様式の建物である。東洋学研究所へ通うときはエルミタージュ美術館の前を通りすぎ、ネヴァ川に沿って半キロほど歩くのだったが、ロシア文学研究所へ行くときにはエルミタージュのわきでネヴァ川を越えなければならなかった。川をまたぐ橋は宮殿橋と呼ばれていて、長さは三〇〇メートルほどある。光太夫の時代には橋の代わりに小舟をつないだ船橋があった、と『北槎聞略』には書かれている。ロシア文学研究所の中世文学部門に、文通によって知り合った研究者がいた。私と同年輩の人物である。彼を訪ねると、さっそく部門主任ともいうべきポストを占めているドミートリー・リハチョフ博士に紹介された。博士は私がこの部門の年報に小文を書いたことをおぼえていて、日本における中世ロシア文学の研究状況を報告するようにと命じられた。それが翌日のことで、私は大慌てでロシア語の文章を作文し、ゴレグリャードさんに校閲してもらった。モスクワのスィロミャートニコフさんの立場をこれほど早く体験しようとは、想像していなかった。私は報告のついでに『北槎聞略』に言及し、光太夫が一八世紀末のペテルブルグの様子をいかに描写しているか、彼が当時流行していたロシア民謡の歌詞をどう引用したか、についても述べた。これには早速反応があった。この研究所には「音声アーカイヴ」に当たるような部署があって、そこにはおびただしい民謡の音声記録が保存されているのである。音声部門の研究者はドブロヴォーリスキーさんだった。

光太夫の民謡は俗に「ソフィアの歌」とも呼ばれていて、『北槎聞略』ではソフィア・イワーノヴナという若い女性が光太夫の身の上に同情して作詩作曲し、大いに流行したかのように述べられている。その歌詞は「アハ　スクシノ　メニヤ　ナツヅイ　ストロネ……」とあり、「ああ　たいくつや　われ　他《ひと》の　くに」という邦訳がついている。その言葉はコンスタンチーノフさんの反訳で知られていたが、曲のほうは不明のままだった。

音声保管所の研究室はロシア文学研究所の最上階にあった。私が「アハ　スクシノ」と言いかけると、ドブロヴォーリスキーさんは即座にピアノの前にすわってメロディーを弾いてくれた。言葉の意味はおおよそ次のようなものだった。「ああ、やるせない／異郷の空で／ものみな／心になじまぬ／いとしい人とはなれては〃いとしの君はなく／この世はわびしい／たのしかった／昔をおもい／今は涙をながすだけ」その元歌はウクライナの民謡であること、キーエフ方面から首都へ出稼ぎに来た若者たちによって曲が伝えられ、彼らの心情をうたった新しい歌詞がつけられてロシア中に広まったことなどもここで教えられた。故郷のありかは異なっていても、光太夫も出稼ぎの若者も望郷の念に変わりはなかったのである。一九世紀にはデカブリスト詩人のルイレーエフによって革命思想を盛り込んだ歌詞に作り替えられたり、逆に軍歌になったりしたこともあった。驚いたことに、この歌詞はまさに光太夫がイルクーツクから上京した一七九一年に刊行された流行歌集に収められていた。帰国後、私はドブロヴォーリスキーさんから得た情報を整理して、「あるロシア歌謡の歴史」という小さな論文に仕立てた（初め一橋大学語学研究室の紀要に発表。後年『おろしや盆踊唄考――日露文化交渉史拾遺』現代企画室、一九九〇年、に収録）。差しあたりこれだけが旅行中の私の光太夫研究へのささやかな貢献だった。私の日露文化交流史への興味はこの旅に由来している。

夏至は過ぎたとはいえ、レニングラードにはまだ白夜がのこっていた。日の入りと日の出の間隔が極端に短く、屋外では夜を徹して新聞が読める程度の明るさがただよっていた。大通りや広場には真夜中になっても人通りが絶えなかった。「あなた方はいつ眠るのですか」と研究所の知人のだれかれに尋ねると、きまって「私たちは冬の間にたくさん眠っておくのです」という答えが返ってきた。

後日談

上記の山下恒夫さんの『大黒屋光太夫史料集』はそれぞれ七〇〇～八〇〇ページの大冊四巻からなる厖大なものであるが、それでも書誌として用いる場合には不便があるので、以下にロシアから戻ってからの出版物を中心にエピローグを書き加えておこう。

『光太夫の悲恋』『新スラヴ・日本語辞典』については繰り返さない。光太夫自身の手になるとは断定できないが、彼の知識なしには作成不能だった書物としては、ロシア語のアルファベットや彼がロシアで知り合った人々の名前、さらに硬貨の図柄、四季、一二の月の名前、七曜、黄道一二宮などを記した『ロシア文字集』の影印本が復刻づきで一九六七年に吉川弘文館から出版された。これは亀井先生と村山先生の共著となっているが、考証の大部分が村山先生の仕事である。おなじく光太夫のロシア語知識が土台になっている露和・和露辞典である『魯西亜辨語』が影印と復刻を合わせて、一九七二年に近藤出版社から出た。この本でカタカナで書かれたロシア語の形態をロシア文字に復元する作業を私が担当したので、編者の中に亀井・村山両先生と並んで中村の名前がはいっている。亀井高孝先生は『葦蘆葉の屑籠』の書名で一九六九年に回想集を刊行したが、その第九章が「光太夫余滴」となっている。先生が九一歳の天寿を全うされるのは一九七七年である。

ロシア旅行の二年後に亀井先生は北海道巡見を思い立たれた。八〇歳の大台を超えて、先生はなお非常に元気だった。このときも私がお伴を仰せつかった。七月にまず空路で釧路へ飛んだ。光太夫、小市、磯吉の三人が、キリール・ラクスマンの息子であるロシア使節アダム・ラクスマン中尉にともなわれて帰着したのが根室の港だった。その跡から見ていこうというわけだった。その後は斜里、旭川、札幌、函館とまわった（光太夫と直接関係のあるのは最後の函館のみ）。どの地にも先生の一高教授時代の教え子が何かしらの高い役職に就いていて、歓待された。付け人の私までお相伴に与ったのである。釧路の「旅テル」と称する宿で、一別以来のゴレグリャードさんにばったり出会った。彼は漁業交渉の団体の通訳として来日していたのである。彼の日本語は「徒然草」の翻訳ばかりでなく、現代の外交交渉の役にも立っていたのだ。後に山片蟠桃《やまがたばんとう》賞を受賞するのも偶然ではない。彼は私と同年の一九三二年生まれだったが、二〇〇一年に亡くなったのは残念なことである。

北海道旅行の翌月に当たる八月にはコンスタンチーノフさんが何かの団体の招待で突然来日した。亀井先生は軽井沢での避暑から戻り、急きょ築地の料亭でコンさんとその旅仲間のモスクワ大学歴史学部のフェドーソフ教授をもてなされた。芸者さんも交えた華やかな集まりだった。この席には村山先生のほかに高野明さん（早稲田大学の日露関係史研究家）と舟田さん（ロイヤル・ナイツ）と私が陪席した。コンさんは日本人も顔負けするような達者な日本語でその場の空気を独りで盛り上げた。その道に長けた芸者さん連も遠来の客人に花をもたせた。舟田さんがその場にいたのは、例の「ソフィアの歌」の発表会をこのコーラス・グループの参加でまもなく日比谷公会堂で開催することが決まっていたからである。

光太夫についてはすでに新村出が「伊勢漂民の事績」を発表し、彼の事業を「開国曙光」とたたえる大きな石碑が早くから立っていたが（碑文の日付は大正七年（一九一八年））、『北槎聞略』が公刊されるまではローカルな出来事にとどまっていた。亀井先生や村山先生の仕事が出版されても、光太夫をめぐる研究はまだ学者の書斎の外に出なかった。研究者の作業は地味で、人に知られにくい。

光太夫らの運命が一躍脚光をあびるのは文学作品のおかげである。まず、井上靖さんが文藝春秋に『おろしや国酔夢譚』を連載し、この作品はのちに単行本や文庫本になって多くの読者を獲得した。光太夫や多くの水主たちの故郷である白子（鈴鹿市）の浜に光太夫の名前を冠した公園がつくられた。新たに銅像も建てられた。三浦綾子『海嶺』、吉村昭『大黒屋光太夫』がそれにつづいた。松下裕氏の「オロシヤ漂流」は目下のところ中断して未公刊である。光太夫らの帰国二〇〇年を記念して制作された映画は『おろしや国酔夢譚』をもとにしたものである（多少、筋が改変されている）。

光太夫の地元の若松村に大黒屋光太夫顕彰会がつくられ、平成一七年（二〇〇五年）には鈴鹿市によって大黒屋光太夫記念館が設立された。

近年漂流民への関心が各地で高まっているが、日本のロシア漂流民研究は根本のところで、亀井先生と村山先生の業績に多くを負っている。

『環海異聞』の中の人情

私は、漂流記の中でも、伊勢の大黒屋光太夫——井上靖さんや吉村昭さんの小説にもなっていますし、映画にもなっていますね——にまず関心をもちまして、いろいろ調べたり、書いたりしてきました。

若宮丸漂流民のことに関しては、地元の皆さんのほうがお詳しいかとは思いますが、まず伊勢の漂流民と仙台の漂流民、これらにはそれぞれ記録がございますね。大黒屋光太夫の漂流物語である『北槎聞略』、そして若宮丸には『環海異聞』があります。

もちろん、私は『環海異聞』にも長いあいだ惹かれてきたのですが、それには理由があります。私の友人に山下恒夫という人がおりまして、『環海異聞』の本文研究の口火を切ったような人物でした。もう二〇年以上前になりますが、ある日突然、山下さんは私の研究室に「大黒屋光太夫の史料集を作ろう、一緒に編集しよう」と誘いにきたことがありました。そのときに、自分で編纂した『江戸漂流記総集』の第六巻（『環海異聞』を収録した巻）という分厚い本を手土産にくれたのです。私は『環海異聞』のことはそれ以前から知っていたわけですが、彼が『江戸漂流記総集』シリーズの中で『環海異聞』を刊行するにあたって、石巻はもちろん、寒風沢《さぶさわ》島や室浜など若宮丸乗組員ゆかりの土地を訪ね歩き、お墓や供養碑のことなどもよく調べて、その本の三分の一ほどのスペースを割いて、まとめておられる。そういった研究態度に私はたいへん感銘を受けました。結局、光太夫の史料集は四、五年前に大冊の四巻本で出たのですが、山下さんは亡くなってしまいました。私はほんの偶然のような山下さんとの縁から『環海異聞』と『北槎聞略』にいっそう関心を寄せるようになったわけでありまして、今日はこの二つの記録を比較したら何がわかるか、そういう立場からお話をさせていただこうと思っております。

二つの漂流記の類似性

伊勢の漂流民と仙台の漂流民のあいだには、大変よく似ているところと似ていないところがあります。まず、類似点からお話しいたしますと、船ですね。伊勢の船は神昌丸、仙台は若宮丸ですが、これらは江戸という一大消費都市に、北の方では仙台、西の方では伊勢の国――伊勢は紀伊の国と関係が深く、紀伊は米や畳などが物産になっています――これら地方の有力大名の領地から江戸へ物を運ぶ貨物船でありました。船の大きさもほぼ決まっていたようでして、乗組員の数でいうと神昌丸には一七人、若宮丸には一六人が乗っていました。ここが第一の共通点であります。

また、遭難した時期もよく似ています。冬の初めに西風に流されたのです。旧暦の一一月から一二月、年の暮れから正月にかけての時期というのは、いろんな本を見ましても、恐ろしい低気圧が多く発生しているようですから、遭難しやすい時期だったんですね。

それから漂着した先。広い太平洋の真ん中に放り出されてしまうわけですから、方角もよくわからない。

お日様によって東か西かは想像できたでしょうが、ひじょうに心細い思いをして、流れ着いた先がアリューシャン列島です。ロシアではアレウト、英語ではアリューシャンなどと呼ばれていますが、われわれにはアッツ島玉砕などの悲しい出来事で記憶される列島でもあります。そこへ流れ着く。神昌丸の場合はアムチトカという島、若宮丸の場合はナアツカなんていうふうに書いてありますね。遭難した時期、それから漂着地点も二つの漂流記がよく似ている点です。

その地で原住民と会うわけですが、実際に彼らを島から助け出してくれたのは、ロシア人の狩猟者であります。その頃は、現在米国の一州になっているアラスカまでロシアの領土が広がっていまして、ロシア人たちはアリューシャン列島に駐在して原住民を働かせながら毛皮を取っていました。主としてラッコやキツネなどの毛皮をとってロシアへ送りだしていた人たちです。それらが高価な商品になるのでした。神昌丸も若宮丸の漂流民も、ロシア人に出会ってシベリアへ連れて行ってもらいます。両方ともオホーツク海を渡って、世界で一番寒い場所といわれているヤクーツク、それからイルクーツク、当時のロシアの首都であるペテルブルグへ向かう。ここも共通している点であります。

時間の関係も似ています。皆さんにお配りしている年表を見ると一目瞭然でありますが、故郷を船出してから帰国するまでほぼ一一年というのが奇妙に一致しています。まず光太夫たちは伊勢の白子、現在の鈴鹿市を出航して、日本に帰ってくるまでだいたい一一年かかっています。光太夫らは根室に戻ってきてから、ロシアの話をぜひ聞きたいという将軍に江戸城まで呼ばれました。江戸時代はきびしい身分制度がありましたから、実際に将軍に会ったというのではなく、将軍が一方的に見ている状態——これを将軍の上覧に与《あず》かるなどといいますが——そういうふうな出来事があった年の冬に津太夫らが遭難する。彼らも、同じように一一年ほど経って帰ってきましたが、帰国してもなかなかスムーズに引き取ってもらえなかったのも同じです。また、帰国者の数でいうと、神昌丸は三人（うち一人は引き取られる前に死亡）、若宮丸は四人です。ちょうどこの二つの漂流記が平行関係みたいになっているわけですね。

このように共通点はたくさんあるのですが、それだけではありません。両方の漂流民の一部がロシアの正教徒になっている点も共通しています。ロシア正教は、日本ではハリストス正教会という名前で知られていますね。神昌丸の船乗りの場合には——映画でもひとつの見せ場になりましたが——新蔵という人物がロシアの美しい女性に見初められて結婚します。ロシアでは同じ正教徒にならないと結婚できません。そこで宗旨を変えた。若宮丸の場合も、有名な善六という人がおりますが、彼も正教徒になった。

私の想像でありますが、彼らが正教徒になったというのは、聖書を読んでキリストの教えに感動して全面的に宗旨変えをしたと考えるよりは、自分たちが今生きているロシア人社会に馴染もう、溶け込もうとした気持ちの表れであろうと想像しています。逆に言えば、伊勢神宮や塩竈神社、あるいは故郷の菩提寺などへの信仰を意識的に否定したわけではなく、現地のロシア人の暮らしに馴染もうとした努力の結果であったのだろうと思います。

それから、正教徒になった漂流民たちは日本を出るときに二〇歳代だった。このへんも両方とも共通しているんです。若宮丸の船員の中で正教徒になった人の年齢をみますと、出発時三〇歳だった民之助をはじめ、善六、辰蔵、八三郎、他に居残りの茂次郎、巳之助まで、すべて出発時点は二〇歳代でした。伊勢の新蔵はといえば二四歳です。若い人ほど環境への適応能力が高いのでしょう。もちろん、多十郎のような例外もありました。彼は出発時に二四歳、伊勢では帰国した磯吉が一九歳でした。

他方、出発時に三〇歳を超えていた者はキリスト教改宗に踏みきらなかったのです。年代論という見地から眺めても興味深い事実です。ある意味では、人間は三〇を超すと保守的になるのかもしれません。

いずれにしましても、神昌丸と若宮丸の漂流民たちの行動様式にも、非常に共通しているところが多いわけです。

二つの漂流記の相違点

相違点ももちろんあります。まず、二つの船が同時に出たわけではなく、伊勢の神昌丸のほうが一二年早い遭難でした。そしてロシアへの滞在がだいたい一一年間であります。この一年という隙間があったということは、若宮丸の漂流民たちにとって非常に大きな意味があると思います。『環海異聞』には、光太夫らがロシアへの漂流と滞在ののちに帰国し、江戸城に呼ばれて上覧の栄に浴したということを、江戸深川で聞いていたとあります。ということは、漂流してもひょっとしたら帰れるかもしれないという知識、またキリスト教徒にならなければ処罰されることなく江戸城で将軍に見てもらえる、そういう認識もあった。このことは漂流民たちの生存率の大きな違いになったように思えます。

もちろん、いろいろな条件が違いますから一概に比較できないわけですが、だいたい同じぐらいの規模の船で、神昌丸は一七人、若宮丸は一六人の船員がいた。アリューシャン列島で苦労してイルクーツクに着いたときには、神昌丸の場合は一七人中六人という三分の一に近い者しか生き残っていませんでした。一方、若宮丸の場合は一六人のうち一四人がイルクーツクに到着した。その時点で二人亡くなっただけなんですね。これは伊勢の人より東北の人のほうが体が強い（笑）、といった理由だけじゃなさそうです。

帰国が可能であるという認識をもっていたこと、前例があるという意識は乗組員の生存率に大きく関係したのかもしれません。

それから、ロシアに着いてからの後ろ盾といいますか、保護者・庇護者がまた違っていました。光太夫の場合は、映画にも登場したキリール・ラクスマンという人です。この人はもともとフィンランド人でしたが、学者としてロシアに帰化していました。科学万般に通じている博物学者でもあり、ガラス工場なども経営していた。光太夫たちを根室に連れてきてくれた人は、このラクスマンの息子であるアダム・ラクスマンです。当時のロシアの女帝エカテリーナ二世が彼を使節に任命し、漂流民たちを連れて行くことを了承しました。

若宮丸の場合、当時ラクスマンはまだ生きていたのですが、むしろイルクーツクの商人たちが庇護者になりました。このあたりはたいへんよくわかっておりまして、大島さんも本に書かれておりますが、善六の場合がそうですね。善六はピョートル・ステパーノヴィチ・キセリョフと名乗るわけですが、このキセリョフという人はイルクーツクの有力な商人だった。また、善六のほかに、このキセリョフという苗字を名乗るようになった若宮丸の漂流民は二人おります。民之助と八三郎です。

イルクーツクというのはバイカル湖の南の方にある大きな都市でありまして、その頃大商人がたくさんいました。私の若い友人でイルクーツク商人の研究をしている人から、当時の商人組合のリストをもらいました（イルクーツク市の国立古文書館の史料から作成されたもの）。そこにはキセリョフ家というのがちゃんとあるんですね。キセリョフは一七九一年から一七九七年にかけてイルクーツクの第一ギルドに属していました。ギルドというのは組合のことですが、第一ギルドには外国と貿易をしたりするような大規模な商業をしている人が属します。そこに所属していた商人に、善六の庇護者ステパン・キセリョフが確かにいるんです。

善六、民之助、八三郎が同じキセリョフという苗字を名乗っていたことが注目されます。そして、善六はステパン、民之助はミパイル、八三郎はグリゴーリイという父称《ふしょう》をもらっていた。父称というのは、キリスト教徒になるときに洗礼を受けるための立会人、保証人のことで、英語で言えばゴッドファーザーです。日本の結婚でも、仲人以外に自分の庇護者になる親分をたてる風習がありますけども、ロシアでは自分の父親の名前を父称につけるわけです。

そのゴッドファーザーにあたる人が善六の場合はステパン、民之助の場合はステパンの弟にあたるミハイル、八三郎の場合はステパンの甥にあたるグリゴーリイという関係だったようです。父称は違えども、苗字は共通してキセリョフですので、有力な商人一家が総掛かりで日本の漂流民の面倒を見ようとしていたことがわかります。いずれ日本と貿易をすることがあるだろうという見通しをもっていたのでしょう。その際に、日本人の縁者がいるとひじょうに有利に事が運ぶだろう、そういう思惑や期待が陰にあったのだと思います。

イルクーツクの商人たちはなるべく日本と貿易をしたい。その場合、国家が後ろ盾になってくれるような国策会社をつくりたいと強く望んでいました。たとえば、イギリスやオランダなどの東インド会社もそうですし、日本でいえば満鉄に近いものです。国策会社があれば国家の援助も受けられるし、無用な競争をしなくていい。それに対して、ラクスマンは自由競争がいいと考えていた。また、光太夫を帰したエカテリーナ女帝も自由貿易論者で、誰でも一定の税金をはらって組合に属せば自由に商業に従事できるという法律を出しているほどでした。つまり、光太夫がロシアにいた時代は、政府もラクスマンの考えを支持していたわけです。

光太夫たちが日本に帰って、若宮丸の船乗りたちの時代になると、エカテリーナ女帝もキリール・ラクスマンも亡くなります。すると、商人の方の勢いがつきはじめまして、とうとう国策会社をつくることになった。ロシア・アメリカ会社、簡単にいうと露米会社と呼ばれる国策会社が一七九九年に発足します。これはロシアとアメリカが手をつないで作ったという意味ではなく、アメリカにあるロシア領――アリューシャン列島だけでなくアラスカまでを含むロシア領を経営する会社です。露米会社ができたことで、自由貿易派が負けて商人グループの主張が通った形となります。

この会社の主導権をめぐって、商人同士の間でも激烈な争いがありました。もともと、イルクーツク商人は東シベリアの毛皮や中国のお茶を仕入れて売るのが主たる業務でしたが、一八世紀の中葉あたりから極東の毛皮に着目してアリューシャン列島やアラスカへの進出が始まったのです。北極圏に近い気候的に酷しい地域で行なう一攫千金的な冒険性の強い仕事ですから、競争もそれだけ熾烈で、苛酷なものであったようです。善六たちの庇護者キセリョフは相当有力な一族であったけれども、それに対抗して新興のシェリホフという商人一家が勢力をのばしてきました。そして、古参の商人層をおさえ、最終的に勝利を収めるのはシェリホフのグループなんですね。彼らが幸運だったのは、シェリホフの娘さんであるアンナという美女と時の権力と親しい関係にあった宮廷官レザーノフとを結婚させられた点にあります。のちに長崎へ津太夫たちを連れてくるあのレザーノフです。

有力商人のシェリホフが時の権力と結びついた人物と縁組みできたというのは相当大きな意味がありま

した。アラスカ一帯が露米会社の勢力下に入るわけです。残念ながら、キセリョフ一族はシェリホフ家に対抗するものの最終的には負けてしまいます。キセリョフの名前は消えてしまうわけであります。けれども、善六たちがまったく見捨てられたわけではありませんでした。皆さんがよくご存じのように、石巻出身の善六は読み書きもできてたいへん才能ゆたかな人物でした。長崎までは来ませんでしたが、使節レザーノフと同じナジェジダ号でサンクト・ペテルブルグの外港のクロンシュタットから出帆しました。レザーノフが編んだ辞書の協力者としても知られます。キセリョフという商人一家の援助はけっして無駄にはならなかったわけですが、若宮丸の漂流民たちが商人によって助けられた、それに対して神昌丸の漂流民たちは学者のラクスマンの援助を受けた、そういうところは大きな違いだったろうと思います。

編纂者との関係

私が特に重視したいのは、帰国した漂流者と記録作成者、編者との関係です。光太夫たちの『北槎聞略』を編纂したのは桂川甫周という人物です。彼は本来、将軍家の侍医という立場にありましたが、『蘭学事始』の杉田玄白とも交流があり蘭学者として知られていました。オランダ学を学んでおりましたから、世界の大勢、とりわけロシアについても詳しいわけです。光太夫らが帰国したときにその記録を編纂するように命じられたのは、ラクスマンから甫周宛の手紙を光太夫が持参したほど、彼の名前が海外にまでとどろいていたからです。

一方、若宮丸の聞き書きをして『環海異聞』を編んだのは、大槻玄沢《げんたく》と志村弘強《ひろゆき》ですね。玄沢については皆さんの方がお詳しいとは思いますが、大槻家は何代にもわたって学者を出した家柄でありまして、出身は一関ですかね。非常な秀才だということで長崎へ勉強に出されたりして、仙台の殿様に仕えるようになった。玄沢は甫周より六歳ばかり年少で、やはり蘭学を修めていましたから、甫周の同志だったと言ってよいでしょう。寛政六年（一七九四年）の暮れ近く、西洋の暦で一七九五年の正月を祝う有名なオランダ正月が、江戸の芝にあった玄沢邸で祝われたといいますから、彼は当時の日本の蘭学の中心的な人物の一人だったことは間違いありません。

さきほどお話ししたレザーノフが使節として長崎に入港してきて、若宮丸の漂流民四人を連れてきます。日本には、中国やオランダ以外の外国とは通商をしないという国是＝「祖法」がありましたが、レザーノフはアダム・ラクスマンが持ち帰った長崎港入港許可書、普通「信牌《しんぱい》」と呼ばれますが、それを持ってきました。ロシアで祖法のことも聞いてはいたでしょうが、レザーノフは信牌のほうを重視していて、長崎でなら日本政府と交易を開くことができると理解していました。ところが、かりにもロシア皇帝の使節であるレザーノフに対して、日本側はまったく応じる態度を見せず、交易の話をすげなく断ってしまうんですね。その後、レザーノフは非常に失望して日本を去りますが、ともかくも津太夫、左平、儀兵衛、多十郎は帰ってきた。その四人の聞き書きをしたのが『環海異聞』で、大槻玄沢と志村弘強が編纂をしました。

ところが、文庫本にもなっていて手軽に読める『北槎聞略』と比べて、どういうわけか『環海異聞』は現代の読者にあまり読まれていません。理由はいろいろありますが、大方の見方では、それは編纂者の態度が悪かったんじゃないかというんですね。なぜかというと、大槻玄沢は津太夫らのことを「愚陋無識《ぐろうむしき》の雑民」と呼んでいる。愚陋無識というのは愚かで頭が固くて、知識がないといった意味です。雑民というのは侍ではない、身物の低い者だという意味合いでしょう。

そうした玄沢の言葉遣いに、いろんな人がこだわっています。たとえば、山下恒夫さんは『江戸漂流記総集』の中で「玄沢も、志村弘強も、山間部の陸前出身で、海辺の民たちを知る機会がとぼしく、船乗りたちへの尋問者としては不向きだった」と書いています。江戸と石巻を行き来している当時の船乗りという仕事は、頭の働きが鋭くなくては務まらない、そういうことをわかっていなかったのではないかと山下さんは残念がっているわけです。ほかにも、加藤九祚《きゅうぞう》さんなども『初めて世界一周した日本人』の中で「愚陋無識の雑民」という表現に幾分こだわっております。

ですが、私の意見は少し違います。日本では、古くから自分のことを表現する場合、へりくだる風習があります。『北槎聞略』の場合は、将軍の侍医である桂川甫周が伊勢の民の話を聞いた。彼は光太夫らと出身の点で格別の関係はなかったわけです。ですから、わりと客観的な聞き書きができた。しかし、『環海異聞』の編者大槻玄沢は津太夫たちと同郷人、いわば身内です。仙台の人が仙台の民のことを書くわけですから、「愚陋無識の雑民」というような言い方になってしまう。つまりどうしても謙遜しがちになってしまうわけです。

たとえば、自分のことを考えてみればすぐにわかります。日本では自分の息子のことを「豚児」と言います。奥さんのことは「愚妻」なんて言い方をする。まあ、今はあんまり聞きませんね、愚妻なんて言ったら家庭争議です（笑）。玄沢自身、自著である『蘭学階梯』の序文で「身の不才を顧ず」と書いています。自分を「才能がない人間」と呼んでいるんですね。つまり、玄沢が「愚陋無識の雑民」と書いているのは、自分を津太夫らと郷里を同じくしている人間として意識したからこそ、書かれたわけです。これは身内意識の表れであって、けっして蔑視しているわけではないということです。

その証拠には、『環海異聞』を虚心坦懐に読んでいきますと、むしろ玄沢は津太夫たちに憧れているんです。彼は『環海異聞』の序文にこう書いております。「今度の漂流帰朝の事は、古今未曾有の事である」と。そして「津太夫らは北極や南極に近い氷の海に達し、海水の固まった氷山というものを見たことを始めとして、土の穴に住んで鳥の羽をまとう人間を見たり、丸裸で日夜川や海にはいって暑さを避ける人間を見たりした。黒人や背高のっぽの民や犬に橇をひかせる人間のことは和漢の本にも書かれているが、彼らは実際に自分の目で見てきた」と書いている。

原文をそのまま引用して続けますと、「あるいは海獣を見、テンを見、ダチョウを見、象を見、ワニを見、牛乳を飲み、生のヤシを食べ、時々物々、一として奇ならざることなし、耳を飛ばし目を長うするの新話珍談どもなり、地は北アメリカ州の属島にはじまり、アジア州、ヨーロッパ州、アフリカ州、南アメリカ州の五大州を遍歴して、地球の四面を環海一周し、驚濤九万里をしのぎ、再び我が東方に帰朝せしは、前代未聞未曾有の一大奇事にして、上下古今、世が開けて三千年来、絶えてなきところの奇話異聞なり。」と驚嘆の念をもって書いています。

もう最大級の賛辞です。ちょうど今でいえば宇宙飛行士に憧れているかのような感覚なんです。いかに蘭学者たちが、日本をとりまく世界についての情報や知識に飢えていたか、津太夫らの体験をうらやましく思っていたかがわかります。同じ仙台の支倉《はせくら》常長の話などは古い時代の出来事で、少なくとも直接会って話を聞くことはできません。しかし、津太夫らは違います。目の前に、世界一周をしてきた、生きた人間として現れたのです。たぶん、玄沢と弘強は片言隻句といえども書き漏らすまいと、必死になって記録したことでしょう。ですから、自分にはとうていできない体験をした漂流民に対して、無学だと蔑《さげす》んでいるなんてことは全然なく、玄沢らはむしろ畏敬の念や羨望の感情をもっていたに違いありません。

『環海異聞』の特質

光太夫は日記をつけていたため、『北槎聞略』はその記録が元になっていると言われます。ところが、津太夫らは耳と口で、つまり音で覚えてきた。『環海異聞』は聴覚による記憶を中心に書かれている、この点はたいへん面白い。

たとえば、『北槎聞略』ではロシアのことを「魯西亜」と漢字で書いています。つまり、当時の知識を元にした国名として書いています。一方、『環海異聞』では「オロシイヤ」とか「オロシーア」などとカタカナで書いてあるんです。ロシアでは自国のことを「ラッシーア」と発音します。カタカナを読むように「ロシア」なんて発音をしてもロシアでは通じません。『環海異聞』はまさにその「ラッシーア」に近い、「オロシイヤ」、「オロシーア」というふうに一貫して書かれている。津太夫たちが耳で聞き、口で語った言葉、その特徴を生かして実証的に書いていこうとしているわけです。

それにしても、昔の人の記憶力はいいですよね。感心してしまうことがたくさん書いてあります。たとえば、巻五で津太夫らはロシアの教会を見物したときに、十字架のキリストのほかに聖者（聖人）の絵が脇仏として祀《まつ》られていたと言い、伊勢の新蔵から聞いたところでは、ロシア語ではこれを「スウイトイ、チョロウヱヰカ」と言うと書いてあります。

この「スウイトイ、チョロウヱヰカ」というロシア語はどういう意味なのか、玄沢が光太夫に問い合わせて、次のような注をほどこしています。「光曰く、「スウイトイ」は「スウヱトウカ」なるべし。花人といふことぞ。その名朽ち枯れず、いつまでも花咲くといふ心にや」。ロシア語では花のことを「ツヴェトィ」と言うんですが、単数で「ツヴェトーク」とも言います。また、「チェラヴェーク」というロシア語で、人という意味です。光太夫は「スウイトイ」とは、きっと「スウヱトウカ」（ツヴェトーク＝花の意）で、「スウイトイ、チョロウヱヰカ」とは「花の人」という意味だろうと答えた。聖人のことを花人と考えたわけです。

これはグッドアイデアですね。しかし、実のところ「スウイトイ」とはロシア語の「svyatoi（святой=saint）」で、「聖なる」という意味なのです。つまり、津太夫たちが耳で覚えてきた聖なる人（脇仏）で合ってるんです。光太夫の持ち帰ったロシア語の語彙の中にこの言葉はありませんでしたから、玄沢は光太夫に意味を問い合わせたがために、かえって間違いをしてしまった、こういう例もあるわけです。玄沢の、ロシア語の意味を裏付けようとした科学的な態度、また津太夫らが耳で覚えてきた表現をなるべく生かそうとした実証的な態度というのが、『環海異聞』に見られる特質であると思います。

それから、『環海異聞』の面白いところは、たくさん絵が描かれていることでしょう。『北槎聞略』にも挿絵がありますが、『環海異聞』のほうがはるかに多い。というのも、玄沢にはいろいろな才能を持った弟子がたくさんいたんですね。蘭学を学び、世界地図や地理に詳しい山村才助という弟子もいた。それから絵がうまい弟子もいた——友人の山下恒夫さんから聞いた覚えがあるのですが、松原右仲という画家の手によるものということです。

その絵の中に気球も描かれています。津太夫たちは気球を見た初めての日本人ですね。ちょうどペテルブルグに滞在していたときに、人が気球に乗って空に上がる様子を見物しました。その技術はフランスで発達しましたが、光太夫が上京した頃は、まだロシアではそういう光景が見られませんでした。『環海異聞』には男女二人が縦縞の模様の気球に乗っている光景が大きく描かれています。それを見物する人々を取り入れて「風船飛走図」というものもあります。人々の背景に山々が描かれていますが、ペテルブルグにはまったく山というものが見られないのに、そのことを画家は知らなかったのです。アレクサンドル一世夫妻の絵は、たぶん肖像画を漂流民が持ち帰ったのでしょう。しかし大部分は、そのように、帰還漂流民の話を聞いて画家が想像して描いたのです。たいへんな才能です。

ともかくも、光太夫の帰国後、一二年経っている間、地球上の技術は非常に進歩しました。ロシアという国も一二年のあいだにずいぶん変わっているのです。第一に、支配者が二回交替しています。光太夫が謁見したのはエカテリーナ二世でした。津太夫たちを迎えたのは彼女の孫のアレクサンドル一世です。ヨーロッパ全体ではフランスでのナポレオン・ボナパルトの台頭という大事件が生じて、混乱の坩堝と化していました。それは長崎のオランダ商館の運命に大きくかかわっていたのです。一八〇三年に英仏戦争がはじまり、一八〇四年にはナポレオンがフランスの皇帝となりました。そして、一八〇六年にはナポレオンの弟のルイがオランダ王となる、つまり日本と貿易をしていたオランダはひと頃、王様がフランス人になってしまっていたんですね。長崎にオランダ商館を出している本国がなくなってしまいましたが、数年して情勢が変わり旧体制に戻ったりした。そういう慌ただしい時代に、ヨーロッパの様々な珍しいものを見たり体験できた津太夫たちは、たいへんな幸運に恵まれたといえます。

玄沢らは津太夫らの漂流やロシアの国情にかぎらず、ペテルブルグの外港クロンシュタット出帆以後の漂流民の見聞を仔細に描くことによって、広い世界の種々相をくまなく伝えようとつとめています。『環海異聞』の豊富な絵からもわかるように、玄沢はそのあたりのことをたくみに取り入れているわけです。

流布の点での相違

『北槎聞略』と『環海異聞』の相違点の中で、もっとも大きな違いは、『北槎聞略』がはじめから幕府の意向によって秘密文書とされたのに対して、『環海異聞』は秘密文書扱いにされなかったことです。

幕府は外国の事情が民衆の間にもれてしまうと、民心を攪乱するかもしれないと心配していました。『北槎聞略』には「固より事隠密に係《かかわ》る。あへて外行すべき書にあらざれば」と書いてあります。出版してはいけないとされたわけですから、一般にはほとんど読まれていません。

それに対して『環海異聞』は、岩波書店の『国書総目録』によりますと、写本が四六点ある。おそらく、それ以後にも発見されているでしょうから、だいたい五〇冊ぐらいはあるのではないかと私は見ています。漂流民の記録で写本が五〇部も存在するというのは『環海異聞』しかないんです。江戸時代でもっとも広く読まれた漂流記なんですね。

流布した理由はそれなりにあります。たとえば、先ほどレザーノフが失望して帰ったと申しましたが、彼はフヴォストフとダヴィドフという二人の部下に船を与え、非常に曖昧な命令だと言われていますけれども、サハリンとクリル諸島にある日本人の番屋を攻撃させて何人かを拉致してしまいます。

玄沢は『環海異聞』の姉妹編ともいうべき『北辺探事』を先に書き上げていました。こちらは若宮丸の漂流と一部漂流民の帰還という、事態の政治的側面を意識してまとめたような印象があります。それから、ロシアの正教会の成り立ちなども詳しく記述しています。サハリンに最初の攻撃が行なわれる前にその書物は藩に提出されていたようですから、玄沢にはある種の予感が働いて、事の本質を政治の担当者になるべく早く認識していてもらいたい、そういう思いがあったのでしょう。

日本はあまり外国から攻められたことのない国です。元寇以来何百年もの間、外国が軍隊をもって攻めてきたことがない、例外的に恵まれた国だったわけです。一八、一九世紀のヨーロッパは絶えず戦争していましたが、日本はほぼ鎖国をしていました。かつて豊臣秀吉が朝鮮に押しかけたこともありましたが、何百年もの間、攻められたことはない。そういう状況の中で、ロシア人がやってきて上陸し、番屋を焼いて物を奪い、人を連れ去った。そういう事件がレザーノフの帰国後に二度起こるわけです。

外国の軍艦がやってきて乱暴をはたらいたというのは、政府にとっても国家全体にとっても、重大な事件です。実際にはサハリンとクリル諸島の中の一つが荒らされただけですが、それに対して仙台藩などから一千人以上の武士が動員されました。いつ攻めてくるかわからない敵に対して、千島列島や樺太などに駐屯していなければならない、そういう時期が数年続きます。仙台藩以外にも東北の諸藩が総動員されますから、これはたいへんな苦しみでありますね。当然、敵を知るために、オロシヤとはどういう国なのか、オロシヤ人とは何者か、彼らはどういう言葉を話すのかといった知識を得なければなりませんでした。

そこで役に立ったのが『環海異聞』です。わずかながらロシア語の単語集もありましたし、風俗習慣のことも書いてありますから、言ってみれば「ロシアを知るための事典」というような側面があるわけです。だから、写本が五〇冊ぐらいあっても全然不思議ではないんですね。実は、『北槎聞略』も国家秘密だと認定されていたのに一〇冊もあるんです。これも不思議な話ですが、やはりロシアという国を知るためには『環海異聞』だけでは足らなくて、『北槎聞略』を資料とすることを幕府が黙認したのかもしれません。

攻めてくる相手と意思を疎通したり、正体をつかむために絶対に必要なのがロシア人やロシア語についての知識ですから。そういう意味もありまして、『環海異聞』がたくさんの写本となって残ったのは、社会の側にそれを必要とした需要があったからであり、『環海異聞』にその需要を満たす内容がそなわっていたからであります。

のこった人々

最後のお話になりますが、『環海異聞』についてもうひとつ、ぜひお話したいことがあります。それはこの本には書かれていないこと——津太夫らがすべてを語ったわけではないという点です。ロシアの宗教を受け入れたために日本に帰らない、帰れない人々がいました。善六がそうですね。彼がナジェジダ号に乗船してカムチャツカまで行きながら、そこにとどまったこと、レザーノフに協力して辞書をつくったことなどは玄沢たちに話された形跡がありません。

レザーノフの立場から見れば、キリスト教が禁じられている日本で、そのタブーをやぶった人間が一緒にいては外交交渉はやりにくいだろう、そういう配慮があったのでしょう。ひょっとしたら津太夫らが話したけれども、玄沢らが問題になることを恐れて書かなかったという想定もありえますが、おそらく、話さなかったのでしょう。

『環海異聞』で一番ドラマチックなのは、漂流民が皇帝アレクサンドル一世の前に呼びだされ帰国の意志を尋ねられたときのことです。もともと漂流民がイルクーツクに着いたときには、一六人のうち一四人でした。帰国するかどうかを決めるために一四人全員がペテルブルグに呼び出されましたが、道中で馬車酔いに苦しんだり麻疹にかかったりして、無事に到着できたのは一〇人でした。

そして、アレクサンドル一世の目の前で、日本へ帰りたい人はレザーノフと一緒に帰りなさい、残りたい人は残りなさい、こういうお言葉をいただいた。一〇人のうち四人は正教徒になっていましたから、帰国しない者はわかっている。残りの六人は帰国するだろうと思われていた。しかし、商務大臣にあたるルミャンツェフから「当今様には、汝ら帰るも止まるも無理には仰せ付けられず、心任せにお請け申し上ぐべし」と皇帝の目の前で言われたとき、帰国組だったはずの茂次郎と巳之助の二人が突如、残留の意志を表したのです。このことは帰国組のみならず、兼ねてからの残留希望者たちにとっても、非常に大きな驚きであったと思います。この突然の心変わりにはいろいろの解釈が成り立つでしょうが、真実はわかりません。

さて、実際に日本に帰ることを選択したのは四人となりました。そのあとのことです。『環海異聞』の中で、皇帝は帰国組に対して「はなはだ尤ものことなり」と言って、肩に手をかけて無事に帰りなさいと言ったとあります。で、残留組の六人に対しては、原文によりますと「かの国に止まる六人の者へは、手をかけ物をものたまわず、いかなる心にや」と書いてある。

私はね、この部分はちょっと信用できないんです。たぶん、皇帝が帰国希望者の肩に手をかけて無事に帰りなさいと言ったのは事実だろうと思いますが、残った六人にはなにも言わず、彼らが皇帝の不興を買ったというようなことではないと想像します。自国の臣民になりたいという希望をもった人間があらわれたことは、皇帝にとってそれなりに嬉しいことだったのではないでしょうか。ロシア人にとって新しい身内が増えたわけですから、嬉しくないはずがありません。しかし、親切にしているところを日本に帰る者に見せびらかすのはデリケートじゃないですね。そういうデリカシーという感覚があります。おそらく彼らは彼らで、「よくぞ私の国に残ると申してくれた」などと言って、やはり歓迎したにちがいありません。これはつまり大槻玄沢の「愚陋無識の雑民」と同じような身内意識があったことでしょう。そういう気持ちを働かせて読まなければいけないと思います。

その証拠の一つとして挙げられるのは、苗字です。皇帝の前で正教徒となることに決めた茂次郎はデラロフ、巳之助はブルダコフという姓を得た、と漂流民研究者の木崎良平さんは書いています。どちらも露米会社の大幹部の名前です。残留を決めた二人に対しても、即座にそういう類いの庇護者があらわれたことを意味します（残念ながら、典拠は不明）。

一方、玄沢は『北辺探事』の中で、ロシア側が皇帝の前で直接意思表示を求めたことについて、「慈恵に似てまた深く喜ぶべからざるものあり」と評しています。最高権力者の前では、平常の意志に反して、相手の意におもねるような態度をとりがちなのが人間の性であることを玄沢は知っていたものと思われます。

おわりに

『環海異聞』はきわめて興味深い、歴史の資料としても貴重な作品であります。若宮丸は不幸にも遭難してしまったわけですが、そこから始まった津太夫らの世界一周、そして大槻玄沢と志村弘強が彼らの話を聞き書きして『環海異聞』という書物にまとめたこと、これは当時としては破天荒な事業でした。この文献については、まだいろいろな問題が残っています。第一にもっとも依拠するに足る原本を確定して、文庫本のような普及版を刊行したいものです。

それにしても東北地方というのは不思議な感じがしますね。支倉常長のことは別としましても、一八世紀の中頃以後だけをとって考えてみても、林子平、工藤平助、それに大槻玄沢、さらには伊達家出身の殿さまの中でも堀田正敦《まさあつ》のように、北方に格別の関心を持つ学者や政治家や経世家が次々とあらわれています。漂流民の記録を編纂した大友喜作という人も仙台の人ですね。

それから明治になりますと、日本にロシア正教を布教してニコライ堂と呼ばれている大聖堂を作ったニコライという人がいます。彼が東北地方、特に仙台や石巻、それから岩手県などに正教を広める。もちろん、正教会に入信するというのは強制ではありません。明治維新の激動期の中でキリスト教に興味をもった、そういう人が東北地方に大勢いるというのが興味深い。

そういう土地柄も含めて、東北地方には未知なる世界、とりわけ北方への強い関心が脈々と伝えられてきたような気がします。東北大学には東北アジア研究センターがあります。国立大学の中でも東北アジアを名前に冠した機関をもつのは東北大学だけであります。それから、皆さんが活動してらっしゃる若宮丸漂流民の会もある。ロシアに限らず満州もシベリアも全部北の方にありますが、そのあたりに対する関心をもともと抱いておられる方が多い、東北地方というのはそういう土地柄ではないのかと思います。そういうことも含めて、石巻若宮丸漂流民の会や、東北アジア研究センターの今後の活動にますます期待しております。

三　幕末・明治の人々

橘耕斎正伝——帝政ロシア外務省に勤務した日本人の話

はじめに

ここで伝記を述べようとする橘耕斎《たちばなこうさい》という人は、格別有名な人物ではない。ロシア関係者の中でも、知る人ぞ知るという類いの存在である。しかし彼は破天荒としか言いようのない人生を送った。幕末から明治にかけてロシアの外務省に勤務し、ささやかながら言語学上の貢献を行なった。その彼を特別な使命を帯びた諜報員と見立てたり、反対に悪党無頼の徒と貶《おとし》めようとしたりする文人が多い。私はそのいずれの立場もとらない。耕斎ははじめ武士の身分をもち、それなりの志もあったが、何よりも好奇心が強く、幾分軽率さをそなえた人間だったと思う。文学の趣味ももち合わせていた。この時期の日本社会ははげしく流動していた。耕斎はその激流にのみ込まれて溺れかけたが、泳ぎ切りながら錦をかざることもなかった人だった。

姓名について

この人は人生のさまざまな時期に多くの異なった姓名を名乗った。しかしこの「正伝」では、一貫して橘耕斎を用いたい。その理由は、この名前で知られる場合が最も多いというほかに、彼の残した唯一の学問上の業績ともいうべき和露辞書にこの名前が用いられているからである。

生まれたのは文政三年（一八二〇年）である。それは現在東京の港区高輪の源昌寺に立つ墓の碑文によって明らかである。人の生涯を語るにあたってのっけから墓誌をもち出すのには、深いわけがある。近代初期の日本人の中でその稀有な境涯のゆえに、耕斎ほど多種多様な毀誉褒貶にさらされた人物はなかった。明治七年（一八七四年）の日本帰国以来、さらに明治一八年（一八八五年）の他界以後、もろもろの新聞や人物辞典などに、彼の人柄や事跡や逸話が面白おかしく脚色されて書きたてられた。世に知られた文筆家の著作においてすら、一見して眉唾ものの奇談珍説がまことしやかに述べられている。ヨタの書き放題という感がある。万延元年（一八六〇年）に米国へ派遣された新見使節団の随員の一人玉蟲左太夫がニューヨークでロシア水兵の一団の中に日本人らしい容貌の男を見つけ、言葉を交わしてみると橘耕斎であったとか、[1]北インドの仏教の聖地ベナレスの参詣者名簿の中にロシア領事として当地に在任した耕斎の名前を見た者がいる、[2]とかいうような話が数え切れないほどのこっているのである。およそ「無かった」ことの立証は不可能に近い。概して活字になると大勢の読者に無条件に信用されるから、ありもしないことが通説としてまかりとおる。恐ろしいことである。にもかかわらず、墓誌だけは晩年に親しい関係を結んだ友人長瀬義幹の筆になる文章だけに完全に信頼がおけるのである。原文は漢文で書かれているので、読み下して紹介しよう。

君の幼名は立花久米蔵といった。家系は遠州掛川の藩士である。若いとき砲術を学んで上達し、すすんで任侠の徒と交わりを結んだ。後に故があって剃髪し、池上本門寺の幹事になった。嘉永年間ロシアの軍艦が伊豆に来たとき、君はひそかに司令官を訪ねて相談しロシアへ渡った。名前を大和夫《ヤマートフ》と改め、アレクサンドル二世に仕えて外務省に勤務し、スタニスラフ三級勲章を賜った。明治六年に岩倉公を全権大使とする使節団がヨーロッパを回覧してロシアの都に至ったとき、公は君に帰郷を命じた。よって辞職することになったが、皇帝アレクサンドル二世から永年の勤続をねぎらって三百ルーブリの年金を賜わり、併せて帰国費用七百ルーブリを下賜された。君は外国にあること二十年余りだったが、帰国してからは増田甲齋と名乗った。これより門を閉ざして他人との交際を絶ち、悠々と老年を養って世間のことには一切かかわらず、明治十八年五月三十一日病没した。文政三年庚申に生まれてから六十五年間の生涯であった。葬るところは東京芝区白金源昌寺。君には跡継ぎが無く、ある婦人が後継者になった。余は君と交友があったので、墓誌の執筆を断りきれなかった。その生涯を詩で表せば以下のようになろう。

能殺人者又能活人　（人を殺し得るものは人を生かし得るものでもある）
出士入佛為異邦賓　（君は武士の身分を捨て僧侶となって外国に住んだ）
去就飄忽気宇嶙峋　（君の俊敏な生き方は山が幾重にも重っているようだ）
大和夫称永見精神　（大和夫という名前の中に永く君の精神を見るべきである）

明治十九年二月　　長瀬義幹撰

この誌文を草した長瀬義幹というのは長崎五島の人で、墓誌を書いたころは農商務省に中堅官吏として勤務していた。明治二四年（一八九一年）に『家庭唱歌 大和錦』という題名の武将尽くしともいうべき新体詩ばりの著書も刊行している。空疎な文字をもてあそぶような人ではない。のちに奈良の大和神社の宮司となった。(3)

年金の金額や帰国費用をあからさまに墓に刻むのは奇異に見えるが、これは大名はじめ武士の身分を米の収入の石高や俵数で示すことと同じで、さほど異様には感じられなかったものであろう。

右の墓誌で耕齋の生涯は簡潔かつ正確に言い尽くされているが、注釈をほどこすような意味で確実に判明している事実を以下に述べていきたい。

伊豆の戸田村まで

耕齋の手跡として知られる最初の文字が大坂にあった緒方洪庵の塾の入門帳であることはよく知られている。『適々塾姓名録』の嘉永三年春にあたる位置に「遠州掛川　本間恒哉」と二行にわたって墨書されている。(4) 名前のコウサイは他にもさまざまな文字で書かれているから、これは耕齋本人の可能性が高い。嘉永三年は一八五〇年、黒船来航の三年前、耕齋の年齢は三〇歳である。

耕齋が掛川藩太田氏の家臣であったことは間違いのない事実のようである。大南勝彦氏が『ペテルブルグからの黒船』（一九七三年、六興出版）で語っていることであるが、氏は明治一三年（一八八〇年）の旧松尾藩士（維新後に掛川藩は千葉の松尾に移封された）の第一回親睦会の三〇名の出席者の中に「芝区公園地内山下谷三十八　増田甲齋」の名前を見たという。その資料の所有者は旧藩主太田家の令夫人だった。これは信頼するに足る情報である。

『掛川市史』(中巻、一九八四年版)は彼のために一章を立てているが、郷土史の側からのオリジナルな史料は何一つ提示されていない。掛川市や太田の家中には立花、増田、本間などを名乗る家は少なくなかったが、耕齋と格別かかわりのある家は特定されていないという。さまざまな俗説を列挙した後で、その章の執筆者は耕齋が藩主太田資始の命をうけ「密使」としてロシアへ出国したという立場を取っている。太田資始《すけもと》の老中在任の時期(最初の就任は天保年間一八三七から一八四一年。二度目は安政年間一八五八から五九年。耕齋の出国は一八五五年)だけを取って見ても、この考えには飛躍があると思う。

私は不思議でならないのであるが、実は耕齋を主人公にした文学作品ではこの「密使」説が幅を利かせている。代表的なのは、ソビエト時代のロシア人作家ニコライ・ザドールノフ氏の三部作(「津波」「下田」「戸田」いずれも西本昭治訳がある。『北から来た黒船』一九七八〜八五年、朝日新聞社)や木村勝美氏著『日露外交の先駆者 増田甲齋』(一九九三年、潮出版社)などがそれである。しかし、帰り道の目途が立たない場所へ使いを出す者はあるまい、という一点で私はこの考えには同じかねるのである。

伊豆半島の西海岸、今は沼津市の一部になっている戸田《へだ》から彼の物語がはじまる。生を受けたのが掛川、三〇歳にして大阪の適々塾に入門したことはかすかにわかっているが、彼が塾で何年学んだか、塾を出てから戸田にたどり着くまでにどのような生活を送ったのかは一切が霧の中である。墓誌の言うように「砲術を学んで上達した」のは、緒方洪庵の蘭学塾かその他の兵学者について西洋流の兵術を学んだ結果であろう。しかしそれは「すすんで任侠の徒と交わりを結んだ」ことには直接的に接続しない。まして、武士の刀を捨てて僧侶となるというような身分の転換は論外である。この劇的な変身にからんである種のドラマがあり、奇想天外な憶測や伝説が生まれたことはあとで述べることにしよう。

確実に判明しているのは、安政二年（一八五五年）の初め、耕斎が戸田の蓮華寺に寄寓していたことである。名前は順知と称していた。「池上本門寺の幹事」に挙げられたという墓誌の記述とここでは平仄があう。ともに日蓮宗の寺だからである。

この時点で、戸田村は前代未聞の非常時の最中にあった。五〇〇名ほどのロシア海軍の将兵であふれかえっていたのである。

ここで幕末の外国船来日の歴史を振りかえっておく必要がある。嘉永六年（一八五三年）の夏に米国のペリー提督が黒船艦隊を率い浦賀に来航し二五〇年の泰平の夢をさまして、幕府に開国を要求した。それから一月半ほど後にロシアの使節プチャーチン提督がフリゲート型帆船パルラダ号で長崎に入港して、おなじく幕府に開国を求めた。各種の紆余曲折があってから、翌年の春に日米間では神奈川で和親条約が結ばれた。その年の秋になると、今度はプチャーチンが乗艦を同じフリゲート型の帆船ディアナ号に変え、大坂天保山沖に乗り込んで日本側を驚愕させた。交渉の末に下田で日露間の交渉を行なうこととし、ロシア側はディアナ号をそこへ回航させ、幕府は勘定奉行川路聖謨《としあきら》を中心とする代表団を派遣して下田で交渉が開始された。嘉永七年（一八五四年）の年末のことである。しかし、下田福泉寺での交渉開始の翌日の午前中に地震が発生し、つづいて大津波が下田をおそった。町は壊滅的な破壊を受けた上に、港に停泊中のディアナ号も渦巻く大波に翻弄されて、船体が何回も傾き、船底に損傷をこうむった。動き出した大砲の下敷きになって死亡した水兵もいた。外交交渉は一旦休止となり、とりあえずディアナ号の破損箇所を修理すべき場所を探すことになった。ロシアの士官たちがカッターで巡見して伊豆半島の西側の付け根

戸田湾遠景（著者撮影）。右端の奥が牛ヶ洞

部分に近い戸田港が最適地であると認め、この小さな湾内で船体の修理を行なう計画をたてた。

ちょうどこの時期、ロシアはトルコをめぐって英国・フランスの両国と対立し、いわゆるクリミア戦争がはじまっていた。太平洋の海域でもこの両国の軍艦と遭遇すれば戦闘となる危険があった。水舟となったフリゲート型帆船では戦にならないことは目に見えていた。しかし、戸田に向かって駿河湾を北上していたディアナ号は、日本側の一〇〇隻以上もの小船に曳航されているうち、突風のために海底に沈んでしまった。その沈没の場所については、現在の富士市田子の浦近くの海底をはじめ諸説があって、何回も調査が行なわれているものの、まだ確認されていない。ディアナ号に乗り組んでいたプチャーチン以下の士官と水兵たちは宮嶋村の海岸に上陸し、かねて滞留地として打ち合わせてあった戸田村まで海岸沿いを行進した。怪我人と病人は担架状のものに乗せて運んだ。彼らの総数はおよそ五〇〇人とされている。駿河湾沿いの北岸は平地であるが、沼津を過ぎるあたりから山の上り下りが多くなって、二日がかりの歩行はかなり難儀なものだったにちがいない。

戸田村では宝泉寺をプチャーチン提督ら使節団首脳部の宿舎とし、その東隣りの本善寺が二〇人ほどの士官宿舎に当てられた。その他の水兵たちのためには、数棟のバラック仮設宿舎が作られていた。まもなく戸田湾の奥の牛ヶ洞《ほら》の浜で日本最初の西洋式帆船の建造がはじまった。そのための船大工や鍛冶職人が近隣から呼び集められ、狭い村の中で非常な混雑が生じていたのである。

いったい、耕斎が戸田に来たのはロシア人到着以前か、あるいはそれ以後に到来したのか、不明である。わかっているのは、いつしか耕斎とロシア人、とりわけ漢字のわかる外務省官吏のヨーシフ・ゴシケーヴィチのあいだに付合いが生じて、それが人目につくようになったことである。耕斎より六歳ほど年長のゴシケーヴィチは神学校を卒業後一〇年間ほど北京の正教会宣教団に籍を置いた経験があって中国語が堪能であり、その知識を買われてプチャーチン使節団に加わっていた。ただ、漢字がわかるだけでは、日本語は理解できなかった。彼は日本語を教えてくれる者を求めていたが、わが国では外国人に日本語を教授することは禁じられていた。通詞やその他役職上必要な者以外が外国人と接すること自体、ご法度となっていた。そこでゴシケーヴィチはひそかに夜になってから耕斎の来訪を求め、ロシア語と日本語の交換教授を行なっていた。この件については、ゴシケーヴィチの数人の同僚たちの記録があるから確実である。(5) 耕斎はゴシケーヴィチの依頼で小田原などに赴いて、日本語の書物も買いあさっていた。

この間、懸案の外交交渉も急速に進展し、安政元年の一二月二一日（西洋暦の一八五五年二月七日）に下田の長楽寺で日露通好条約が締結された。これは両国間の最初の条約である。

戸田に避難したロシア人たちは三回に分かれてロシアへ帰国した。最初は条約締結後ひと月あまりして米国の商船カロライン・フート号が戸田に来て一五九人の将兵を極東ロシア領まで運んでいった。次は約ふた月後、建造地にちなんで「戸田号」と名づけられた帆船でプチャーチン提督以下四八名が日本をはなれた。船の長さが二五メートルほどの小型帆船は起工から七〇日あまり後の三月一〇日に進水式を終えていたのである。(6) 使節の搭乗する船はロシアの船でなければならなかったのだ。最後にまたふた月の間隔をへて、ドイツ船籍の商船グレタ号が三〇〇人足らずの人員を乗せて戸田を出港した。その中に橘耕斎が含まれていた。彼がどのようにして日本側の役人の目をくらましてドイツ人の船に乗ったのであろうか。それは『グレタ号日本通商記』として知られる記録で明らかである。(7) 書いているのはグレタ号の船長ジョージ・タウーロフである。

一八五五年七月一四日(安政二年六月一日)土曜日。朝四時、ロシア人が一個の樽を船に運び入れた。甲板の上で蓋を開けると、中に日本人の坊主が入っていた。両足が最初にあらわれた。この男はかわいそうにこんな姿勢でずっと陸から運ばれてきたのだ。彼はさまざまな機会にロシア人士官を助けて外国人には買えない貨幣や刀剣などを買ってやっていた。役人につかまれば首をはねられるところを助けてもらったのである。

戸田村の南半分は沼津藩主水野出羽守の飛び地で、北の半分は旗本小笠原順三郎の知行地であった。蓮華寺や宝泉寺のあるのは沼津藩の領分だった。しかしこの時点で伊豆全体の警察行政は一括して韮山の代官江川太郎左衛門が担当していた。江川の配下の者が江戸の勘定奉行に提出した報告書がのこっている。

それによると、蓮華寺の弟子の僧で順知なる者かねてロシア人と交わって怪しい儀があったので、〔領主の〕水野家へも連絡して召捕りの手配をしておいたところ、〔グレタ号への〕乗船のさいに一人ずつ顔を改めたにもかかわらずその中にはおらず、船が出てから寺や付近を捜索しても見当たらず、行方不明で手がかりがなくなった、という内容の文書である。[8] ロシア人に一杯食わされたのだった。

耕齋がもし幕府の老中クラスの高官の「密使」であったならば、こんな危険の多い出国策はとらなかったはずである。下田港で長州の吉田松陰が同じ伊豆の下田で米国軍艦に乗り込もうとして失敗し自訴して咎めを受けたのは一年あまり前のことだった。

『和魯通言比考』のこと

契約によれば、グレタ号は二千ドルの代金でディアナ号の残りの乗員たちをアニワ湾まで、つまりサハリンのコルサコフ港まで運ぶことになっていた。サハリンはつい先だって結ばれた日露通好条約（ロシアははじめ魯で表記されていた。明治中期から露の文字が使われるようになった）によって、島の上に境界をつくらず、日本人とロシア人が混住する場所と定められていた。しかし箱館に碇泊していた英仏艦隊が出動したという情報を得たので、ドイツ船はオホーツク海に出てアヤン港まで航路を伸ばすように計画を変更した。ところが目的地寸前の海上で、グレタ号は英国の軍艦バラクータ号に出会い、ロシア人は捕虜になってしまった。耕齋も巻き添えになった。捕虜たちは数十人ずつ軍艦に分乗させられ、香港を経由して英国に送られた。もっとも、英国ポーツマス港に着いたのは一八五六年四月（以下は西洋暦）で、クリミア戦争はロシア側の敗北によって終結し、すでに三月の末パリ条約が結ばれていた。ロシアからは軍艦が捕虜となっていた同胞を迎えに来たが、陸路の鉄道で帰国する者たちもいたらしい。私の想像であるが、ゴシケーヴィチと耕斎は官費の軍艦によるロシア行きを選んだことだろう。

船の上ではヒマがあった。囚われの身の上であるから尚更である。このときに行なった作業が元になって、翌年刊行されるのがゴシケーヴィチ編『和魯通言比考』である。判型は旧規格の四六倍判（B５版）で序文一七ページ、本文四二三ページからなる本格的な日本語＝ロシア語辞書である。扉には編者名と並べて、協力者として橘耕斎の名前（その名前のみ漢字表記）が明記されている。

本書の底本について序文ではこう書かれている。

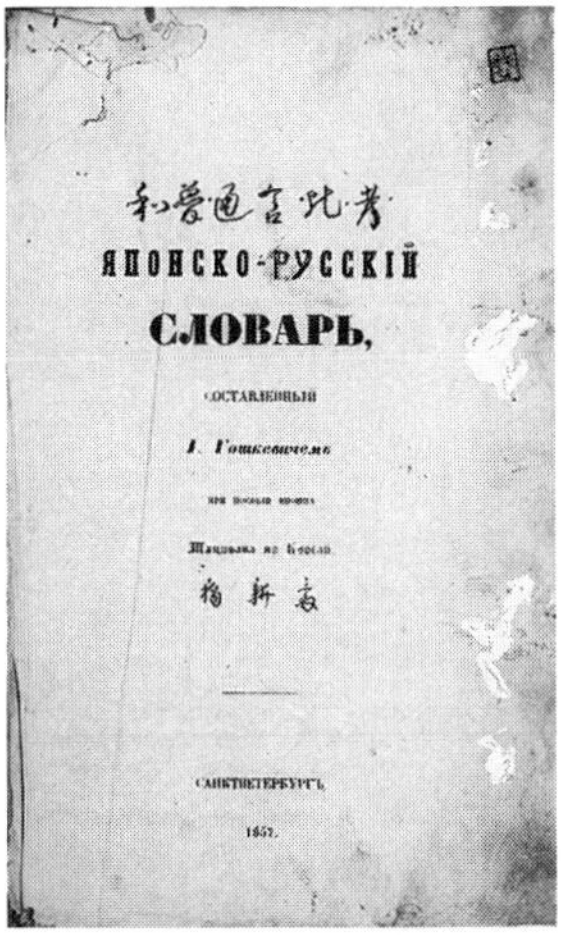

『和魯通言比考』の扉（著者蔵）

私は捕虜として英国の軍艦に九カ月乗せられている間たっぷり閑暇に恵まれ、それを何かの仕事にあてなければならなかった。私の手元には日本の友人たちから贈物として与えられた若干の図書があった。その中に小型の辞書が五冊ほど含まれていた。この和露辞書の基礎に選んだのはそのうちの最善のものである……この仕事をすすめるさいに重要な助けになったのは、ある幸運な事情によって今外務省アジア局に籍をおいている日本人タチバナ ノ コウサイの口頭による説明と解釈であった。

『和魯通言比考』の中のロシア文字はむろん活字であるが、日本文字の漢字と仮名の活字は当時のロシアには存在しなかったので、耕斎が筆で墨書したものを石版にとって印刷したのである。

ここで気になるのは「日本の友人たち」から図書を贈られたと述べている点である。何人か寄贈した者がいたのであろうか。このことは不審である。私は故意に情報源をぼかしたのであろうと思う。耕斎が入手したものにちがいない。それはそれとして、ゴシケーヴィチが「最善」のものとして底本にした辞書を私は突き止め得たと思っている。それには次のような事情があった。

『和魯通言比考』は「い」の部からはじまる。「節用」と呼ばれた江戸時代の辞書の大方の例にたがわず、「いろは」順に項目が配列されているのである。底本さがしにあたって私は「い」に当たる漢字が「意、威、夷、井、亥、位、医」の順に配列されていることに着目した。

そして、とりわけ節用集に通じておられた国語学者故山田忠雄博士の示教によって瓜生政和編[9]『真草両点早引節用集』こそまさに最大の参考書であっただろうという結論に到達した。瓜生の節用集が嘉永七年（一八五四年）初秋（この年が安政元年となるのは一一月）の「刻成」すなわち発行であるから、耕斎はまだ木版で刷られたばかりの新刊書を手に入れていたのだった。もちろんゴシケーヴィチはそのほかに一七世紀初頭の『日葡辞書』（日本語＝ポルトガル語辞書）をはじめとする南蛮時代の日本語辞典類や、メドハーストの名前で知られる日本語辞書をぬかりなく参照している。ずぶの素人の仕事ではなかった。（晩年には『日本語の根源について』という本も書いた。）

『和魯通言比考』の見出語数は、私の数えたところでは、一万五七八〇語あまりで、同音異義語として掲出されている見出語が七〇〇語あまりある。つまり数えようによっては、一万六五〇〇語に近い。

この日本語辞書はロシアで印刷されたものとしては最初のものであるばかりでなく内容もすぐれているとして、翌年の一八五八年科学アカデミーからデミードフ賞を与えられた。これは今の日本ならば学士院賞を授与されたに等しい。フランスのレオン・ド・ロニーやオーストリアのアウグスト・プフィツマイヤーなど同時代のヨーロッパの日本語学者による評価もおおむね好意的だった。とくに最新刊の節用集を利用した点、日本人の協力があった点をいずれも高く評価したのである。

私はまだ大学院に在学していたころ、日本各地の図書館に何冊この辞書が所蔵されているかを調べたことがあった。たしか、大きく分けて二系統、それぞれに異版があって、すべてを含めて二二冊まで確認したが、管見に入らなかったものもあるに相違ない。天理図書館には五冊もあって仰天したが、一九七四年に「天理図書館善本叢書」で二〇〇部が限定出版されたので、今は多くの図書館や愛書家の書架に納まっているはずである。

ロシアから派遣された最初の箱館領事
ゴシケーヴィチと彼のサイン

面白いことに、この辞書には語彙だけでなくその用法として部分的ながら例文も収められている。次のような例文はおそらく耕斎自身の述懐であろうと思われる。

ルテン（流転）の項。「流転いたしてしまった」
ベウベウ（漂々）の項。「渺々《びょうびょう》たる海路」
ミメ（眉目）の項。「人は眉目よりただ心」

サンクト・ペテルブルグにおいて

耕齋についてはロシアに渡ってからの資料が最も多い。

彼がゴシケーヴィチとともにロシアの首都に着いたのは一八五六年四月二二日である、とロシアの研究者ヴィタリー・グザーノフ氏が断言している。[10] これがロシア暦ならば、西洋暦の五月四日である。ロシア外務省が発行した証明書で日本外務省の外交史料館に保存されている資料によると、耕齋は一八五七年一〇月に一四等官としてロシア外務省のアジア局員に正式に採用された。一四等官というのはおよそ役人として最低の官位である。ただし、その後一八六〇年には一二等官、一八六三年には一〇等官、一八六六年には九等官、一八六九年八等官、一八七三年七等官というように順調に昇級している。七等官は軍人の位で言えば、中佐に相当する。これはロシア外務省が耕齋の帰国にさいして発行した在職証明書に記録されており、このロシア語の書類を日本語に翻訳したのは、当時日本外務省の唯一のロシア語通訳官だった志賀親朋《ちかとも》という人物である。志賀は耕齋より二二歳年少で、何かと耕齋と係わりをもった人物である。

ブロックハウス・エフロンの名前で知られるロシアの有名な百科辞典とペテルブルグ大学教授講師伝記辞典に「ヤマートフ」（大和夫）という項目が立っていて、耕齋のことが紹介されている。以下はロシアに入ってからの部分の抄訳である。

彼はペテルブルグに着いてから、外務省アジア局の通訳になった。一八五八年にロシア正教に帰依して、ウラジーミルという洗礼名を与えられ、ゴシケーヴィチを洗礼親としたので父称はヨーシフォヴィチ、姓は日本の古名にちなんでヤマートフとした。一八七〇年から東洋語学部で無報酬で日本語の講義を担当した。一八七四年に帰国。

ゴシケーヴィチは一八五八年の夏に日本駐在の領事に任命され、箱館に赴任した。耕斎を正教徒にしたのは彼の国籍をロシア人としたような意味合いがあった。ゴシケーヴィチのような庇護者を身近から失う耕斎の立場に対する不安があったことだろう。洗礼のさいプラスコーヴィア・ミャートレヴァ（一七七一～一八五九年）が代母の役を勤めたということが右のロシアの研究者グザーノフ氏の記述の中にある。この女性はたしかに名門貴族サルティコフ家の血筋を引く社交界の花形ではあったが、[11] このとき八七歳である。なぜこれほど高齢の女性を選んだのか不審である。

耕斎がロシアで平生どのような暮らしを送ったかに関しての資料はない。ただロシアを訪問した日本人たちの記録がある。

耕斎はロシア滞在中に三回日本からの使節団を迎えた。最初は一八六二年のいわゆる文久使節団である。開港の延期とサハリン国境画定の延期を求めに竹内保徳《やすのり》使節団が露都を来訪したときには、三〇人を上回る随員が同行した。副使の松平康英《やすひで》の従者市川渡の書いた記録に次のような一節がある。[12] 原文は漢文調であるが現代文に直して示そう。

〔ロシア軍艦の〕キャビンに二、三の書籍があった。中に和魯通言比考と題し、橘耕齋彙集と書かれたものがあった。最近の本ならば、著者は当地にいるにちがいない……〔宿舎〕の部屋にも和魯通言比考が一冊ずつ、ほかに墨、羽筆、料紙、封筒などが備えてある。また机の上に刻み煙草がおかれていて、刀架があった。

随員の中に福沢諭吉が加わっていた。彼の『福翁自伝』にも当時のペテルブルグに日本人がいることがわかっていたが、ついに姿をあらわさなかった、と書かれている。もっとも、ロシア側の記録には耕齋の名前が日本使節接待員のリストに記載されており、四人乗りの馬車の順番や日本側の同乗者まで発表されていた、という説[13]がある。とはいえ、ロシアの外務省の官吏の中に日本の国法を破って密航した者がいるとなれば、外交交渉に悪影響が生ずるという危惧が両者の側にあって、耕齋のことは表沙汰にならなかったのではあるまいかと推測する。

それから四年ほどたって一八六六年の初め、幕府派遣の六人の留学生がペテルブルグへやってきた。その前年、ゴシケーヴィチが領事の任期を終えて日本から帰国していた。彼が「伝習生」〔留学生をこう呼んだのである〕を派遣するよう幕府にすすめたのだという。ところがどういう基準で人選が行なわれたものか、年齢が最年少の一三歳から最年長の三〇歳までとバラバラな上に、当然、学歴や学力も異なっていた。前述の志賀親朋は当初の予定では加わるはずであったが、何か問題が生じてグループからはずされた。結果から言えば、この六人のうちで目立って留学の成果を挙げたのは市川文吉一人と言っても過言ではないだろう。彼は明治期になって創立された外国語学校のロシア語教授となる。幕府が瓦解しても帰国しなかったただけのことはある。ゴシケーヴィチの世話が行き届かなかったとして非難する向きもあるが、留学前に外国語、とくにロシア語の土台がまったくできていなかったのだから、幕府からの仕送りが途絶えるまでの一、二年間で何かの専門学科を習得する余裕がなかったのである。

留学生の中の最年長者は山内作左衛門といった。その縁続きの内藤遂という人が『遺魯伝習生始末』という名著を書いた（一九四三年、東洋堂。増補版が『幕末ロシア留学記』一九六八年、雄山閣）。山内が江戸の家族宛に書いた日記や手紙が耕齋関係の第一級資料である。[14]

山内と耕齋との初対面はロシア外務省だった。山内は箱館でゴシケーヴィチとは相識の仲であったが、耕齋のことは一言も聞いていなかった。それがペテルブルグ到着の翌々日にアジア局へ挨拶に出かけて四六歳の耕齋と出会ったのである。その日の日記。これは原文が読みやすい。部分的に

幕末ロシア留学生たち（内藤遂『遺魯伝習生始末』より）。左から二人目が山内

引用する。

日本の老客橘耕斎と称する者……今アジア局に勤む。一年に千金を得てロイテナントに同じき身分なりとぞ。我らには台風にあひて漂着せしと言へり。其の人……執政家の祐筆となり、ついには公用人をも勤めしと。年少にて父の家を出て、浮浪して三年ありしと。何国にや、六甲山の辺に住みて六甲亭と名乗る鉄砲の師に仕へて奥儀を得しより耕斎と名乗る由を言ふ。俳諧などは少しく学びしものと見えたれど、学問は和漢ともに深きことはあらざるべく思はれたり。

唐突に顔を合わせて談話を交わし、これだけの経歴を聞きだし、人柄に関して感想を得たのである。年俸千金とは千ルーブリのことであろうか。あるいは日本の貨幣で千両相当ということか、不明。少々誇張している感じである。官位はこのころは九等官であるから、ロイテナント、つまり尉官相当である。作左衛門の弟の六三郎は堤雲と号してのちに八幡製鉄所の長官になる人物、作左衛門自身も資生堂の創始者の一人で、山内家は榎本武揚や赤松則良などとも縁戚によってつながっている。京都の冷泉《れいぜい》家とも何かの縁で係わりがあったので、作左衛門は己の学識にかなり自信をもっていたのである。

それから五日後はキリスト教の復活祭にあたっていた。ロシア最大の祭日で、日曜日である。この日にロシア人は飲食に贅をこらす。作左衛門は訪ねてきた耕斎に、たぶんウォトカをふるまった上で、一首の歌を贈った。

異国《とつくに》も天のしたをしはなれぬになと日のもとをわすれはてけん

ロシアも日本も同じ地球上にあるのに、あなたはなぜ日本のことを忘れてしまったのですか、と問いかけたのである。

耕齋は怪訝そうにこの紙片を受け取って去り、しばらくして一句を認めてきた。

東風《こち》ふきし志《し》るしやけふの郷《さと》の友

これは大宰府にあった菅原道真が故郷を偲んで詠んだ有名な歌「東風吹かば匂ひをこせよ梅の花主なしとて春な忘れそ」に託して、あなたは天神様みたいに、もうホームシックにかかったのですか、とからかったのである。

作左衛門が耕齋について最も詳しく報じているのは八月二五日（ロシア暦九月二一日、西暦十月三日）付けで日本に書いた手紙である。読みやすく直して書き写す。

ロシアに〈日本落人〉橘耕齋という者がいます。元掛川藩のよし。主君が幕府の要職にあったとき、御部屋番あるいは祐筆など勤めていたとのことで、幕府の政治向きのこともかなり知っています。その後どうしたことか、さまざまに零落し、博徒の仲間に入り、いろいろの悪業も犯したそうです。……本国で大罪を犯した者ではありますが、現在は悟りの境地にあって、私共にいろいろ親切に世話をしてくれています。壮年より武芸に打ち込み、文学のことにも通じていますが、日本学漢学ともに上辺だけのものです……ロシア語は勉強しなかったそうですが、一〇年もいるあいだに言葉数だけは覚え、どうやらこうやら通弁していた由。なかなか才覚のある人物で、彼がいてくれたおかげで、ロシアの風習も聞いたり見たりすることができました。(15)

これが山内作左衛門の最終的な耕齋観だった。耕齋があまりロシア語を勉強していないと言ったのは、謙遜があるにしても、半分以上は真実だったらしい。要するにこの人は語学の点で不器用だったのである。

この年の夏休みに、薩摩藩から英国に派遣されていた二〇人ほどの留学生のうち森有礼と松村淳蔵がペテルブルグを訪ねてきた。幕府の「伝習生」がいることを知っての上で、その話を聞きに来たのである。ロシアの視察も兼ねていた。日本国内ではするどく対立する陣営に属する若者たちも、ここではなごやかに談笑した。森の「航魯紀行」によれば、山内が国学に通じており勤皇派に共感を寄せていることも彼には意外だった。山内は武士としての家格は市川文吉や緒方(洪庵の息子)など他の留学生より低いけれども、最も年長であり学問見識が優れていて、「その他は乳児なり」と森は酷評している。(16)森自身は二〇歳そこそこの若造だった。帰りがけ、伝習生の市川の誘いで、森たちは橘耕齋の家を訪問した。そのときの印象はこうである。読みやすくして示す。

この人は本来、遠州掛川の大名太田摂津守の重役だったという。摂津守が大坂御城代、京都所司代および幕府老中を勤めたとき、執権職を勤めたとか。彼の話では、そのころ一人の無実の者を死罪にして人望を失い、それより僧となり、三カ年にして一寺を得、そのとき女性問題が生じてまた還俗して、占い、医術、博打をもって四方を遍歴した……ロシアの軍艦が大風に逢って遭難したとき、その艦に乗り込み、英国の捕虜となり、……その後ロシアの国籍をとって、今はアジア局に属して通訳の仕事をしているという。以上は皆彼自身の話で、まま信じがたいところも多い……いたって丁寧なる人物なり。

森有礼はのちに米国公使、文部大臣となる人物である。

ロシアに来るまでの耕齋の行状は、すべてロシア滞在中に語られたことが元になっているのである。さぞ波乱に富んだ人生だったことだろうが、「まま信じがたき」点もあるという森の感想に注目したい。初老の男が始めて見る若者に自分の経歴をいかに語るものだろうか。ウソはなくとも、相当に誇張して話したにちがいない。

翌年一八六七年の初めには小出秀実《ほずみ》の使節団が幕府から派遣されてきた。サハリン島上の国境画定を交渉に来たのだったが、談判は物別れに終わって、双方の主張を盛り込んだ仮規則が調印されるにとどまった。このときは前回の竹内使節団の折とはちがって、耕齋が表面に出て接待役の一員になった。幕府自体が自国民に国外渡航を認める方針を前年に打ち出していたことが関係していたかもしれない。この使節団には通訳として志賀親朋が加わっていた。それから五〇年もたって、彼が一九一五年（大正四年）に『長崎日日新聞』の記者に話した「昔語り」によれば「耕齋はロシア語が一向できずにロシア外務省でもてあましていた……帰国する使節団を停車場まで見送りに来たが、発車のベルが鳴るとワッとプラットフォームに泣き伏した」というような行文の後段には真実味がこもっていない。耕齋は早くから望郷の念に駆られていたことであろうが、そのような醜態は演じなかったものと、私は想像する。

留学生の山内作左衛門は病気のために小出使節団とともに帰国した。徳川慶喜による大政奉還はその半年あまり後のことである。

帰国まで

耕齋がペテルブルグで迎えた三回目の政府使節は全権大使岩倉具視《ともみ》の率いる明治政府の大使節団だった。明治六年（一八七三年）四月初めのことである。有名な『米欧回覧日記』によると、四月一〇日正午に使節団の首脳は皇帝アレクサンドル二世の弟であるニコライ大公の宮殿に招かれて茶菓の饗応にあずかった。大使はその後軍服縫製工場に向かったようであるが、副使の木戸孝允は別行動をとった。この日の日記[17]。ここも読みやすく書き直している。ヤマートフこと耕齋が案内に立っていることに着目されたい。

二時より大和夫の案内にて湯浴楼にいたる。このさいわれわれの使った部屋は第一等のものだった。湯浴室ともに五室あり。手洗い、脱衣、横臥、浴室のほかに蒸気にて全身を蒸す部屋があり、蒸気の温度は自由に調整できる。一種の枯芝にて全身を打つのである。欧米中、これほど完備した浴室を見たことはない。

耕齋は北欧風のサウナに客人を連れていったのである。枯芝とは若葉のころの白樺の枝を切って日陰干しにしたものを箒のように束ねたものである。時期が四月であるから、まだ白樺の若葉が出ておらず、去年作ったものだったから、葉が枯れて見えたのだろう。

『米欧回覧日記』に耕齋が岩倉に謁した記事はないが、後述の記録から判断すれば、彼は全権使節の権限によって日本密出国の件を正式に赦免され、日本の国籍を取り戻すことを許されたことが明らかである。

耕齋は辞職届けを外務省に提出してロシア国籍を抜く手続きをとり、年金として三〇〇ルーブリを受け取ることも決まった。正教会からも離れて、名前をウラジーミル・ヨーシフォヴィチ・ヤマートフから増田甲齋と改めていた。読みがコウサイであることには変わりがない。

明治七年（一八七四年）七月付けで初代の駐ロシア公使にあてた次のような文書が外交史料館にのこっている。これは重要な文書であるので、原文を示す。

奉伺《ほうし》候書付

一　明治六年岩倉全権大使殿当魯都御巡廻の節、私帰朝の儀御許容くだされ、帰朝旅費をも下賜候趣田辺〔太一〕一等書記官殿より申し渡され候儀、有難き仕合せに存じ奉り候。随って此れまで相勤め候役儀辞職帰朝仕りたき旨此の程魯政府へ出願候ところ、願の通り許可相成り、帰朝費用として七百五十ルーブル、並びに此れまでの勤功を以て生涯隠居料として一ケ年三百ルーブルを下賜候義、前紙の通りアジア寮に於いて申し渡され候。右を受領のこと然るべきや、御指揮奉伺候。

一　魯政府より与えられ候第三級の褒牌《ほうはい》、帰朝の上相用い候にても宜敷《よろしき》や、是亦御指揮奉伺候

明治七年七月　　　　増田甲齋　花押〔署名〕

榎本全権公使
高閣下

右にある褒牌とは、スタニスラフ第三級勲章のことで、耕齋はこれを一八六三年に授与されていた。先帝ニコライ一世の制定した勲章で、とくに第三級スタニスラフ勲章はおよそ官位をもつ役人や軍人なら大抵の者が最初に授与される最も初級の勲章だった。

右の伺い書に対する回答は次のようなものだった。

伺の趣は東京外務省へ申遣候間、同所に於て同省より何分の御沙汰相待申すべく候。　七月七日

このあとに、「在魯日本公使館印」の丸い判が押されている。

同時期の公文書によって、岩倉使節団の事務局長だった田辺太一が耕齋の帰国費をベルリンの公使館に

橘耕齋と彼のサイン（日本文字・ロシア文字）（個人蔵）

あずけて帰ったこと、耕齋が西欧を経由せずオデッサから帰国するというので、開設されたばかりのロシア公使館あてにベルリンから為替が送られてきたことが知られる。その金額はロシアの通貨で一二九一ルーブリだった。榎本は為替をそのまま耕齋にわたしている。よく読めば、右の伺い書の中には、帰国費用の二重受領も認めてもらいたいという含意が込められているのである。

榎本の妻宛の手紙によれば、子煩悩の榎本は長男金八（のちの武憲）へのオモチャを耕齋に託している。[18] 上述の木村勝美氏によると、黒海に面する南ロシアのオデッサ港に向かう途中、耕齋は故郷の白ロシア、今のベラルーシに隠棲しているゴシケーヴィチの家を訪問した。耕齋の性分からすれば、これはいかにもありそうなことである。たぶんベルリン経由のほうが旅の日数は短かったことであろうが。

耕齋がオデッサから乗船して日本に帰着するのは九月二日のことだった。

東京にて

歴史の史料は詳しく見るとずいぶん多くのことを教えてくれるもので、耕齋がペテルブルグで日本語を教えていることはかなり早くから日本で知っているものがいた。和暦の文久元年（一八六一年）一〇月青森の商人藤林源右衛門と船宿の瀧屋善五郎が箱館奉行に提出した文書の中に次のような一節があった。これはまず原文のまま示す。

一　此度候乗参夷人ユカノフト申者者《ハ》、六年より已然伊豆下田住居橘孝齋と申医者魯西亜江連参、此節日本学文之師範致重ク被用得居候由、右之者之門人ニ而日本語甚委《くわしく》敷覚居候よし、御咄ニ御座候。[19]

このままではなかなか文意が通じにくいが、前後の事情を知ると、意味がすっきりわかる。この一文の情報はこうなる。「今度船に乗ってやってきた外国人のユガーノフという人物は、六年前に伊豆下田に居住の橘孝《(ママ)》齋という医者がロシアへ連れて行かれ、現在日本語の教師として厚遇を受けており、右の者〔ユガーノフ〕はこの人物の生徒であり、日本語にきわめて堪能である、という話を聞きました」

橘耕齋はペテルブルグに着いてから外務省勤務をはじめる前、ユガーノフ、マレンダ、カルリオーニンの三人の若い水兵見習たちに自宅で日本語を教えていたことがわかっている。[20] 外務省に勤めはじめてからも、私的な日本語指南はつづいていたかもしれない。米国の歴史家ジョージ・レンセンの編んだ『日本におけるロシア外交官』[21] のリストによると、一八七九年（明治一二年）から一八八五年（同一八年）まで東京のロシア公使館にA・マレンダが通訳として勤めていた。ひところ師と弟子が同じ空のもとに暮らしていたのである。耕齋が若い水兵らに「医者」だったと語っていたことは興味深い。適々塾は蘭学の学校であり、医術を学んだとしても不思議はない。本草の知識も多少はあったかもしれない。

さて、帰国した耕齋はどうなったか。本省から指示を受けようとされた年金受領と勲章の佩用の件が、未決であった。特に、外国の政府に多年勤務しながら外国籍を捨てて日本に帰国した者がその外国から年金を受け取るということは、日本政府としても前代未聞のことだった。いわゆる「お雇い外国人」をかかえている明治政府としてはいろいろ勘考してのことであろうが、九月三〇日付けで年金受領については「差支えなし」という決定が下された。勲章佩用の許可は明治一一年になってからである。ただ勲章をつける機会が実際にあったかどうかわからない。

これは推測であるが、帰国費としてロシア政府よりも七割増し近くの高額をはずんだ明治政府としては、耕齋が帰国後外交関係の職について働いてくれることを期待したのではあるまいか。しかし、実際には彼は何もしなかった。いや、何かの工作はあったのかもしれないが、われわれの目に見えるような何かの職務につかなかった。冒頭に述べたとおり、「門を閉ざして他人との交際を絶」っていたのである。

まず、年齢のことが考えられる。耕齋は帰国時に五四歳であった。その時点で政府の要職にあった人々の中で五〇歳を超えた者は一人もいなかった。中堅の役職の人々でも事情は変わらなかっただろう。五〇歳の半ばといえばすでに引退の年頃であり、耕齋はその社会的慣習に素直にしたがっただけかもしれない。

隠棲して他人との交際は絶っても、前述のように、旧掛川藩の親睦会には出席した。明治一三年（一八八〇年）のことである。こういう会に顔を出すことができたのは、藩士の身分を捨てる前後、日本で過ごした前半生に何か非常に破廉恥な過失をおかしたことがなかったことを示している。耕齋＝「悪人」「怪僧」説は奇を好む人々の作り話であろう。

ペテルブルグで知己となった人々も何人かいたから、まるで知人がいないわけではなかった。例の幕府留学生だった市川文吉、加賀出身のロシア語学者嵯峨寿安、仙台出身のやはりロシア語学者小野寺魯一）、薩摩の留学生で後に外交官となる西徳二郎、公家出身の留学生万里小路秀麿[22]などはロシアで知り合った者たちである。このうち西の伝記によれば、明治四年の元旦には、西と小野寺と市川の三人が連れ立って耕齋の住まいを訪れ、新年の祝宴を催した。暦は人の意識を束縛するもので、ペテルブルグにありながら彼らは和暦を強く意識していた。ロシア暦では一八七一年の二月七日にロシア帝国の首都で新年会を行なったのである。西はこのとき七言絶句二首を詠んだ[23]。このようなロシア以来の友が彼を訪ねた可能性はある。そのほかに、農商務省官吏の長瀬義幹のような新しい友人もできていた。

ところで旧掛川藩士の親睦会が行なわれる明治一三年、それに先立って耕斎は福沢諭吉の提唱で組織された実業家の集まり交詢会《こうじゅん》の発会式で福沢につづいて講演を行なった、と木村勝美氏の著書にある。私にはその事実を確かめるべき手立てがない。交詢会の古い記録にも彼の名前は会員の中に見当たらない。

耕斎は帰国後に結婚をした。妻の名前が美與であるとわかるのは、明治一八年（一八八五年）六月に夫の死亡届が東京府知事芳川顕正《あきまさ》宛に提出された文書が残っているからである。これには主治医だった江馬春熙《しゅんき》による死亡証明書が付されていた。それによると、病名は肺瘍《はいよう》であり、自分の患者である東京府平民「増田甲斎」（これがヤマートフ以後に名乗っていた正式の姓名）は明治一八年三月上旬に発病後、漸次衰弱して五月三一日午前二時に死去したと書かれている。六月一〇日付けで芳川知事宛てに出された届には妻の名前は増田美與となっているが、翌七月八日付けの新知事渡辺浩基宛ての届では美世となっている。要するに「みよ」であり、漢字はどうでもよかったのだろう。この届けは、まず遺族が芝区長と連名で東京府知事に提出し、それが外務省に移牒され、外務卿の井上馨からロシア公使のアレクサンドル・ダヴィドフに通知された。死亡証明書を書いた江馬春熙は西洋医学の大家であっただけでなく、自由民権を主張する論客でもあった。

この届けによって、当時耕斎の受け取っていた年金は二一九ルーブリであり、これは邦貨にして二一九円に相当し、毎年正月と五月と九月の三回に分けて七三ルーブリずつロシア領事館で受け取っていたことがわかる。最初の金額三〇〇ルーブリとの関係では二七％の減額である。減額の理由は不明である。当時のロシア領事館は現在とは異なり、虎ノ門あたりにあった。

邦貨二一九円（月額で一八円あまり）の価値はどうか。『値段の風俗史』（一九八七年、朝日文庫）によれば、明治一四年に巡査の初任給が六円であり、明治一九年に小学校教員の初任給が五円だったという。同じ本によると、白米一〇キロが明治一〇年には五一銭、同一五年には八二銭であった。耕斎夫妻は市井の庶民としての暮らしに不自由はしなかったことだろう。

墓に戻れば、耕斎の戒名は「全生院明道義白居士」、妻の戒名が並んでいて「全暁院明晏義貞大姉」である。源昌寺は曹洞宗の寺である。ロシアへわたる以前は日蓮宗に属していたが、帰国後は日蓮宗に復帰しなかったのである。

前にふれた『遺魯伝習生始末』によれば、耕斎は明治一五年（一八八二年）に加賀の士族河島錠三郎を養子に迎えたという。（これは墓誌に書かれた「後嗣はない」という言葉と矛盾する。）ロシアで知り合った嵯峨寿安の紹介によるというのが木村勝美氏の説である。内藤遂氏は耕斎にはロシアに二人の子どもがいたとも書いているが、その証拠となるようなものは示していない。特定の女性と結婚したか、あるいは同棲していたかどうかも確かではない。どの知友の言及もない。

一九七〇年代のロシア留学中に私は機会あるごとにモスクワ市内の〈尋ね人案内所〉〈スプラーヴォチノエ・ビュロー、今は見かけない〉で「ヤマートフ」という姓の人物を尋ねたが、一度も肯定的な回答に接したことはなかった。

一橋大学の図書館で、ロシアで出版された和露辞典であるのに協力者として日本人の名前をあげているのを見てから、私は橘耕斎という人物に興味をもった。そして彼の生涯に関しては非常に多くの荒唐無稽の事柄が喧伝されているのに驚いた。そして確実な事実を知ろうとしてこの小文を書いた。

最後に一文を付け加える。二〇一一年の九月の半ば、私は耕斎の墓の写真をとるために源昌寺を訪ねた、まさにその門前で、耕斎の後裔にあたる一群の人々が花をもって墓参に来訪されるのに出会った。私たちはその偶然に驚いた。三〇歳にはまだ間がありそうなご当主は耕齋から五代目、その夫人にいだかれた乳児が六代目の由で、住まいは千葉の習志野市とうかがった。耕齋の妻の「みよ」さんが養子とされた人物から連綿と系譜がつづいていたわけである。

〈アクセスのために〉

戸田村　この港で日本最初の洋式帆船が建造された。現在は沼津市に属する。東海道新幹線の三島から伊豆箱根鉄道で終点の修善寺まで行き、そこから路線バスがある。東海道本線の沼津から直接戸田港へ向かう船の便もある。耕齋が滞在した蓮華寺が現存する。

源昌寺　耕齋の墓がある。曹洞宗の寺院。港区高輪一丁目で桜田通りに面している。最寄駅は都営浅草線の泉岳寺。

注

（1）木村毅が『黒船談叢』（『橘耕齋関係文献』一九四七年、下田）で紹介している説。もっとも、このエピソードは玉蟲左太夫の記録の中には見えない。石井研堂は執筆者を三浦東洋に帰し、「疑問の異書なり」としている（『明治文化全集別巻　明治事物起源』一九七九年、第三刷、三二七ページ）。外務省の官吏が水兵のあいだにまじっているのが、まず疑問。しかしこの種の文章をわざわざ捏造する理由も考えられないので、しばらく疑問符を付しておこう。

（2）右の木村毅の文章の後段に「矢田部氏の報告」として、後者の親戚の者がインドのベナレス寺で耕齋のサインを見たという話を紹介している。言葉の不自由な耕齋がインドに領事として派遣されることはありえなかった。ロシア外務省の記録にもない。

（3）長瀬義幹の名前は初期の農商務省官員名簿に見えるが、明治二七年に奈良の大和神社の宮司になった以後の経歴が未詳。

（4）緒方富雄『緒方洪庵適々塾姓名録 解読編』、一九七六年、適塾記念会。

（5）プチャーチンの幕僚の中には筆の立つ士官がたくさんいた。ヴィタリー・グザーノフ著、左近毅訳『ロシアのサムライ』、二〇〇一年、元就出版社、やロシア海軍省の『海事集録』などを参照。

（6）戸田号の造船については山本潔「〈ヘダ号〉の建造（一八五四・五五）――近代造船技術形成の初期条件」『社会科学研究』四三巻五号、六号にくわしい。

（7）中村赳訳『グレタ号日本通商記』一九八四年、雄松堂書店、一九三ページ。

（8）郷土史家奈木盛雄氏の労作『駿河湾に沈んだディアナ号』からの引用、二〇〇五年、元就出版社、四二三～四二四ページ。

（9）瓜生政和は後の梅亭金鵞。明治時代の風刺雑誌『団団珍聞』の主筆として活躍したり、西洋事情を紹介したりした。

（10）ヴィタリー・グザーノフ前掲書。七九ページ。

（11）**Русский биографический словарь. M., 1999, стр. 278.**

（12）『幕末欧行見聞録』一九九二年、新人物往来社。

（13）ワジム・クリモフ「一八六二年文久日本使節団歓迎式典とその計画内容」、日本学士院・東京大学史料編纂所『日露関係をめぐる国際研究集会 二〇一〇年予稿集』

（14）幕末のロシア留学生については宮永孝『おろしや留学生』一九九一年、筑摩書房、も非常に参考となる。

（15）本文中の『遺魯伝習生始末』、一九四三年、東洋堂、三一四ページ。

（16）『森有礼全集』第三巻、一九九八年、文泉堂、二〇～二一ページ。

（17）『木戸孝允日記』二、日本史籍協会編、一九六七年復刻、三四六ページ。

（18）榎本武揚が家族に宛てた手紙は国立国会図書館の憲政資料室に所蔵されている。大部分は未公刊である。耕薺に触れているのは明治七年八月三一日付の書簡。
（19）『新青森市史　資料編三　近世』二〇〇二年、青森市、六〇八ページ。
（20）ヴィタリー・グザーノフ前掲書。八二ページ。
（21）G. Lensen, Russian Diplomatic & Consular Officials in East Asia. 1968, Tokyo, p. 36.
（22）拙稿「明治初期の公卿留学生万里小路正秀」参照、長塚英雄編『ドラマチック・ロシア in Japan』、二〇一〇年、生活ジャーナル、二七二～二八四ページ参照のこと。
（23）坂本辰之助『男爵西徳二郎伝』、二〇〇二年、ゆまに書房、五三ページ。

万里小路正秀——思春期を露都で過ごした公卿留学生

ペテルブルグまで

私がはじめてこの人の名前を知ったのは一〇年ほど前、彼が書いたロシア語の手紙を読んだときである。ロシアで刊行されたある文集に彼の書いた一八通の書簡が紹介されたのである。二〇〇二年にペテルブルグを訪れたときには、その手紙を公刊した国立図書館手稿部のジェマイティス氏から手紙の現物を見せてもらった。外国人らしからぬ見事な筆跡だった。その後気をつけてこの万里小路《までのこうじ》なる人物に関する資料を集めていくうちに、ロシアへの留学が当人の生涯にかなり大きな影響を及ぼしていることがわかってきた。ここでは、ロシアでの生活体験が彼に何を与えたか、何を与えなかったかを中心に考えてみたい。

日本でロシア留学がはじまったのは幕末である。幕府は文久二年(一八六二年)に榎本釜次郎(のちの武揚)らをオランダへ派遣したが、四年後の慶応二年(一八六六年)には六人からなる二度目の「伝習生」グループがロシアへ送り出された。ただし、まもなく幕府自体が瓦解したこともあって、予期したほどの成果はあがらなかった。

明治期になってからの最初のロシア留学生の一人が万里小路秀麿（のちの正秀）である。彼の名前は明治四年の岩倉使節団に随伴した五〇人あまりの留学生リストの中に含まれている。横浜を出航したとき、彼の年齢は一三歳と二カ月あまりだった。

万里小路家は名家と呼ばれる家格をもつ公卿で、鎌倉時代以後一家をあげて天皇に近侍する職を継いでいた。宣房と藤房の父子は後醍醐天皇の側近として太平記に登場する。秀麿は万里小路正房の八男として生まれた。この父も長兄の博房も王政復古の事業にさいして功績があった。秀麿は明治二年の初めから宮廷に稚児として出仕する。それは家の慣わしだったのかもしれない。

岩倉使節団が率いた留学生の集団の中では公卿や旧大名の華族の青年の占める割合が高かった。それまでの日本人特有の外国嫌いの体質を一挙に改め、率先して民衆に範を示そうという狙いがあったのだろう。

留学生たちは使節団と同じ汽船アメリカ号で出国するものの、米国に長逗留する使節団とは東部のピッツバーグで袂を分かち、ヨーロッパに向かう組は英国を経由して、翌年の春にはベルリンに着いた。最初からロシアを留学先に予定していた者たちには、同じ公卿仲間の坊城俊章、清水谷公考《きんなる》、さらに士族の平田静範、土肥百之などがいたが、彼らは欧米の諸国でロシアについての評判を耳にするうちにこの国に留学するのをためらうようになっていたらしい。坊城と清水谷は二〇歳代も後半の年頃だったから、分別をはたらかせて滞在地をドイツに変更する手続きをとった。万里小路秀麿は来見甲蔵とともに明治五年の四月はじめ（洋暦では一八七二年五月初旬に）ペテルブルグに着いた。来見は開拓使勤務の大川なる者の息子で、ロシアから帰国後兵庫（神戸）のロシア領事館に勤務したと伝えられるのみで、生没年も知られていない。

留学時代

万里小路秀麿の留学目的は「ロシアの貴族に就きて」であったといわれる。これは「貴族に関して」とも読めるし、「貴族のもとで」学ぶべしともとれる。私は前者の意味だったと理解したい。ロシア帝国の貴族制度を調査研究してくるように、という特命を受けていたのだろう。

そのころペテルブルグには数人の日本人が住んでいた。薩摩出身で新政府から派遣された西徳二郎、幕府から派遣されてそのまま居残った市川文吉、仙台出身の正教会関係者小野寺魯庵、幕末に伊豆の戸田から密出国した前述の橘耕斎などである。彼らが明治四年の正月に橘耕斎のもとに集まって酒宴を開いたという記録が『男爵西徳二郎伝』にある。耕斎はロシア外務省に勤務していたから、生活が比較的に安定していたのだ。二五歳の西はペテルブルグ大学に通っていた。

翌明治五年（一八七二年）に到着した万里小路秀麿や来見と相前後して金沢の医師の子の嵯峨寿安、岩手舘藩の代島倫蔵などが加わる。旧幕臣の江村（川村とも）次郎の名前も記録に見えるが、詳細は不明である。

その次の明治六年（一八七三年）春には岩倉使節団がロシア帝国の首都を訪れた。一行のペテルブルグ滞在は約二週間である。在留邦人たちはそれぞれが同胞のためにガイド役を買って出たことであろう。上述のとおり耕斎がロシア風のサウナ風呂に案内して喜ばせたことが木戸孝允の日記に書かれている。耕斎はこのときに岩倉使節から日本帰国の許しを得たとされる。ロシアに来てからほぼ一年を過ごしていた秀麿も当地の言葉や習慣に多少とも慣れていて、大いに励んだにちがいない。

彼の肖像写真が一枚現存している。毛皮の帽子をかぶり大きな毛皮の襟をあしらった厚いコートを着て

ペテルブルグで撮影された万里小路秀麿少年（岩倉具忠氏蔵）

いる。撮影の年は明記されていないがペテルブルグのボリンゲルという写真師によって撮影されたもので、「みおぼい（見覚え）のため　万里小路、岩倉君」と裏面に筆墨で二行に分けて裏書されている。私はこの写真は使節がペテルブルグに留まっている間に、秀麿自身から岩倉卿に進呈されたものと推測する。少年期と青年期の境目にある白面の貴公子の全身像である。

留学時代の彼に関する資料が三点ある。第一は明治八年（一八七五年）にロシア駐在の公使榎本武揚が徳大寺宮内卿に送った手紙である。明治政府が経費節約のため留学生の削減を企て、欧米の在外公館に留学生の勉学状況の報告を求めたものへの回答である。原文が古風な文語体なので現代風に言い換えて要約してみよう。

秀麿氏はかつて学校へ一年ほど通っていましたが、キリスト教神学など無用の課目があるので、通学をやめた由。目下は市内の自宅に教師を招いて語学・算術・歴史・化学など基礎的な学問を勉学しています。今後二年ほどたてば、中等程度の学力がつくものと思われます。同氏はロシア語に関しては通訳が勤まるほどよくできます。生来すこぶる怜悧の少年なので、小生はフランス語も同時に学ぶこと、法律や国際法などを習得するよう忠告しました。外交や宮中の儀礼の職務にいたるまで、フランス語ができないと世界では通用しないからです。日曜日には当公使館にもときどき見えられます。同氏の身長は五尺四寸五分（一六五センチ）です。手紙を書くとしたら、日本語よりロシア語のほうが書きやすいとのことでした。「格別こみいった事情」（借金や女性関係をさすか）はないようです。

第二の資料は秀麿が自分の師と仰ぐアレクサンドル・サヴェーリエフに宛てた手紙。右に述べた一八通のうちの第一信と第二信である。最初の手紙は一八八〇年三月付けでロシアに帰国中の正教会宣教師ニコライに関するごく短い事務的なものであるが、同年七月付けの第二信はポーランド北東部の都市ベロストクから発信されていて、軍事測地学の実習状況についてわりと詳細に報じている。現地のポーランド人やユダヤ人との付合いがスムーズにいかないと述べている。

サヴェーリエフなる人物はジェマイティスさんの注によると陸軍技術中将で、長いこと工兵学校の教壇に立っていた。この将軍は市川文吉や西徳二郎などとも面識があったというから、おそらく年長の彼らのすすめで秀麿は有名なミハイロフ宮殿の中におかれた工兵学校に入学し、サヴェーリエフの指導を受けたものと推定される。彼の没後に手稿類が国立図書館（かつての公共図書館）に引きとられて、万里小路の書簡が日の目を見るようになったのである。

第三の資料としては、上述のロシア正教会の宣教師ニコライの日記が秀麿に言及している。一八八〇年にニコライは主教の位に昇叙されるため一時帰国していた。それは日本で正教の布教を本格化するために必要なステップであった。ニコライの日記では秀麿は二月七日（ロシア暦）の記事にはじめてあらわれる。彼がニコライのもとを訪ねたのである。「有能そうな人物」というのが彼の第一印象だった。謝肉祭週間の二月二七日にはニコライがワシーリエフスキー島に住む言語学者コソーヴィチの邸宅の晩餐会で秀麿と同席した。その会には日本公使館から大前退蔵や安藤謙介などのような若手の外交官も招かれていた。この晩は愉快に話がはずんで、ニコライがネフスキー大通りを端から端まで馬車を走らせて修道院の宿舎に帰宅したのが深夜の二時だった。三月二日の日曜日に並木道を散歩していて秀麿と会うと、サヴェーリエフ将軍からニコライを招きたいという伝言があった。「ああいう若者に信仰心が芽生えればいいのだが」とニコライは日記に書き、すぐに「概して日本の若者は頼りにならない」と付け加えている。一二日に将軍の邸に行くという約束をしたものの、当日になって時の権力者のポベドノースツェフ（この年に宗務院総裁となる）からニコライに至急の呼び出しがかかって、約束が果たせなくなった。その言い訳にニコライは秀麿の住いを訪ねる。「万里小路はズナメンスカヤ（現在のヴォスターニエ）広場の近くのある家族のもとでごく清潔に暮らしている」という記事がこの日の日記にある。公卿の柳原前光《さきみつ》が新しい公使として着任するという話もこの日に秀麿から聞いた。

このような断片的な資料からの憶測であるが、秀麿はロシア帝国の首都で日本人仲間との交際を欠かさず、それなりに快適な留学生活を送っていたようである。

こみいった事情

秀麿が帰国するのは明治一五年（一八八二年）の五月である。サヴェーリエフ宛ての第四信によれば、一四年から一五年にかけての冬はイルクーツクで過ごし、五月になってようやく帰国できたのだった。日本を出てから一〇年あまりの年月が流れていた。『明治天皇紀』の同年五月二四日の記事に、彼が以前稚児として出仕していたことを理由に特別に分家が許され、「金三千円」を賜わるとある。要するに、維新のさいの父正房や兄博房の貢献がそれだけ大きかったということであろう。式部寮の御用掛に任じられるのがこの年の七月である。名前も正秀《なおひで》と名乗るようになった。一見順風満帆の経歴のように見えるけれども、履歴書に書かれる経歴の裏面では深刻なドラマが展開していた。

新聞『絵入自由』が一〇月一三日付けで「華族万里小路秀麿様には、露国聖《サンクト》ペテルブルグの士族陸軍大佐ニコライ・バユノフ氏の妹マリア・バユノフ女と結婚したき旨、その筋へ願い出られし……」と報じているから、これは世間に広く知れわたっていた事件になっていたことだろう。

この件に関しては柳原前光公使から伊藤博文に宛てた一五年一一月一七日付けの手紙が実情をよく物語っている。当時伊藤は憲法研究のためにベルリンに滞在中であった。原文の漢字表記と仮名遣いを幾分変えただけで、文語体はそのままである。デリケートな内容なので、現代語風に訳しがたいからである。この書簡は『伊藤博文関係文書』(一九七三年、塙書房)の中ではじめて公刊されたものである。

万里小路秀麿は極秘にロシア女性を伴ひ帰り(この女は語学教師としてわづかに生計をたてし者にて、年齢は三三、四の由。秀麿よりはるかに年長なり。近眼、巨身、大腰と聞く。我は未見)、家兄の不満なるため挙式遷延のところ、ロシア公使より外務省へ内談ありしとかにて、ついに岩倉、井上等の周旋にて一〇月四日大礼を遂げたり。このことは三、四年前より胚胎したる由なれど、拙者以外に知る者なく、追々来報を得候上、喫驚《きっきょう》候。まったくこの老婆の騙術《へんじゅつ》を以て少年を弄絡《ろうらく》し了り、宿望を成就せり。ロシアは正教徒以外の者と結婚するは厳禁の国法故、その挙婚の日には、察するに僧官ニコライが臨席し、秀麿もギリシャ正教に入りしならん。華族が洋婦を娶るはこの老婆よりはじまり、遠からず南朝名臣の血胤とスラヴ混交の人種を得べきと相考候…

二人の結婚のことはすでに外交問題に発展して、外交官や政治家の介入まで招いていたのである。かつてペテルブルグで相見た岩倉具視はこのころ最晩年を迎えていた。井上馨は当時の外務卿、つまり外務大臣である。

秀麿すなわち正秀がこの年の九月一一日にニコライ堂で先礼を受けて正教徒となり、代父として師の名前であるアレクサンドルを無断で借用したことを告白して許しを乞うているのが第四信（一九三頁参照）であるが、その手紙の中で自分がロシア女性と結婚したことをおくびにも出していないのは奇妙である。

一方、ひるがえって柳原公使の手紙を虚心に読めば、この時代の日本人がいかに外国人に偏見をいだいていたか一目瞭然である。「近眼、巨身、大腰云々」という言辞はそれとして、「南朝名臣」の末裔たる華族がロシア士族の女性と婚姻関係を結ぶことに、どれほどの不自然が存在しただろうか。ロシア公使にねじこまれて要職にある政治家たちが動かざるを得なかったのは、日本の常識が世界の常識に通用しなかったからである。今でも日本の常識が普遍化していない例が少なくない。

若い留学生のあとをヨーロッパの女性が追ってくることは森鷗外のような人にもあったことである。鷗外の場合には本人がまだ若い軍医で、周囲に彼の立身を願う友人が多かっただけである。

私は彼女の姓に疑問をいだいている。バユノフという苗字はロシアには見受けられない、とジェマイティスさんからも回答を得ている。各種の姓名辞典にもこの姓は含まれていない。情報源は目下のところ『絵入自由』の記事だけである。おそらく記者の何らかの聞き違いか書き違いがあったのだろう。

いずれにしても、このスキャンダルは空騒ぎに終わった。マリア女史は結局のところ日本を去ったらしい。『平成新修華族家系大成』などの正式な系譜にはこのロシア婦人の名前は少しも影を落としていない。生活習慣のあまりの相違に辟易して女史のほうから早々に退散したのかもしれない。

明治天皇の側近として

宮内省の幹部としての勤務についていえば、ロシアから賓客が訪日したとき万里小路正秀が接待にあたったであろうことはいうまでもないが、彼の生涯には二つの忘れえぬ体験があった。一つは明治二四年、来日中のロシア皇太子ニコライが大津で警官に襲われたとき、彼が日本側の接伴係として随行していたことである。正秀は皇太子の前の人力車に乗って先導していたという。この事件をテーマとした大映の映画『鉄砲安の生涯』（一九六二年公開）では、皇太子ニコライを救助した車夫の鉄砲安こと北ヶ市安五郎を勝新太郎が演じ、俳優岩田正が脇役として書記官万里小路正秀を演じている。三年後そのニコライがロシアの皇帝となり、一八九六年にモスクワで盛大な戴冠式が行なわれた。日本から派遣された奉祝代表団に正秀が加わっていた。ロシアを訪ねる夢が実現したのである。天皇の名代として代表団の頂点に立つ伏見宮貞愛《さだなる》親王を中心とし、それにロシア側の接伴員を加えた集合写真がロシアの国立写真アーカイヴに保存されている。戴冠式の直後に、代表団長格の特派大使山県有朋（彼の姿は集合写真に見えない）とロシアの外

ニコライ二世の戴冠式に派遣された奉祝使節団。万里小路正秀は後列左から５人目に立っている。正使は前列左から３人目に座る伏見宮貞愛親王。（ロシア国立写真アーカイブ蔵）

務大臣ロバノフの間でいわゆる山県＝ロバノフ協定が結ばれたが、正秀はそちらの外交交渉には一切かかわらなかったようである。いわゆる三国干渉の直後で、この時期には日露間の関係は非常に緊張していたのである。

サヴェーリエフへの第一二信からわかるのだが、正秀は戴冠式のあとでペテルブルグを再訪した。もちろん旧師とも会ったにちがいない。ロシアからの帰途は今回もシベリア経由であった。彼は船酔いに極度に弱い体質であると手紙に書いている。ペテルブルグを鉄道で出たのが七月一五日、トムスクまでは鉄道と汽船、そこでタランタス式の旅行馬車（二〇五頁参照）を一台購入してイルクーツクに着いたのが八月一五日、さらに馬車の旅をつづけて、アムール川汽船の着くスレーチェンスクまでたどり着いた八月三一日にペテルブルグのサヴェーリエフ教授宛ての長い手紙を書いたのである。東京の自宅に帰りついたのは一一月一日だったと第一三信にある。三カ月半の旅だった。それからの手紙には宮内省から外務省に移ってロシアで勤務したいという希望がしばしば述べられている。

それと同時に、正秀は中国語や漢字を勉強していることを手紙の中で繰り返し述べている。中国の古典が念頭にあったようである。これは私の推理であるが、まだ少年期に日本を出てロシアへ留学したために、彼にはいわゆる漢学の素養が不足していた。明治の知識人としてそのことは決定的な欠陥を意味した。前述の榎本武揚にせよ、西徳二郎にせよ、二〇歳を過ぎて留学した人々は外国で折りにふれて漢詩を詠んでいる。秀麿少年が榎本公使に「手紙を書くなら日本語よりロシア語のほうが書きやすい」と答えたことが思い出される。日本と中国の古典の知識を身につけてから留学すべきだった、と正秀は悔やんだかもしれない。近代日本の外交文書を読むと、昭和期の初めになっても海外の公館からの報告は漢文調である。ひと通り四書五経の素養がなければ外務省宛ての公文書を草するのもままならないという事情があった。

ペテルブルグの恩師への手紙の中で、正秀が常に言及しているのは、まず第一に西徳二郎、市川文吉など手紙の書き手と読み手に共通する知人の最近の動静である。とりわけ西は明治一九年にはロシア公使に任命されていて露都で三国干渉に対応する立場にあったし、その後明治三二年に清国へ公使として派遣されたときには義和団事件に遭遇して在留邦人の保護に尽力しなければならなかったから、多忙であった。もっとも、正秀が筆を費やしているのはもっぱら西の私生活の側面である。「西は一七歳の娘と再婚しました」とか「西の息子が病気の由です」といった具合である。市川のほうは東京外国語学校を退職してからは熱海で悠々自適の生活を送っていた。

正秀は宣教師ニコライの倦むことを知らぬ布教活動を伝えることも忘れていない。明治二〇年の第八信では正教会の信者の数が日本全国で一万四千人に達し、カトリックの信者に並んだことを報じているし、大津事件後の明治二五年の第一〇信ではニコライ主教の努力によって前年東京市の中心に復活大聖堂（いわゆるニコライ堂）が竣工したこと、ニコライ皇太子が東京に来訪したあかつきには盛大な歓迎の儀式を執り行なう予定であったことを知らせている。正教会の活動資金の大半はロシア正教会の宣教本部の支出と敬虔で裕福なロシア人信者からの個人的献金によってまかなわれていたから、ニコライの活躍ぶりをことあるごとにロシアに宣伝しておくことは重要な意味があった。

「日本は急速に西洋化しています。皇后が洋服を着用しはじめました」（明治二〇年の第八信）、「文明国になるためにはキリスト教を国教に採用しなければなりません」（明治三〇年の第一五信）などとも書いている。この重要な発言には外交辞令が含まれているのだろうか。

これに反して、ニコライ日記に見られる主教の正秀評価はまったく冷たい。正教徒でありながら神道の祭司ということがまずニコライの気に入らなかった。正秀は勤務上宮内省の式部官という職にあったから、神道の儀礼を司ることはやめるわけにいかなかった。神道は天皇の奉ずる唯一の宗教であり、天皇は神道の大祭司というのが明治政府の建前であった。ニコライは正秀がプロテスタントの女性と結婚しプロテスタント風の挙式をしたことにも不満であった。彼は「自分がもう少し若かったらこの偽善者を目の前からたたき出すところだが」と明治二二年九月三日付けの日記に書く。日記の中の宣教師ニコライは一般に周囲の人間に当り散らしている感があるが、正秀に対してはとくにきびしい。

正秀の手紙は私信でありながら、自分自身の家族についての記事が非常に少ない。マリア嬢の場合もそうであったが、右に言及されている妻のことも手紙では紹介されていない。このプロテスタントの女性とは伯爵野村靖の娘の久子のことである。（家譜などには野村の長女とされているが、次女とする記録もある。）野村靖は吉田松陰の門下生の一人で、当時は政治家として活動していた。第二次伊藤博文内閣では内務大臣である。久子は明治二二年に正秀と結婚し、二年後に長男元秀を生んだあと、なぜか不縁となった。彼女はその後明治二六年に外交官の本野一郎と再婚する。本野は日露戦争後にロシア駐在の大使となって日露関係の改善に実績をあげた。子爵にあげられ、ロシア革命前夜の寺内正毅内閣で外務大臣に就任した。下田歌子の愛弟子だった久子は才媛として知られ、日本愛国婦人会会長その他の要職をつとめた。

正秀が明治二五年の第一〇信の中で「息子がこの一〇月で一歳になります」と書いているのは元秀のことである。同じ手紙で「結婚してから暮らし方がすっかり変わりました。義務的な外出が増えました」とやや不満そうで述べているのは、家族について報告をするときの日本人特有の筆法である。「この夏は妻の田舎の領地で過ごしました。別荘(ダーチャ)です」と付け加えている。子供たちには第一七信でも言及していて、「長男は九歳、次男(萬二郎)は五歳です。娘(ソデ)は一年と八カ月です」と知らせている。(カッコの中は系図にもとづく私の補足である。)久子が去ったあと、ふたたび結婚していることがわかる。

最初のシベリア横断のとき、正秀は日記をつけていた。それを整理して出版したい気持があったらしいが、実現はしなかった。ロシアで勉強してきた測地学を日本で教授したいというのが彼の念願であったが、その機会は与えられなかった。日本側当局の意向で工兵学校を卒業できず途中退学を余儀なくされたことだけが原因だったわけではあるまい。彼の学歴そのものが組織だったものではなかった。さらに西欧諸国の教育機関に比べて、ロシアの教育制度や学問研究のありかたは日本によく知られていなかったから、そこでの学歴は信用がうすかったのである。

日本には社交界が存在しない、という苦情もしきりに述べられている。社交の形式自体がロシアと日本ではいちじるしく異なっていたから、文化的なギャップとしか言いようがない。明治一九年の第七信で「日本にも舞踏会はありますが、恐ろしくて行きません」（傍点は中村）と書いているから、鹿鳴館の常連にはならなかったらしい。正秀のマナーは洗練されすぎていたにちがいない。

彼が手紙の中でよくふれているのはロシア公使館の館員たちとの交友である。（サヴェーリエフとの文通は、正秀の希望で公使館を介して行なわれていた。）日本へ派遣されてくる外交官は、公使をはじめおおむね彼の旧知だった。とりわけ明治三〇年から三四年まで一等書記官として在職したスタニスラフ・ポクレフスキーとはウマが合い、しばしば田舎へ数日間の狩猟に同行した。正秀は明治三〇年以降宮内省内で式部官にして主猟官も兼ねていたから、猟場の選定に不自由はしなかったことだろう。

万里小路はペテルブルグで留学中にロシアの芸術に親しんでいたようである。彼が滞在していた一八七二年から一八八二年までの一〇年間はめざましい勢いでロシア近代音楽が発展を遂げた時期にあたっている。チャイコフスキーやロシア国民楽派がきそって作品を発表していた。文学や美術にしても同様である。ツルゲーネフやドストエフスキーやトルストイなどの現代文学の作品を読んでいたかどうかはわからない。移動展派の画家たちの名前への言及もない。ただ正秀は格別に音楽と演劇を愛好していたらしく、サヴェーリエフ宛て書簡の中で絶えず日本には音楽がないことを嘆いている。そのころ日本ではまだピアノやバイオリンは普及しておらず、オーケストラなど一つもなかったのである。人生の最も多感な時期に彼の瑞々しい感性をやしない、心に深い感銘を与えたものが、日本には存在しなかったのである。日本には伝統的な演劇がありますが、観賞する人の数は多くありません、とも書いている。これはおそらく歌舞伎のことをさしているのだろうか。

このような西洋文明への理解と愛着は、明治七年から一一年までペテルブルグに公使として住んだ後述の榎本武揚の場合とは正反対である。武揚は妻に書いた手紙の中で、自分は西洋の芝居にまったく興味がないと述べている。他方、彼の歌舞伎への思い入れは相当なもので、明治一〇年末の手紙では「バンヒコが大阪にて死去せし由、俳優なりとも日本にかけがへなき人物ゆへ、まことに惜しきことなり」と坂東彦三郎の夭折をいたんでいる。

年齢の点で榎本と万里小路は二二歳の差があった。前者はすでに人格形成をなしとげた青年としてヨーロッパへ渡航したのに対し、後者はロシアに着いてから自己形成をはじめたと言えるであろう。

官吏としては式部寮御用掛でスタートを切った正秀はその後式部官、主猟官を歴任し、遂には大膳頭兼式部官従三位勲四等男爵として大正三年六月にその生涯を閉じた。

文通は明治三四年をもって終っているから、日露戦争についての彼の感想は不明である。最高権力者の側近にあって終始政治の世界に超然としていたのは、あたかも台風の目の中にいたかのようである。彼が学んできた貴族制度の一面はそこに典型的にあらわれているとも言えよう。

彼の墓は東京都の青山墓地に立っている。墓誌には彼が日本正教会の信徒であったことが明記されている。

付説1　「見覚えのため」——万里小路少年の写真の裏面をめぐって

万里小路秀麿少年の写真は一七六ページに掲出したが、ここで論じたいのは、写真の裏面である（一八九頁の写真参照）。上述の小文と部分的に重なることもいとわずに書いておくと、印画紙の裏面には写真館があらかじめ印刷しておいた文面がある。中央上方に見えるのは紋章らしい。下部に盾の形が見分けられる。頭頂部に馬が後脚で立ち上がっている。おそらくは、写真師の出身地（名前から考えてドイツの町か）を示す紋章であろう。ペテルブルグ市の紋章のようにも見える。その下に金貨か銀貨かのような四個の円形があって文字が印刷されている。初め私はそれが何かのコンクールの入賞メダルと思っていたが、よく見ると、メダル自体とその上にフランス語でこう書かれている。

AU PRIX FIXE. LA DOUZAINE DE CARTES 3R: 12 CARTES D'ENFANT 5R.［定価：一二枚組三ルーブリ。児童一二枚組五ルーブリ］

つづいて写真師の名前がフランス語でつづく。

PHOTOGRAPHIE ARTISTIQUE DE BOLLINGER［ボリンゲルの芸術写真］

次はロシア語でこう書かれている。（当時の古い正字法を現行の正字法に改めて書き写す。）

ФОТОГРАФИЯ ХУДОЖНИКА Э. БОЛЛИНГЕР［美術家E・ボリンゲルの写真］

さらにロシア語で **С. ПЕТЕРБУРГ**［サンクト・ペテルブルグ］とあり、以下に二つの店舗の所在地が示されている。1．ボリシャヤ・モルスカヤ通り一七番地、2．は某池の端の某学院。「某」にあたる二文字は、あいにく墨で書かれた文字の下になっていて読めない。

ボリシャヤ・モルスカヤ通りは都心でネフスキー・プロスペクトから西に出ている市内屈指の繁華な場所である。日本公使館もこの通りにあった。

これらはすべてセピア色で比較的に淡い色合いで印刷されている。図版にして読者の目に読みとれるかどうか、はなはだおぼつかない。

もう一つ、残念ながら、ボリンゲルというドイツ系の姓をもつ写真師のことは、いまだに調べがついていない。

176ページの写真の裏面（岩倉具忠氏蔵）

写真の裏面には筆と墨で日本文字が書かれている。

まず、中央の下部に最も大きな文字で「萬里小路」とある。このうち萬は典型的なくずし字体である。路もややくずした形である。これが秀麿少年の署名であることは疑いを容れない。つまり、この文字を書いた当の人物である。上述したとおり彼はロシアに留学生を命じられ、岩倉使節団とともに明治四年の秋に横浜を出港し、翌年の春に目的地であるロシア帝国の首都ペテルブルグに到着していた。そのときの年齢は満年齢で一五歳に少し足らなかった。

署名の上に「みおぼいのため」と書かれているのが分かる。ただ、このフレーズのうち、「い」の文字は「ぼ」と「の」のあいだに不均衡に小さい文字で書かれており、そのわきに「え」とも読めるようなもう一つの平仮名文字がみとめられる。最後の「め」は「免」のくずし文字である。変体仮名というものであろう。そういえば、最初の「み」も、実は「三」である。この文面が書かれた時期（私は明治六年と推定するのだが、その理由は後述）には、日本社会の中で、平仮名や片仮名の字体がはっきりと確定していなかったのであろう。標準的な仮名文字の字体の確立の時期というテーマ自体が論争的であることを予想する。小文を書き綴っている一つの目的は、その研究のための一史料としてこの小さな紹介を役立てたいという希望からである。私の推測では、「見覚えのために」と少年は書きたかったにちがいない。しかし「見覚え」を「みおぼい」と書くべきかあるいは「みおぼえ」と書くべきか、逡巡をした結果が書面に現れているのではなかろうか。もう一つの解釈はこの傍字を「以」と読むことである。「イ」の音を書き落としたことに気づいて、行のわきに書き加えたのであろう。

最後に、左側の上部に「岩倉君」とある。この三文字は達筆とはいいがたいけれども、まごうかたなく楷書体である。この写真は岩倉なる人物に贈られたものと思われる。

はじめ私は「君」を現代風に理解していた。いってみれば「おーい中村君」の中の「君」と同一視していた。明白なアナクロニズムである。『平成新修華族家系大成』によって調べたところ、岩倉家の一族にはこの万里小路少年といわば「きみ、ぼく」という言葉で呼び合えるような年頃の人物がいなかった。今の私の推理では、贈られた相手はあの岩倉使節団の正使である岩倉具視その人ではなかったか、というものである。この大がかりな使節団がペテルブルグにやってきたのは明治六年三月の末である。ロシア滞在は二週間あまりで、四月半ばにこの国を去った。西暦で言えば一八七二年である。このとき、一年前に先着してロシアの大都会の生活になじんでいた秀麿少年は、使節団のためのガイドとして大いに働いたに相違ない。ペテルブルグには彼以外にも数人の日本人が滞在していて、それぞれがそれなりに祖国から来訪した使節団にサービスを提供したことは容易に想像されるが、その出自から見て、少年は参議特命全権大使にだれよりも近い人物だった。

本来ならば私は、同じ公卿華族とはいえ年齢も地位も非常にへだたった間柄で、年少の人物が年長者に向かって文書の上でどのように呼びかけたものか、明治初年の史料を博捜精査すべきであるが、その作業は素人にはできない。

私が依っている根拠はといえば、あの大型の日本国語大辞典である。ここでは「君」について①目上の人などの名前の下に付けて敬意を表わす、②同輩やそれ以下の者の名前の下に付けて軽い敬意を示す接尾辞として説明したあとで、以下のように補足を加えているのである。「〔補注〕中国で、古くは重臣の称。後には王や諸侯などの称となった。わが国では、明治末年頃までは同輩以上の人に用いた敬称であった……云々」（『日本国語大辞典』、小学館、一九七三年、第五巻、四八ページ）。

可能性としては、「岩倉クン」ではなくて、「岩倉ギミ」あるいは「岩倉ノキミ」といったような読み方もあろうが、文字の上からは判断ができない。

いずれにしても、「見覚え（い）のため」とは実に的確でみやびな日本語ではあるまいか。

付説2　万里小路正秀のロシア語書簡（翻訳）

何といっても彼が最も輝いたのは、ロシアから皇族や高官が来日したさいに応接係を務めたときであろう。そういう機会は稀ではなくて、たとえば、明治二〇年（一八八七年）にはアレクサンドル・ミハイロヴィチ大公（皇帝の甥）、二四年には皇太子ニコライ、三一年にはキリール・ウラジーミロヴィチ大公（皇帝の従兄弟）の訪問があり、その度に正秀は接伴掛を命じられている。とりわけ、ニコライが大津で遭難したときには、正秀はやはり人力車で皇太子の直前を先導していた。そのニコライ二世が一八九六年に皇帝としてモスクワで戴冠式を挙げる。正秀が天皇の名代である伏見宮貞愛親王に随行したのは当然である。使節団を率いていたのは山県有朋である。当時日本とロシアの関係はすでにかなり険悪化しており、朝鮮問題に関して山県＝ロバノフ協定が結ばれた。ただし正秀は政治とは終始関わらなかった。

戴冠式のあとはロシアの帝室儀礼を調査することという辞令が出ていた。日本出発が三月で帰国が一一月だったから、たっぷり余裕があった。彼は多分鉄道を利用してペテルブルグまで足をのばし、旧師サヴエーリエフと再会したにちがいない。帰途シベリアのスレーチェンスクから発信した第一二信からそう推察される。

現存する最後の手紙の日付は一九〇一年（明治三四年）二月である。日露の関係が緊張してついには決裂しようとする時期に、政治の世界に超然として万里小路正秀のような親露家が宮中に存在したことは興味深い事実である。

＊万里小路書簡第四信（明治一五年＝一八八二年か）

拝啓、サヴェーリエフ先生

ご厚情に心からなる感謝の念をいだいている者として、私はこの度の聖なる受洗におきましてこの大役をお断りになることはあるまいと考えて、遠くはなれた日本の地において先生を教父にお選びする決心をいたしました。私は九月一一日に正教徒となり、聖セルギイ［一四世紀のロシアの聖者、現代語ではセルゲイ］の名前をいただきました。多くの障害があって古くからの私の考えを実現することは困難でありましたが、いったん決意したからには私はひるむことなく、ただこの願望を実行に移す機会を待ち望んでいたのです。ご好意に心底より感謝申し上げます。先生は私のおかれた立場に暖かくご同情くださり、私を高く評価する推薦状をくださいました。

実を言えば、私の知合いの大多数は、私の肉親でさえ、私の不運にたいしてごく無関心であり、私の立場が特別に居たたまれないようなものであるとは見てくれません。

私は大いに我を張り、軍務につく権利を主張せざるを得ませんでした。自分のしていることに個人的な興味をもたず、ただ俸給のためにだけ働くことはあまりにも辛いからです。私はすすめられた地位に就くことを長い間断りつづけ、とうとう生活費のことを考えざるを得ないという必要に迫られました。そして、式部寮［後の宮内省］の官吏になりました。ヨーロッパの大学を卒業していないため、好きな仕事に就くことができませんでした。今さら外国へ留学することはむずかしい情勢です。たとえロシア語がまったくできない者でも、私より年長で、すでに勤務実績や経験のある留学希望者がたくさんいるのです。

母国での暮らしは格別楽しいものと思われません。ヨーロッパ的な習慣やロシアでの暮らしのさまざまな条件が私の中に深くしみこんでいるので、身についた癖が抜け切れずさびしい思いがします。その上、私をとりまく環境が以前とはまったく別の性格のもので、未開の姿ですから、なおさらです。一言でいえば、このような条件のもとでは、政府が私のために費やした資本は無意味なものに終るでしょう。日本の児童教育では母語の学習に多くが費やされます。言葉の知識がなければ、立身の道はありません。このあとどう片がつくかは、神のみぞ知るです。神の助けがあることを望んでいます。

私はニージニイ・ノヴゴロドから先生にお手紙を書きました。そのときには冬までに日本に帰れるものと期待していましたが、主として秋の泥濘のためにすっかり道中が遅れ、イルクーツクで冬越しをする羽目になり、帰国できたのはやっと五月になってからです。それ以来身辺の雑用や心配ごとが重なり、私の立場はきわめて不安定なものになりました。そこでごたごたが全部片付いてから、先生に手紙を書くことに決めました。お返事が遅れたことをお許しください。いずれ、この罪滅ぼしをするよう努めます。

どうか、ご令妹のエリザヴェータ・イワーノヴナによろしくお伝えください。重ねて先生のご親切に御礼を申し上げるとともに、ご健勝を祈念します。

敬具

セルゲイ・万里小路

追伸、

もしお返事をいただけるならば、私の正教徒名を書かずに、以前どおりに宛名をお書き下さい。私は自分の信念にもとづき、だれの許しも得ないで正教徒になりましたが、それゆえに余計な噂や陰口をこうむりたくないのです。日本の公使館経由でお便りをくださると確実で早く着くと思います。

＊万里小路書簡第一七信（明治三二年＝一八九九年九月一二日／八月三一日付け、あとの日付はロシア暦）

拝啓、サヴェーリエフ先生

ついさっき、ペテルゴフの噴水を写した美しい絵葉書を拝受いたしました。ありがとうございます。ご無沙汰をお許しください。一週間前に東京から戻りました。東京では、親友のロシア公使館のポクレフスキー［在任一八九〇―一九〇二年］と一緒に過ごしました。彼は狩猟が大好きで、よく一緒に出かけます。

私は相変わらず宮内省に勤めています。一時、外務省に転勤したいと思いましたが、この考えは捨てました。第一、書記官として赴任するのは不利ですし、ロシアのスタニスラフ一級勲章をもらっているのに書記官というのは少々具合が悪いのです。公使になるには才能が足りません。どうなるか、辛抱強く待つほかありません。

西［徳二郎］男爵は息災で、子供たちも元気です。市川［文吉］は、八二歳になる父親を先月失いました。市川はたいそう老けました。大前［退蔵、公使館員］は私の近所に住んでいますが、息子が生まれて、今や父親になりました。

私の長男［元秀、母は久子。一八九一―一九七五年］は九歳になり、学校に通っていい成績をとっています。次男［万二郎］は五歳、娘［ソデ、のち皇后宮女官］は八カ月です。おかげでみな元気にしております。

来月から狩猟のシーズンがはじまり、私は御猟場に数日間出かけます。今年の夏はそれほど暑くなく、かなり過ごしやすかったのです。ペテルブルグとは比較にならず、外国人にとって東京の夏は耐えがたいのです。

ご記憶くださっていることに感謝申し上げます。ご無沙汰しておりますが、心の中では、先生のことを忘れたことがありません。エリザヴェータ・イワーノヴナのお手に口付けいたします。

敬具

セルゲイ・万里小路

*万里小路書簡第一八信（明治三四年＝一九〇一年二月七日付け）

拝啓、サヴェーリエフ先生
ご無沙汰をお許しください。ずっと日本国内をあちこち旅行しておりました。また二週間ばかり狩りに出かける予定です。去年は親王殿下［伏見宮か］と一緒にロシアに行くつもりでいましたが、あいにくご病気になられたため、お供をすることができませんでした。勤務は相変わらず宮内省です。おかげさまで健康で、子供たちも元気でいます。要するに不足はありません。
西は最近北京から戻りました。彼も苦労したものです。［義和団事件に遭遇したことを指す。］西男爵の一人息子は去年亡くなりました。残ったのは、二度目の妻から生まれた小さな娘だけです。市川はひどく老けました。ずっと神奈川県の熱海に住み、上京するのは稀です。当地には貴国のイズヴォリスキー公［在任一九〇〇—一九〇二年］が公使として赴任していますが、私は親しくしてもらっています。私の親友である一等書記官のポクレフスキーは大の狩猟好きで、しばしば私と同行します。ここでは猟が唯一の娯楽です。

最近また艦隊がやってきて、私はスクルイドフ中将［一九〇〇—一九〇二年に太平洋艦隊司令官］と知り合いました。各艦に知り合いの将校たちがたくさん乗っていました。大前はずっと外務省勤めです。

先生のご健康はいかがですか。どうやって日々を過ごしておられますか。ご令妹のエリザヴェータ・イワーノヴナはいかがですか。どうか、よろしくお伝えください。重ねてご無沙汰をご容赦ください。ふたたびお目にかかりたいものです。先生方や、あの厳寒のこと、橇遊びのことなど、よく思い出しています。ロシアはすばらしい国です。

どのようにお過ごしか、どうかお便りをください。お元気でお過ごしくださいますよう。

敬具

セルゲイ・アレクサンドロヴィチ・万里小路

榎本武揚のペテルブルグ通信

世間には、榎本武揚の活動は函館で終わったと思っている人が多い。実は戊辰戦争までは彼の生涯の前半で、明治五年の出獄以後の後半生のほうが時間の上で長く、業績の点でも重要だった。ただ、それを論じるのが小稿の目的ではない。ここでめざしているのは、彼の本格的な伝記のために今まで知られなかった資料を提供することである。〔従来のすぐれた伝記は加茂儀一『榎本武揚　明治日本の隠れたる礎石』（中央公論社、一九六〇年）、ならびに井黒弥太郎『榎本武揚伝』（みやま書房、一九六八年）、資料としては加茂儀一の編んだ『資料　榎本武揚』（新人物往来社、一九六九年）と榎本隆充編『榎本武揚未公開書簡集』（新人物往来社、二〇〇三年）が重要。〕

最近になって、私はたてつづけに、榎本が知友に書いたさまざまな書簡、ならびにもろもろの関係者から榎本に送られた書簡を目にする機会に恵まれた。あるものは公刊されており、あるものは未公刊である。それらの手紙を含めて榎本にかかわる多くの書簡をくわしく検討した上でなければ、明治の政界における彼の位置を正確に測定することができないだろうと思われる。

二〇〇八年は彼の没後百年にあたった。棺を覆うて一世紀ののち、ようやく彼の人間としての輪郭が浮かび上がってきたかのようである。榎本隆充・高成田享編『近代日本の万能人　榎本武揚』（藤原書店）がこの年の春に刊行され、引きつづいて横井時敬とともに榎本を「学祖」とあおぐ東京農業大学がこの二人に関する論文集を出版した。また、榎本のほとんど唯一の「著書」と見なされる『シベリア日記』がこの六月に講談社の学術文庫シリーズにはいった（留学のためオランダへ出かけたときの「渡蘭日記」を含む）。北海道では没後一〇〇年を記念してさまざまな行事の開催を企画しているらしいので、あたらしい資料が公開される可能性もある。

奥方の写真

人には外面《そとづら》と内面《うちづら》がある。上記の加茂氏や井黒氏の伝記は榎本の社会的な活動に叙述の重点をおいていて、「家庭人としての榎本」にほとんど注意をはらっていない。榎本が身内にとっていかなる人物だったかを知るには、家族に宛てた私信が絶好の資料となる。上記の『未公開書簡集』を読むと、彼がいかに子煩悩な父親であり、近親者すべての身の上に配慮をおこ

榎本武揚（1877年、ペテルブルグにて）（個人蔵）

榎本武揚夫人の多津（撮影年不詳、黒田千代子氏旧蔵）

たらない家長だったかが、よくわかる。

ところで、榎本が特命全権公使としてロシアの首都サンクト・ペテルブルグに駐在したのは明治七年から一一年までである（一八七四～一八七八年）。その間に家族に宛てて書いた一〇〇通あまりの手紙が国立国会図書館に所蔵され一般に公開されていることを、筆者はかつて来日ロシア人研究会の論文集の第三巻『遙かなりわが故郷』で書き、書簡の内容の一部に紹介したことがある（拙著『ロシアの木霊』の中の「ロシア公使時代の榎本武揚の宅状」）。以下はその補足という意味がある。なおロシア公使時代の家族宛て信書のうち九通だけが上記加茂儀一『資料　榎本武揚』に、三通が上記の講談社学術文庫『シベリア日記』に収録されている。

明治の初年、写真が一般に普及しはじめていた。ペテルブルグで撮影された榎本の写真が何枚かのこっているが、大部分は、家族に自分の近況を知らせる目的で撮られたものである。ロシアでは今でいう「名刺代わり」に知友と肖像写真を交換するという習わしもあった。その場合には、署名を添えることになっていた。

露都駐在の二年目になると、武揚はしきりに写真を送るよう妻に依頼している。自分からもしばしば近影を数枚ずつ送っている。日本からの写真はすぐには届かなかった。東京＝ペテルブルグ間の手紙は片道で五〇～六〇日かかったし、妻の多津《たつ》は長女を出産したばかりだったからである。それでも七月までに武揚は妻や長男の金八の近影を受け取った（長女は夭折）。そのころ、武揚はロシア政府との樺太千島交換条約の締結を首尾よくすませ、アレクサンドル二世を判定者として南米ペルーと係争していたマリア・ルス号事件も日本側有利に解決し、職務上の重い肩の荷を下ろしてホッとしていたにちがいない。八月下旬からは西欧諸国歴訪の旅に出て、ベルリン、パリ、ロンドンとまわった。ロンドンでは妻の写真をもとに油彩の肖像画を描くように注文した。画家の名前はわからない。その肖像画が翌年になってペテルブルグに届いた。しかし、その作品は武揚の気に入らなかった。明治九年三月二七日づけの妻宛の手紙にはこう書かれている。「過日龍動《ロンドン》にてかかせたる御まえの写真はいまだ十分の出来に無之、当表の画工に御まえの写真を遣わし、大なる像をたのみ申候。六七十両ばかりにて多分出来上がり可申候」つまり、ロンドンの画家の作品がよくないので、当地ロシアの画家に写真を示して大きな画布に描くよう注文したのだった。六〇〜七〇両は当時の換算率で一〇〇ルーブリに相当するはずである。

ロシアの画家の油絵のことは五月八日付けの手紙の中で言及されている。「御まえの写真（当表にてかかせたるもの）出来上がり、真の大きさにて鼠縮緬《ちりめん》に唐じゅすの帯、白縮緬の腰帯など誠によく出来、顔もよく出来、真に御めもじの心地いたし、毎日机の側の壁に掛けたるをながめ、御なつかしく候」これに比べると、イギリスで誂えた肖像画は画家の考えで着物は藍のお召縮緬、腰帯も同色なので、野暮ったく見える、というのが武揚の感想である。絵の大きさも実寸の四分の一の大きさだった。ロシアの画家の作品は「真の大きさ」というから、実物大だったことになる。帯の色にもふれているので、少なくとも、半身像、ひょっとしたら全身像だったかもしれない。画家の名が伝わらないのが残念である。

その後も手紙の中でこの妻の肖像に言及することはたびたびあって、「御まえの油絵は二十一、二歳位に相見え候」（五月二九日付け）とも書いている。実際はと言えば、そのころの数え方で多津は二五歳だった。

この年の一一月三日の天皇誕生日にはアレクサンドル二世のもとから大礼服を着た勅使が公使館へ祝詞を伝えにきた。他国の公使館には例のないことであると武揚は感激した。条約が結ばれて、日露間の関係がすこぶる良好な局面に推移していたわけである。その日には各省の大臣や陸海軍の将軍提督一九人を招いて晩餐会を催した。食事のあと、一同を公使の執務室にみちびいてコーヒーを出した。その部屋には例の多津の写真がかけてあって、招待客たちは公使夫人の美しさに魅了され、しばし褒め言葉を惜しまなかったにちがいない。その賛辞のことは書かれていないが、「なぜ奥方をペテルブルグへお連れにならないのですか」という質問には大いに閉口し、来年は一旦帰国のつもりですから、今度は連れてまいりましょう、と返答した。

ここでつけ加えておけば、彼の執務室にあったのは妻の写真ばかりではなかった。武揚は同じロシアの画家に注文して、亡くなった母親の肖像も描かせて、壁に掛けていた。それが明治の男の気質というものであったらしい。

当時、東京に駐在していたロシア公使はキリール・ストルーヴェである。彼は東京へ妻を伴っていたが、彼女は日本の気候、とりわけ夏のむし暑さがたえがたく、ロシアへの帰国を望んでいた。日露間の主要な案件はペテルブルグで解決されていたこともあって、明治九年以後はロシアへ戻っていた可能性がある。武揚がペテルブルグでストルーヴェ夫妻とも親密に交際した様子が榎本書簡からうかがえるからである。

日本の軽業師

幕末になって海外渡航が可能となると外交官や留学生がまず出国したが、軽業師たちもいちはやく外国へ出たことはよく知られている。彼らの業には独特の魅力があり、その技量が国際的水準に達していたことがわかる。

ロシアにわたって名声を博した最も初期の例としては「ダイリ」と称した早竹小虎が知られている。一八七一年（明治四年）にペテルブルグで演技をして皇帝から賞状をたまわったという。（この項については坂内徳明・亀山郁夫「ロシアの花子」『共同研究　日本とロシア』第一集、一九八七年、参照。）

榎本の公使在任中にも複数のグループがペテルブルグを訪れたことが彼の手紙から判明する。最初は明治八年三月一四日付けの多津への手紙で、フランスから日本人の「テヅマツカヒ」が近日中にロシアの都に来ることが新聞に載っていると書き、ちょうど二週間後の次の便では、「きょうから日本人の手づまつかひ［の公演が］はじまり候由。男二〇人、女四人という」と報じている。ただ、榎本は手品の芸には興味がなかったらしく、見物に出かけた様子がない。

それから二年後、明治一〇年一月三一日付けの手紙では、ロシア皇帝主催のチャリティー・コンサートに出席したこと、聴衆は三千人で（マリインスキー劇場だったか）、女性の歌声の見事だったことを報じた後で、目下、日本人の九人の軽業師が「曲馬」に出演していることを知らせている。その文言の概要を現代語に訳すならば次のとおり。「彼らはみな野郎頭（髪の一部を頭頂にのこした独特の髪形）をしており、いずれも馬鹿げた面付《つらつき》をしている、とは見物に出かけた書生の話で、これが日本人と思われると外聞わるく、肩身が狭いという。彼らはフランス人に連れられ、シベリアを経て去年の一二月に当地へやって来たものである。今日、彼らに願いの筋があるといって四人が公使館へ来た。私もちょっと見たところ、みな色が生白く、頭を青々と剃り、眉毛を付け、キョロキョロしているので、イヤハヤ、召使いのロシア人の手前、面目を失った。コマッタ先生達サ」傍線の部分は原文どおりである。「先生」という言葉を侮蔑の意味合いで用いた早い実例であろう。

察するに、武揚はこのサーカスも見物することはなかったようである。歌舞伎や相撲には一方ならぬ関心を寄せていたけれども、軽業や手品の芸は一段低く見ていたのかもしれない。

付説1　シベリアの月――榎本武揚の詩情

旅立ち

榎本武揚はロシア公使として四年あまり首都のサンクト・ペテルブルグに駐在したのち、帰国にあたってはシベリア経由の道を選んだ。旅の時期は明治一一年（一八七八年）の七月二六日から九月三〇日にかけてである。当時、鉄道はペルミからエカテリンブルグまでウラル山脈を横切る路線が敷設中という段階だった。つまり、ウラル以東のシベリアには文明の利器の恩恵が及んでいなかった。

ペテルブルグからモスクワまでと、モスクワからニージニイ・ノヴゴロドまでは鉄道が動いていた。榎本と三人の随行者たちはニージニイ・ノヴゴロドからは汽船を利用した。すなわちカザンまではヴォルガ川を下り、そのまま船を乗り換えずに、カマ川を遡ってウラル山脈の西側に位置するペルミに達した。ここまでに要した日数は八日あまりである。ペルミには八月三日の未明に到着し、午前八時に上陸したが、船着場にはペルミ軍管区の司令部付きの将校と県の警察長官が出迎えていた。榎本はロシア皇帝の篤い信頼をかち得ており、ロシア政府部内とのつながりも太かったから、彼のシベリア旅行については特別の便宜を計るようにという内務省の通達が各県の知事に出されていたのである。

榎本がのこした『シベリア日記』によると、この日の午前中に彼がまず行なったことは、シベリア横断のための馬車を手に入れることだった。馬車は四輪で一台に二人乗り、頭上に蛇腹付きの幌がかぶせられるもので、タランタスと呼ばれる長旅向きのタイプだった。相当量の携行品も車に積み込めるのである。荷物の量は一台にそれぞれ三〇〇キログラムに上ったらしいことは、日記に添付された旅行費用明細書から想像される。榎本公使にしたがった三人とは、以下のような面々である。市川文吉（公使館の二等書記官、幕末にロシアへ派遣された幕臣で一八四七年生まれ。つまり榎本より一一歳年少。ロシア語の専門家。のち東京外国語学校魯語科で教鞭をとる）、寺見機一（岡山出身の留学生、公使館の一等書記官だった花房義質の引きで、ペテルブルグで勉学していた。のちにウラジヴォストークの貿易事務官となる）、大岡金太郎（榎本の個人的な従者、いわば江戸時代の家士のような存在。ロシア滞在中に写真電気銅版の技術を習得し、帰国後その道の専門家となって成功する）である。寺見と大岡の生年は不詳。榎本より若かったことは想像に難くない。榎本は終始、寺見と同乗していた。二人はアルコールに対する趣味において一致していた。

その日の午後はペルミの大砲製造所を見学した。それはニージニ

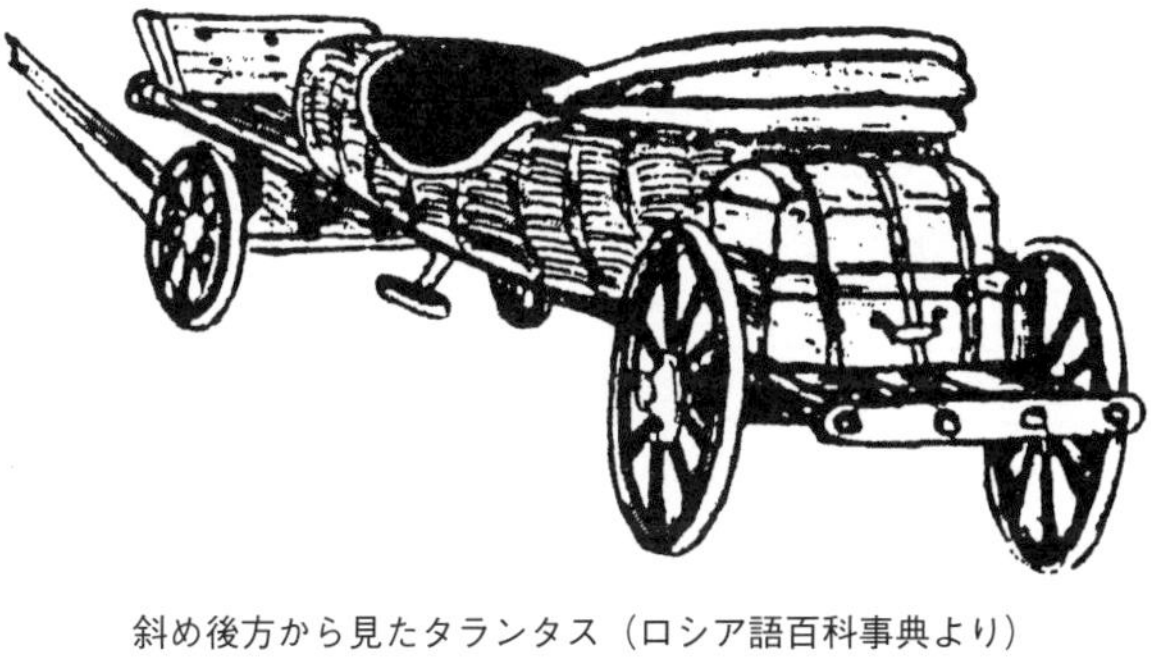

斜め後方から見たタランタス（ロシア語百科事典より）

イ・ノヴゴロドからの船の上で偶然に知り合った某将軍が所長を勤める工場だった。この場合にかぎらず、シベリア各地での砂金の採取や、農業や牧畜をはじめとする各種の地場産業、それにキャフタにおけるロシア＝清国間の交易の実情などに深い関心を示しているところに、榎本日記の特徴がある。今でいう市場調査をも綿密に行なったのである。

四人を乗せた二台のタランタスがペルミを後にするのはこの日の午後八時である。榎本の馬車につけたのは四頭の馬だった、と日記にある。（明細書には六匹の馬を借用とあるので、もう一台は二頭立てだったか。）ほぼ二〇キロメートルの間隔で馬車のための駅があり、そこで馬を付け替えながら先へ進むのである。駅から馬が出払っているときには長く待たされるのが旅行者の頭痛のタネだったが、榎本一行の場合は例の内務省通達のおかげで、馬がいつも用意されていた。連絡上の手違いで待たされたことが一度あるだけだった。馭者が交替するのは大きな町ごとだった。

『シベリア日記』の伝来について

話は前後するが、榎本の『シベリア日記』の伝来について一言しておく。

日記が旅行の最中に書かれたことは疑いの余地が無い。天候といい、さまざまな出来事の時刻といい、臨場感のある描写といい、後になっての回想ではありえない。そして榎本自身の筆になる原本は国立国会図書館の憲政資料室に所蔵されている。テキストは二冊のノートに書かれている。大型ノートと小型ノートと言い慣わされている。まずペテルブルグ出発から八月九日の途中までが大型ノートに書かれ、八月九日の「増補」から小型ノートに移り、九月一三日まで記事がつづく。おなじ九月一三日の「続き」からふたたび大型ノートに戻って九月二八日まで記入が見られる、ただ、この日の記事はわずか二行で、いかにも中断という形で日記がおわる。

無精な私は憲政資料室の実物に接したのはごく最近で、マイクロフィルムによって文章を読んでいたのであるが、大型ノートに関するかぎり、旅行中に認めたもののオリジナルではなくて、帰国後に本人が清書したものと推定される。理由の第一は、旅の途上で書かれたものとしては、文章も文字も整いすぎていることであり、第二には、クロノロジカルな不整合が存在するからである。すなわち、八月三日の記事の中に、「ペルミの出立は三日の午後八時たり。同所より十七駅を経てエカテリンブルグへ。五日の午後一時にエカテリンブルグへ着せり。ただし夜中も兼程（＝兼行）せり」（原文では固有名詞以外の地の文でも片仮名が使われているが、ここでは便宜上平仮名をもって替え・文字や送り仮名を幾分改めている）という行文が含まれている。このように五日になって分かったことを三日の記事に含めたのは、後日、日記を清書したときの操作である。榎本自身は書き直したことをとくに秘匿する必要さえ認めていなかったことになる。なお、大型ノートでは筆記用具は一貫して筆と墨である。

これに反して、小型ノートは日によって書体が変わったり、筆記用具も相違していたりする。つまり、筆、ペン（万年筆）、鉛筆の部分が混在している。場所によっては、日記の本文と関わりのないメモ風の書き入れも見られる。書体もときに、動いている乗り物の中で書かれたように行が乱れ、文字が震えている。こちらはフィールド・ノートにちがいない。

ただ、最も注目すべきことは、榎本の『シベリア日記』は彼の生前に公刊されることがなく、その存在すら知られていなかったことである。『シベリア日記』の最初の信頼すべき刊本の「活字本凡例」によれば、原本は榎本家の中でも関東大地震の直後にようやく発見されたものであるという。武揚没後一五年目のことである（『シベリヤ日記』、南満洲鉄道株式会社発行、一九三九年）。

元来、榎本は明確な目的意識をもってシベリア旅行を企画し、その目的に沿って丹念に日記をつけたのだった。ロシア、とりわけシベリアの実体を知ることが日本にとって緊急に必要であるという認識があったことは、家族に宛てた手紙に書かれている。もう一つ、シベリアの産業を北海道開発のモデルに役立てようとする意識が強かったことが日記の随所から読み取れる。シベリアを西から東に向かう街道で最も頻繁に出会ったのは、中国から茶を運ぶ馬車の長い行列だった。車列はしばしば、四、五〇輌からなっていた。このことから、日本からも茶やその他の産物をロシアへ輸出できるのではないか、というアイデアが彼の脳裡に浮かんだ。実際にいろいろな商品見本を交換する手はずを整え、さまざまな人物と情報交換を約束した。私は、榎本は日本への帰国後、政府の要職に就くことがなかったならば、実業家になる可能性が高かったと考える。榎本自身も実業にたずさわる意欲をいだいていたと思う。

一部については清書まで行なった日記がなぜ印刷されなかったか。そこに含まれている情報を公にすることを、彼が惜しんだとは考えられない。結局のところ、日記を公刊しなかった理由は不明である。ところどころ、「ここには他の資料（あるいは、寺見、大岡二君の某々との談話）挿入のはず」のように言及されているけれども、そのような資料もまとまっては見つかっていない。日記の中で連続して三日分の欠落がある。彼の『シベリア日記』には数々の謎がのこっている。

榎本は、しかし、政治や実業だけの人ではなかった。

ペルミからはじまった馬車の旅は困難をきわめる。馬を取り替えるのはスムーズにいったとしても、シベリア街道はむろんまだ舗装などされていなかった。乾燥している場所では前車の轍がきざまれていて車体がひどく揺れたし、雨のあとでは馬の脛まで埋まるような泥濘が生じた。乗客が馬車から降りて歩行する場合すらあった。一般的には、「車中の動揺は実に言語に絶し、少しも眠るを得ず……この動揺は頭を打ち尻を叩き、なかなか大風浪中船に駕するよりも体は疲れり」（八月四日）という状態だった。榎本は元来が海軍だったから、船の経験も豊富だったのだ。また、昼間だけ馬車を走らせるというのではなく、右に引用した文章にもあるように昼夜兼行だった。昼も夜もぶっ通しに走ったのである。リストをつくって数えてみるとペテルブルグからウラジヴォストークまで六六日を要したが、六五夜をどこで過ごしたかを場所別に分類して列挙してみよう。

鉄道車輌	二
ホテル、駅亭、個人の邸宅	一九
汽船	二〇
馬車	二四

右の表から分かるように、榎本の帰国の旅のうち疾走するタランタスの馬車の中で過ごした夜が最も多かったのである。月明かりでも闇夜でも、馬を走らせたが、二回だけ、真っ暗な夜道では馬車が転覆する

恐れがあると村人に忠告されたときには、素直に忠告を受け入れて駅舎で泊まった。

夜の車行では月の光が非常な助けになった。西部シベリアのチュメーニからトムスクまでの一五〇〇露里（一六〇〇キロ）、六日間の旅程は月光の恩恵を受ける最初の機会だった。榎本ら四人の乗客は五夜連続して馬車の上で眠りをとった。一日三回の食事と駅で馬を替えるときだけ馬車を降りることができた。駅者と馬を替えるだけなら、一五分ほどで足りたという。

チュメーニを出た八月九日の日記に「すでにして月出づ」とある。その翌日は「本夜も月光昼の如し」とあり、以下、一一日「鮮月東に出て、横雲ホリソン（地平線）に少しく横たはり」、一二日「月明昼の如し」、一三日「夕一〇時半発程。明月天にあり」、一四日「本夕も月明に星稀に……」とつづく。ただ、月がよく見えることは雲が少ないことも意味した。この地方は折から旱魃に襲われていたのである。地質は粘土質のため、馬車が通るとひどい土煙が立つので、頭上に幌を覆い、車窓を閉じていても細かい砂が隙間から車内にはいり込んできた。一三日の夜など、榎本は同乗していた寺見と「一盃を傾け月を賞するに、塵はなはだしくてほとんど目を開ける能はず。因りて心ならずも車窓を閉ぢて眠る」というありさまだった。一四日の日記には、「炎天爍《や》くが如く馬蹄過ぐる所、濃烟四度起ち、眉口これがため皆乾涸して渇を催す」とある。

とはいえ、月は榎本の詩心をかき立てずにはいなかった。「車帷《カーテン》を下ろして塵を避く。車中暗黒、はなはだ無聊、ただ午眠を試み、以て駅に至り休憩を待つのみ。詩三首を得たり。」退屈の産物が、以下の漢詩である。あらずもがなの私訳をつける。

奉使星槎万里還
西望烏嶺白雲間
一条官道坦如砥
屈指三旬不見山

漠々暖原落眼辺
更無風景逐居遷
聞説三旬天不雨
馬蹄所過如砲煙

泥乾満目只塵烟
枉閉車帷試午眠
客路尋常偏忌雨
翻禱碧落下沛然

使命をおびてはるばる万里の帰途にある
西を眺めればウラル山脈に白雲がかかっている
一筋の街道は砥石のように平坦である
指折りかぞえると三〇日のあいだ山を見ない

空々漠々たる平原が広がっている
場所が変わっても風景が変わることがない
聞くところによると三〇日のあいだ雨が無いという
馬が駆けたあとには大砲の煙のように土埃がおこる

泥が乾いていて土埃があたり一面をおおっている
我慢して車のカーテンを閉じて昼寝を試みる
旅の身空は普通雨を嫌うものである
今はその反対でどしゃ降りの雨がほしいものだ

日記の地の文章がそのまま詩の中にあらわれている。日ごろから周囲の事物や人の感情が漢語によって認識されていたかのようである。これらの漢詩は従来刊行された『シベリア日記』の諸版の中にすべて収録されている。

月を詠むもう一首

ところで二〇〇八年の六月、講談社から学術文庫のシリーズの一冊として『シベリア日記』の新しい版が発行された。私は本文校訂について意見を求められたので、この機会を利用して上述の原文の小型ノートの中から新しい漢詩を見つけて日記の中に加えることを提案した。その案は練達の編集者福田信宏さんの賛成を得たので新版の中に収められた。（この版には、これ以外にも原文表記の上でさまざまな工夫がこらされている。）

厳密に言って右の三首がいつ作られたかは別として、収められているのは八月一四日の記事の中である。その翌日、八月一五日の午前一一時半に、榎本らの乗る二台のタランタスはトムスクに到着した。ここでは市中の「ホテル・デ・ヨウロッパ」に投宿する。昼食を済ませると、直ちに「二生を拉して湯屋に赴き浴」した。二生とは寺見と大岡である。市川書記官は荷物の番人としてのこったものか。湯屋はロシア風の蒸風呂であるバーニャだったにちがいない。一種のサウナ風呂である。

この日の午後には、当時長崎のロシア領事をしていたオラロフスキーの妹にあたる女性が突然訪ねて来たり、例によって陸軍関係の司令官（榎本の用語では「鎮台」。トムスクの鎮台の階級は大佐）と長話をしてこの地方の軍事や産業の景況を聞いた。この大佐は、日本駐在のロシア公使ストルーヴェの友人だった。この日の日記の記事はホテルで執筆されたらしくて、馬車の上で認めた一四日までの記事に比べて数倍長いが、末尾に近い場所に以下のような一節があるのである。「鎮台の車馬に駕して游園（公園か遊園地）に至るに両五人の他に人なし。けだし劇場見物に出でしによるという。時に月明らかなり。このあたり、ダーチャところどころに散羅せり（ちらばる）。樹木もまた多けれど……真にものさびし。ただちに帰舎して後、楼のバルコンに出て月を咏む。」この「月を咏む」に対応するものが以下にかかげる詩であると私は推定したのである。本邦初公開のはずである。

赤日燬泥泥作灰　　太陽が泥を焼き、その泥が灰になり
前途烟起認車来　　前途に土煙が立ち車の来るのが分かる
午間炎暑殺風景　　日中は暑くて風景の良さがわからない
例候月明輒把盃　　月のいい時節柄、すぐに酒を酌もう

この詩は『シベリア日記』の小型ノートの中にかなり乱雑な文字で書かれている。とはいえ、ここで用いられている文字も日記の中の地の文章と重なっているものが多い。おそらく上記の三首とほとんど同じ頃に作者の頭の中で形をなしていたものだろう。

ただ、最後の行「例候月明輒把盃」に注目したい。この日、すなわち八月一五日は、旧暦ならば中秋の名月の当日である。日本では明治六年（一八七三年）から新暦に切り替わったばかりだったから、榎本の記憶の中では旧暦の制度はあまり古びていなかっただろう。もっとも、この年のこの日の夜に月が冴えわたっていたのは偶然にすぎなかったけれども。

ちなみにネットから得た知識であるが、この夜、月齢はまさに一五日余だった。（これは東京の数値だが、東経八五度、北緯五七度のトムスクでも月にあまり違いはなかったであろう。）

ホテル・デ・ヨウロッパなら土埃を気にせずに、心置きなく寺見と酒盃をあげられただろうと想像され

るが、榎本はこの漢詩を詠んでから独りで夜の散歩に出たのだった。詩のあとに次のような文章がつづいているのである。「前街にハルモニー（ロシア風のアコーディオン、手風琴）を弾じて過ぐる者あり。一一時ごろ独り市街を歩し、坂上に上がりて四方を眺む。途上人行くなく、犬しきりに吠ゆ。一二時帰舎して眠る。」

「エラヴ」の月

月は次第に欠けてゆき、新月を経てやがてふたたび榎本たちの旅の夜道を照らすことになる。新しい月が『シベリア日記』に登場するのは九月六日である。榎本風に言えば「黒夜」のつづく間に、一行は旅のハイライトであったイルクーツク滞在をすませ、バイカル湖をわたってから、幾分寄り道をしてキャフタでの露＝清（中国）交易場への訪問を終えていた。ブリヤート人の住む土地の首邑であるヴェルフネ・ウジンスク（現在のウラン・ウデ）を朝のうちに通過した翌日の九月六日の夕刻、そこから東の方向に早くも三三〇キロはなれたエラーヴァと呼ばれる湖沼地方にさしかかっていた。この日の日記の末尾を引用する。「夕八時発車。九時一小駅にて車を代ふ。この時寒暖計を見るに氷点下半度たり。この処もまた同じくエラウニヤ原の続きなり。半輪の明月路左にあり。寒を凌ぎ車帷を開きて眺望す。」つづいて和歌が一首。前述したように日記の地の文が片仮名で書かれているにもかかわらず、ここだけは平仮名で書かれている。

故郷の雪より寒し志べりやのゑらふの原の秋の夜の月

榎本の日記の文体はすぐにでも漢文に直せるような文体で書かれているのであるが、和歌だけは漢字混じりながらも平仮名で書いているところに榎本の言語意識が明瞭にうかがわれる。榎本だけではなく、それが当時の日本の知識人に共通する書記法だったにちがいない。

二度目の満月

それ以後、日本人の一団は概して天候に恵まれなかった。ネルチンスクを出発した九月一一日は格別な寒さで雪が降った。「雪は霰と共に降り、風も極めて寒く……足指しびれに至る。無聊はなはだし、一小律を得たり。」このようにまたも退屈を紛らすために作られたのが以下の詩である。これは小型ノートと大型ノートの双方に記入されている。同じ作品である。

涅陳城外雪花飛　　ネルチンスク（涅陳）の郊外では雪が舞っている
満目山河秋已非　　周囲全体の光景はすでに秋ではない
明日黒龍江畔路　　明日は黒龍江に出るはずである
長流与我共東帰　　この大河の流れとともに東に向かって帰路に着くのだ

くだくだしくなるが、小型ノートには別に下書きともいうべき書入れがあって、そこには「九月一一日ネルチンスクを発す／逢雪」の二行が加わっている。

ネルチンスクでは乗ってきた二台のタランタスを売り払った。その日のうちに、黒龍江までつづく船着場のあるスレーチェンスクに着くからである。前日一行がその家に泊まった豪商のブーチンが自分のタランタスを貸してくれた。

船の上は馬車に比べて日記が書きやすかった。一日分の記入が長くなる。黒龍江に出て二日目は快晴だった。九月一六日の月齢は一八・五〇日で、いわゆる居待月より寝待月に近かったが、甲板の上で月見ができた。前文とともに引いておこう。「しばらくして月明らかなること昼の如し、天際片雲なし。征雁の声空中に響き、秋思ことに清し。予すなはち小律一首を得たり。」

玉兎漾波金塔横　　玉のようなウサギの住む明月が黄金の塔となって水の中でゆらいでいる
曜星徐動夜三更　　月と星々がゆっくりと動いていって今は深夜
黒龍江畔仲秋月　　黒龍江で眺める仲秋の名月のうつくしいこと
思起当年林子平　　かつて林子平の著書を読んだころのことが思い出される

この詩では第一行の「金塔横」のわきに小さく「蛇影横」の三字、「徐動」のわきにやはり小さく「転宿」の二文字が書かれている。これは推敲のさいのヴァリアントであろう。雁の渡りは夜といわれるから、その啼き声を実際に耳にしたのであろう。

詩の中に林子平があらわれるのには意味があった。子平は一八世紀の人であるが、日本の北辺へのロシアの進出を憂えて『三国通覧図説』や『海国兵談』を著した警世家である。榎本はまだ十代のころ、開国の議論が沸騰しはじめた時局に際会して、幕府目付の堀織部正利煕《としひろ》にしたがい蝦夷の地である北海道や樺太（サハリン）の調査に赴いたことがあったとされている。長崎の海軍伝習所に採用されるより以前のことである。そのころの心ある人々にとって、半世紀以前の林子平の著述は拠るべき古典のように考えられたことであろう。榎本のロシアへの関心はそれほど年季がはいっていたことになる。そして榎本は今その国の首都で大任を果たし、江戸にもロンドンにも通じているアムール川の水の上を、自分が航行していることに深い感慨を覚えたにちがいない。

『シベリア日記』は子平の著作とは趣が異なり徹頭徹尾自分の目で見、耳で聞いた事実を主体にしているが、榎本流の警世の書＝ルポルタージュであり、同時に彼の文学的教養を吐露した美学の書になっているのである。

付説2　『シベリア日記』現代語訳余滴

まえおき

かねがね私は榎本武揚の『シベリア日記』に興味をもっていた。彼の伝記としては加茂儀一氏のすぐれた労作が一九六〇年に中央公論社から出版されており、一九八八年にそのまま文庫本になった。加茂氏には『資料　榎本武揚』（新人物往来社、一九六九年）という本もあって、そこには榎本の主要な著作と、彼の書簡や短い伝記が収められている。後者には、無論『シベリア日記』も収録されているのだが、注釈が無い上、人名や地名の表記も現代のそれとかけはなれているものがあって、一般の読者には理解しがたい恐れがあった。

二年ほど前、私は榎本の『シベリア日記』を現代語に訳している諏訪部揚子さんに誘われて、お手伝いをする機会に恵まれた。彼女は血筋によって榎本武揚とその盟友黒田清隆につながっている方である。明治一一年の日本語を現代の日本語に翻訳することはなかなかむずかしかったが、興味は尽きなかった。最も幸運だったのは、エドワルド・バールィシェフさんという新進のロシア人学者の協力を得て、ほとんどの人名地名にかなり詳しい注釈をつけられたことである。

この現代語訳は平凡社ライブラリーの中の一冊として二〇一〇年に刊行されている。以下では巻末の解説に書ききれなかった感想を断片的に述べてみたい。

写真のこと

ロシアに派遣された最初の公使榎本は、明治一一年の帰国にさいしてシベリア横断のコースをえらんだ。その理由はいろいろ挙げられようが、要するに未知の場所を知りたいという好奇心が根底にあったはずである。それは単なる物好きというようなものではなく、ロシアに対して今後日本がとるべき態度を決めるため、という政治的配慮に裏打ちされていたことは言うまでもない。幕末の安政年間、まだ二〇歳前に幕府の目付堀利熙にしたがって蝦夷や奥蝦夷（北海道とサハリン）を検分した経験があり、その後箱館にたてこもって明治の新政府軍と戦い、さらには北海道の開発を目的とする役所である開拓使に奉職してからは資源を探して北の大地の山野を歩きまわった経歴をもつ榎本としては、ユーラシア大陸の北にひろがるシベリアの広大さをぜひその目で確かめたいという気分に駆られていたことであろう。

写真は文字に劣らぬ重要な情報伝達手段であることを榎本は認識していたようである。『シベリア日記』を読むと、彼は旅行中各地で写真を購入している。自らカメラを携行して、撮影もしている。しかし残念ながら、彼が撮影したものも、買い入れた写真も、現在は行方不明である。関東大震災や太平洋戦争のさいの火事で消失したものもあったであろう。ここでは何が残り、何が残らなかったかを検証してみたい。

一九三九年に満鉄が刊行した『シベリア日記』に口絵として以下の写真が掲載されている。（掲載の順に、仮に番号を付しておく。）

1　ペテルブルグのネフスキー大通り
2　ロシアの村落
3　シルカ河畔のスレーチェンスク
4　アムール川とシルカ川の合流点
5　アムール河畔のある宿場
6　ウスーリ河畔のヴェニュコーヴォ
7　ウスーリ河畔のブッセ
8　ウスーリ河畔のコズロフスカヤ
9　ウラジヴォストーク（岡から港を望む景）
10　ウラジヴォストークの埠頭

11　ツングース族（ウッキー地方）
12　ツングース族のテント
13　ゴリド族の女性
14　ゴリド族（ウスーリ地方）
15　魚皮の服を着たギリヤーク族の女性（参考写真）
16　毛皮の服を着たギリヤーク族（参考写真）

右のうち最後の二枚はわざわざ「参考写真」とあるので、『シベリア日記』や榎本とは縁のないものかもしれない。ウスーリ川の諸駅やウラジヴォストークの風景は彼自身が撮影した可能性がある。

以下は日記の文章からの抜粋である。文体は現代語風に変えている

＊ニージニー・ノヴゴロド「写真師を訪ね、当市の写真若干枚を買う」（七月二九日）
＊ペルミ「汽船で知り合った将軍からペルミの地質図と写真一枚を得た」（八月三日）
＊チユメーニ「大岡君に命じて当市の写真一枚を買わせた。写真師が所蔵しているものを頼みこんで得たのである」（八月九日）
＊チュカラ（トムスク手前の駅）「セレブリャンカ川の手前で写真を撮る」（八月一二日）
＊クラスノヤールスク「ドイツ人の写真師のもとで二枚購入した。値段は二枚で一五ループリ」（八月二三日）

1878年のウラジヴォストーク（榎本武揚が撮影した可能性がある）

＊イルクーツク「当市の景色の写真を買った。単価が七ルーブリのものを四枚買った」（八月三〇日）

＊セレンギンスク「景色がたいへん良いので、ブリヤート人の小屋、婦人、小児らと渡し場の写真をとる」「ブリヤート人の家に入り、婦人の子らに五コペイカずつを与え、写真をとった」（九月一日）

＊キャフタ「写真師を訪ねて当地の風景写真を二枚買った」「コミッサール［代官］のプファフィウス氏から写真三枚と絵画一枚を恵与された」（九月二日）

＊スレーチェンスク「（旅宿の）番頭の家で写真一枚を得た」（九月一〇日）

＊ブラゴヴェーシチェンスク「写真師を訪ねる。手持ちがないので、単価五ルーブリで写真三枚を注文した。当市の景観、汽船から当市を眺めた景色、当市からサガリン村をながめた光景である。ウラジヴォストークの公館に送付するよう依頼した」（九月一八日）

＊ハバーロフカ［現ハバーロフスク］「商人プリュスニンが私に自分の写真（ポートレート）を贈ってくれ

1878年のウラジヴォストーク港（榎本武揚が撮影した可能性がある）

た」「どこかの船の船長が自分の所蔵する景色の写真を贈ってくれた。すなわち、アムール川のヒンガン峡の景、ニコラエフスク市の新旧二種類の景観、ロシア領に住む満州人の家屋、アムールのゴリド人、アムールの冬の景色である。」

このような記述をみると、榎本は当初から計画的にシベリアの主要都市の写真を系統的に収集しようと考えていたことがわかる。番号をつけた写真のうちの2のロシアの村落はひょっとして彼自身がチュカラで撮影したものかもしれない。

いずれにしても、東京に帰着した榎本の手許にはシベリアを含めてロシア関係の写真が相当数にのぼり、一種のコレクションをなしていたものと想像される。

諸民族

榎本が四年間駐在したペテルブルグは名だたる国際都市だったし、外交官という職業柄、彼は充分に異民

スレーチェンスクをシルカ川の対岸から望む（1878年、榎本武揚が撮影した可能性がある）

族体験をつんでいたはずであるが、シベリアの旅の途中で彼は各地に先住した非ロシア系住民——つまりロシア帝国内に存在するマイノリティー（少数民族）に非常に大きな興味を示している。

ニージニー・ノヴゴロドでは有名なマカーリーのヤルマルカ（年市）が形式上開会されていたが、実質的な開催を迎えるのは一週間後だった。榎本は街頭でキルギスやタタールやペルシャの商人たちの出歩くのを眺めたにすぎない。

ヴォルガをくだる汽船でカザンに着くと、停泊時間は二時間しかないというのに、彼は俊足の辻馬車をやとった。そして船着場から七キロもはなれたカザンの目抜き通りを一回りしてきたのである。「韃靼人は紫髯緑眼の者が多いけれども、顔つきはアジア系で、男も女も美しい。男は頭をことごとく剃りあげていて、坊主頭をしている。ドングリの鞘のような縁なし帽をかぶり、その上にさらに帽子をかぶっている。衣服の点ではペルシャに近い……」というのが大忙しの観察記録である。榎本はタタールと韃靼という言葉を交互に区別なく使っている。

カザンからはじまって西部シベリアではいたるところにタタール人の姿が見られた。たとえばカインスクという小さな宿場では日本人の乗る二台の馬車に見物人が垣をなして集まったが、中でもタタール人が特別に珍しがって近づいてきてしきりに物を問いかけた。「これはわれわれとたがいに容貌が似ているからであろう」（八月二二日）というのが榎本の所見である。

バイカル湖の手前から、先住民がタタールからブリヤートに代わった。イルクーツクでの記録。「イルクーツクはもとブリヤート人の住んでいた場所である……ロシアのものとなったのはピョートル大帝の治世の少し前である。城跡などはない。ということは、イルクーツクはロシア人が戦わずして取ったものと推定される。」（八月三〇日）その日の朝にブリヤートの長老たちが榎本のもとを訪れたことが書かれている。彼らと語り合ったことは別に記すとあるが、その記述は伝わっていない。この長老たちに榎本は自分のポートレートを与え、彼らは集合写真をあとで榎本に送ることを約束した。その約束は果たされただろうか。

ブリヤートがモンゴルと同系で宗教も言語も同じであることを榎本は繰り返して書いている。キャフタでは支那人、モンゴル人（当時の表記では蒙古人）、ブリヤート人が混住していたので、たがいの相違点をくわしく観察している。

ここでも榎本はこのように書く。「馬車に近づくブリヤート人はわれわれを見てシンパチー（好意）の表情を見せる。これは同じアジア人であるために自然に生じる感情である。」（九月五日）

彼の心にアジアの民という連帯意識があったことは明らかである。彼自身もブリヤート人に好感をいだいたのだ。

ブラゴヴェーシチェンスクの中学校では賢そうな眼をしたアジア系の少年がいるのを見て朝鮮人であろうと言い当てた。そのほかには、ゴリド人の暮らしぶりが北海道のアイヌ人と似ていることに非常な関心を示した。そればかりか、ロマ（ジプシー）を見たり、オロチョン、マネーグル、ヤクート、ツングースなどの噂を聞いたりすると、かならず記録している。

支那（当時の国名は清）の商人にはイルクーツク以来東シベリアの各地でしばしば出会っているが、好意的な筆づかいをしていない。清国の高官である愛琿《あいぐん》の長官を訪問したときは、筆談を交わした上に彼の妻を紹介されて大いに感興を催したが、彼を満州族として支那人からはっきり区別している。アムール川をくだりながらその右岸と左岸の発展の様子が画然と異なっているのをみて、「支那の聖人である孔子は『朽ちたる木は彫るべからず』（『論語』）と言い置いた。まるで自国の将来を予見していたようで、地下でさぞ不本意でいることだろう」（九月一五日）と書く。

イルクーツクでは「支那の商人は私が軍服を着てロシアの兵士たちの護衛を受けて車に乗っているのを見てただ驚いている様子だった」（八月二九日）し、前述のブラゴヴェーシチェンスクでも榎本の車が通過すると「ロシア人は私の肩章《エポレット》や勲章を見てただちに帽子をとって礼をしたが、これは隣国の日本公使が来ると知っていたからである。ところが市中を歩いている満州人や支那人ときたら、まじまじと眺めるだけでお辞儀をする者は一人もなかった」（九月一八日）からかもしれない。日本という小国のことはまだ支那人の眼中になかったのだろう。清国は大国だった。けれども、小国ながら新興国の大官たる榎本としては自分が無視され、然るべき敬意を払われないことに我慢ならなかったのだ。

もう一つ、民族的偏見があった。それはユダヤ人に対するものである。エカテリンブルグではホテルの主人がユダヤ人だった。しかし「その挙動に不快をおぼえた」のはどういうことか、具体的に示してはいない。次にブラゴヴェーシチェンスクの写真師がユダヤ人で写真二枚に対して二五ルーブリという高額の対価を要求した。同行していた師団長の副官がそれは高すぎるとして一枚あたり五ルーブリに負けさせて三枚注文したことは前に述べたとおりである。「いささか気の毒に思われたが、彼らは売買でむざむざ損失を甘受する人種ではないので、そのままにした」(九月一八日)と日記にある。ユダヤ人に対するこのような蔑視は榎本に特有なものではなく、この当時のロシアでは一般的なものであったらしい。

「馬車の中でプルジェヴァリスキー氏の『黒龍江紀行』を読む」(八月二三日)というような記事がある。疾走する馬車でも無為に過ごさないのが榎本流である。ニコライ・プルジェヴァリスキーは榎本より三歳年下の著名な軍人探険家で、彼には『アムール沿岸地方の軍事統計概観』という著述がある。私ははじめ、榎本が馬車の中で読んでいたのは『ウスーリ紀行』か『モンゴリアとタングート人の国』の英語訳かドイツ語訳ではないかと思ったが、これから向かう黒龍江地方に関する紀行文だったかもしれない。

望郷の念

バイカル湖を越えてから彼には多少とも心の余裕が生じたようである。故郷を思う機会も増えたらしい。九月六日のこと、「心を酔わせる」ような美しい姉妹に出会った直後であるが、彼はブリヤート人の馭者に「一杯飲ませ」モンゴルの歌を所望した。そのメロディーを聞いた榎本は「その節は下田節にははなはだ似ていた」と日記に記す。私は不明にして下田節なるものを知らなかったが、若い友人に教わってインターネットを通じて聞くことができた。その言葉やメロディーは、いわゆるお座敷歌と呼ばれるタイプの歌に近いように思われた。

実は文久二年（一八六二年）に榎本は下田節を耳にするチャンスがあった。この年の夏榎本を含めて総勢一四人の若者たちがオランダ留学のため威臨丸で品川沖を出立したが、船中で麻疹が発生した。榎本も発症した患者の一人だった。一行は威臨丸を下田に停泊させて一月半ほど療養につとめることを余儀なくされた。このときに彼は下田節に親しんだものと想像される。おそらくは江戸時代、下田港には風待ちをする船乗りが少なからずあって、花街もそうとうな賑わいを見せていたのであろう。

モンゴルのひなびた歌を聞いた日は、天気は終日快晴であったが、夜にはいると冷えてきた。寒暖計を見ると零度を下まわっていた。窓を開けると、上弦の半月が左にかかっていた。このとき榎本は和歌を詠んだ（二一四ページ）。月を見ると詩情が湧くのが日本人の常である。

旅が終わりに近づくにつれ故郷を思い出させるよすがが増えてきた。チタを九月七日の午後二時半に馬車で出ると、翌日の午後六時にネルチャー河畔のネルチンスクに着いた。この町には巨富をもって知られる大商人ブーチンの美しい邸宅があった。アメリカにまで出かけて砂金の採取法を研究した人物である。榎本は完成したばかりの彼の豪邸に二泊、郊外の砂金場の事務所で一泊して、砂金をとる現場を視察した。今まで乗ってきたタランタスはここで売り払った。のこるのはアムール汽船に乗り込むスレーチェンスクまで一〇〇キロ足らずの一日行程だけだったからである。ブーチンから自家用のタランタスを借りた。九月一一日とはいえ、ここではすでに霰交じりの雪が降っていた。前述したとおり寒さにこごえる車の中で彼は一首の漢詩を案じた。（二一五ページ）

スレーチェンスクの埠頭はシルカ川に面していた。午後零時半に出船して三日後にシルカがアルグーニ川と合流してそれからがアムール、すなわち黒龍江となるのである。「自分の船が黒龍江にはいったので、故郷へ一歩近づいた気分になった」（九月一五日）と榎本は書く。

その翌日はシベリアの旅に出て二度目の満月になった。旧暦の仲秋である。折から南にわたる雁の声が中空から聞こえてきた。ふたたび榎本の詩心がうごいて七言絶句が生まれた（二二六ページ）。

九月二〇日には「オショートル」という種類のチョウザメが昼の食卓にあがった。ブラゴヴェーシチェンスクの師団長の電信による命令で、下流の漁民が汽船に届けたのである。このときの榎本の感想。「私はかつて二五年前に石狩川を渡ったとき、川鮫が網にかかったことがあるということを耳にした。あれはきっとこのオショートルと同類だったにちがいない。」正確に数えれば、まだ

榎本の一行が宿泊したチタの豪商ミハイル・ブーチンの邸宅。シベリア随一の美しい宮殿と称された。（O. V. ウシャコーワの著書より）

釜二郎とよばれていた榎本が堀利熙の従者として蝦夷の地をおとずれたのは嘉永七年（一八五四年）の夏のことだった。彼は一年サバを読んだのだ。

アムールからウスーリに移って遡上をはじめると、ゴリド人の集落があり、ちょうどサケ漁の最中だった。「彼らの漁の仕方は石狩川の上流のアイヌ人と同じである。風が独特の臭気を送ってきたり、彼らの網や船に犬がつきまとったりしているのを見ると、私は晩秋に石狩川の岸を通っているような気分になった。」（九月二二日）

榎本はロシア公使に起用される直前、つまり明治五年（一八七二年）の初めに獄舎から釈放されてから翌年の暮れごろまで、再度北海道開発の事業にかかわり、現地を踏査していたから、おのずと石狩河畔のことが思い出されたのである。

欧亜の界を求めて

榎本は帰国の翌年東京地学協会（当時の地学は地理学も含んでいた）創立に加わったことからもわかるが、地理学に深い関心をいだいていた。シベリア横断の旅を企画したこと自体がその証拠である。

ペルミを馬車で出発するときから、ヨーロッパとアジアの境界がどこにあるか、興味津々だった。馬車を走らせてから二日目、「土地は高低がはなはだ多いけれども、坂は険しいものではない。今にも高嶺を望めるかと期待していたが、嶺に類するものは一向になく、ただただ次第に高くなる心地がするだけである。」（八月四日）ペルミから一八二露里（一露里は約一キロ）はなれたところにビセルツカヤという駅があった。付添いの役人が言うのは、ここがウラルの一番高いところの由。それが本当かどうかわからない。

少しも山らしくないのである。

その翌日の昼の一二時半にエカテリンブルグについた。出迎えの警察署長に聞くと、当市はウラル山脈の東の斜面にあるという。ということは、「われわれは知らず知らずにヨーロッパを越えてアジアにはいったのか」と思って、榎本は残念な気がした。あとで市長に聞くと、エカテリンブルグより三五露里手前のニジネシャイタンスキーという駅があって、そのあたりが分水嶺になっていることがわかった。その駅なら確かにきのう通過した場所だったが、それほど高いというようには見えなかった。榎本は市民の選挙でえらばれるという市長の話で、やっと納得した気分になった。

ところがエカテリンブルグを出発して三日目の朝「馬車で走ること一一露里にして道路の左側に煉瓦で焼いた二尺五寸（七五センチ）角、高さ一五尺（四・五メートル）ばかりの柱が立っていた。「役人に尋ねたところ、この標石こそヨーロッパとアジアの界であり、ここまでがヨーロッパ、この先がシベリアである」という。つまり、ここまでがペルミ県、この先はトボーリスク県となっていて、これからがシベリアと呼ばれるのだった。自然の境界と行政上の境界がかけはなれていたのである。念のために言えば、現在ではエカテリンブルグを州都とするスヴェルドロフスク州はペルミ州から分離しており、トボーリスク県はチュメーニ州の一部となってしまった。

ちなみに私の手許にある日本の高校の教科書用地図帳にはヨーロッパとアジアの境界を明示しているが、ロシアで発行された大型の地図帳には格別に欧亜を分ける線はひかれていない。

ある百科事典の定義ではアジアは「ウラル山脈、ウラル川……」（『平凡社大百科事典』）の東であり、他の事典では「ウラル山脈の分水嶺、あるいは東麓によって区切られる」（一巻ものの『ロシア大百科事典』）

とある。どれが正しいか論じることが小文のテーマではないが、榎本が三カ所で境界を越えたことは確かである。

面白いのは、榎本はウラルを越えるさい、一度も「山嶺」を目撃しなかったことである。ロシアの地図も平原は緑、山脈は土色とは区別しているが、等高線の間隔が格段に広いため峰が識別されなかったのであろう。

ウラルを過ぎてから榎本が詠んだ詩の一節に「西を望めば烏嶺（ウラル）は白雲の間……指を屈すれば三旬山を見ず」とあるが、それは詩の技巧というもので、もともと峨々とそびえる峰はエカテリンブルグ—チュメーニを通過する道筋には無いのかもしれない。山らしい山が見えないことはペテルブルグからニージニー・ノヴゴロドまでの鉄道沿線でも変わらなかったはずである。

ロシアには山が無いのである。

四　日露文化交流の諸相

秋田県の「ウラー」――日露のいろいろなつながり

不思議な風習

最近、私は面白い話を聞きました。秋田県のある農村で、お祭のときに「ウラー」という歓声を挙げるというのです。そのことを話してくれたのはSさんという歴史家です。（本当は本名を書きたいのですが、何かのことで誤解を受けられるかもしれないのでSさんとお呼びしておきます。）ウラーはロシア語ではありませんか、というのがSさんの質問の趣旨でした。彼の故郷は秋田県の中でも中央部に近い仙北郡のある村（現在は大仙市の一部）なのです。

私はなぜ秋田県にウラーという言葉がのこっているのか、不思議に思いました。第一に思いついたのは、太平洋戦争後にシベリア抑留を経験した人たちがもち帰ったかもしれないということでした。しかし、Sさんは終戦後より早く、子供のときに耳にしたと言います。「それでは蟹工船ですね」という結論に私たちは達しました。

ひと頃日本でベストセラーになったこの作品を読めば、オホーツク海やカムチャトカ半島沿岸で、きびしい自然のなか過酷な労働条件のもとではたらくことを余儀なくされた「漁夫には秋田、青森、岩手の百姓が多かった」と書かれています。これは作品の中の言葉です。（作者の小林多喜二も秋田県の没落農民の出身でした。）

「蟹工船」が初めて発表されたのは一九二八年の『戦旗』という雑誌です。そこには同時代、つまり昭和初年の漁場の実情が描かれていると考えられます。多喜二の研究家である手塚英孝氏の解説によりますと、北洋漁業は大正から昭和の初めにかけて一種の国家的事業であって、「一九二七年には汽船三四四隻、帆船七二隻、合わせて四七万トンに達する漁船が出漁し、それに乗込む漁業労働者は二万人に達した」といわれます。

ただ、蟹工船は漁船であると同時に主体は海に浮ぶ加工工場であり、よほどのことがないかぎり、乗組員がロシア人と接する機会はなかったと思われます。

北洋漁業には別の形態もありました。それは沿海州やサハリンやカムチャトカの数多くの河川でのサケやマスの漁獲と現地での加工です。サケとマスのほかに、カニをとって向こうで缶詰に加工することもありました。その事業はすでに明治時代からはじまっていましたが、大正時代から昭和の初期にかけてますます盛んになっていきました。一九一七年にロシアで革命が起こり、まもなく極東地方にもソビエト権力が確立すると、極東のロシア領内での加工事業から外国資本は次第に撤退せざるを得ませんでしたが、それでも、労働力としては日本人が必要とされました。たとえば、昭和八年（一九三三年）版の『日露年鑑』によると、ソビエト側に雇用された日本人漁夫は九五四五人を数えたとあります。魚の取り方と加工の技術の点で、どうしても日本人の熟練労働力が欠かせなかったと考えられるのです。ほぼ一万人におよぶ日本人がロシア人のあいだで生活をしたのです。その中には蟹工船同様に、秋田の人々も含まれていたことでしょう。それも一人や二人ではなく、相当数の同郷者がグループをなしていたことでしょう。

どういう理由かわかりませんが、秋田人は特に北洋漁業に深く関与していました。『秋田県の百年』という書物によりますと、「出稼ぎ先は昭和九年の数字で北海道・樺太の水産業のみで八八八四人（三一％）を数え、これにカムチャトカ行きの四三八九人（一五％）を加えると北方漁業だけで約半数を占めている」という状態でありました。ということは、ソビエトの国営企業（アコという名前で知られていました）が雇っていた日本人の四割以上が秋田県人だったことになります。

彼らはウラーというおめでたい歓声を何かのうれしい出来事や、祝祭日や、だれかの誕生日ごとに、耳にしたにちがいありません。秋田県の中の町や村にロシア語が伝わったのは恐らくこういう経路だったことではないでしょうか。

Sさんが生まれたのも昭和一〇年前後のことです。

外国人渡来の噂

ところで去年のこと、私はSさんのすすめで「首都圏秋田歴史と文化の会」に入会しました。秋田が私の在所というわけでもないのに、ふらふらとはいってしまったのです。この会は春と秋の二回、研究会を開催しています。今年の春の例会で、その「ふらふら」がシャキッと背筋を正される報告を聞きました。

研究報告をされたのは神宮《かみや》滋さん、テーマは「幕末期地方富裕地主の時代情報——旧神宮寺《じんぐうじ》村相馬喜左衛門家文書に見る」でした。要するに、今は大仙市の一部となっている神宮寺村の庄屋を何代かにわたってつとめた相馬家に伝わる文書の紹介でしたが、その中にアメリカのペリー提督やロシアのプチャーチン提督の来航と並んで、フヴォストフの来襲の記事があるというのです。正直のところ、びっくりしました。米国とロシアの使節が日本へやって来たのは一八五三年、ロシアの海軍士官フヴォストフがサハリンやエトロフ島を襲って乱暴をはたらいたのは文化三、四年（一八〇六、〇七年）のことです。

神宮さんはその古文書を読み解いていて、すでに二〇〇七年六月に発行された『北方風土』という文集に発表されていました。ありがたいことに、あとで神宮さんから問題の古文書のコピーを頂戴しました。神宮さんの解読されたテクストも参照して問題の個所を復刻してみると以下のとおりです。（「へ」を示す「江」の文字などは小さく書かれていますが、普通の大きさに改めています。句読点も原文にはありません。ルビと［　］は私の追加。）

松前奥蝦夷カラフト嶋へ異国船渡来大炮ヲ放シ乱妨《らんぼう》左之通

カラフト合戦八月十四、十五両日ノ内、火炮ニテ平ニ打ツプシ、異人乗込候ヨシ。カラフト人サウヤ［宗谷］ト申処へ迯《にげ》帰リ申候。カラフトノ役所ニ米五千俵程有之候分、無残《のこらず》異人ノ手へ入候由。松前ヨリカラフトへ四百里余、九月十五日漸々《ようやく》城下へ飛脚至来、十六日評議、十七日一番勢二番勢相立、十八日三番勢相立、南部津軽両国へ御加勢可参候迚《とて》松前大騒働《そうどう》イタシ候ヨシニ御座候。誠ニ様々ナ世ノ中ニ候。

九月

私はかねてから江戸期以来の日露関係に興味をもつものです。カラフト（今ではサハリンとして知られる）などの奥蝦夷を襲って日本をあわてさせた事件といえば、ロシアの海軍士官のフヴォストフとダヴィドフによる「乱妨事件」（露寇《ろこう》とも呼ばれる）に決まっています。

フヴォストフのおこした騒ぎが秋田の庄屋の古文書に書かれていたことに、私はまずびっくりしました。「鎖国」の時代、外国の船が日本へやってくるたびに大名や武士たちが警備に駆り出されたのは当然です。そしてそれは、農民にとっても賦役の増大や経済的な負担の増加という形で響いていたことだろうと想像しました。それが第一印象でした。

しかし最初の驚きが去って、繰り返しこのテキストを読んでみると、いろいろなことに気づきました。第一、この記事には、その出来事がいつ起こったかという年代が書かれていません。無心に読めば、ある年カラフトで合戦が八月一四日と一五日に行なわれ、五千俵という大量の米が奪われ、カラフト人が北海道（当時は蝦夷地と呼ばれた）の北端の宗谷に逃げ帰った。しかしそこから松前藩の役所のところまでは四百里もあるので、九月一五日になって知らせが届いた云々、ということになります。襲ってきた異国の船がロシアのものだったとも明示されていません。

実際のところはどうであったか、私は各種の書物の記録に当たってみることにしました。

フヴォストフがユノナ号に乗ってサハリン島のアニワ湾に入ったのは一八〇六年の一〇月一〇日（和暦では文化三年の九月一一日）です。現在の暦に直せば一〇月の二二日に相当します。時期が遅かったので番屋（他の場所の運上屋に相当）には松前藩の下役人もおらず、番人役の日本人が四人いただけでした。上陸した船長のフヴォストフとロシアの水兵たちは、鉄砲を発砲するなどしておどしながら、四人の番人を捕虜としました。アイヌ人は捕えようとしませんでした。その場にあった「米五、六百俵あまり、酒数樽、タバコ、木棉、膳碗、其他仕入品の諸品」はのこらず奪われて、ユノナ号に積み込まれました。番屋や弁天の社や艀などはすべて焼きはらわれました。

この品物の列挙や数字はこのころ箱館奉行だった羽太正養《はぶとまさやす》の書いた『休明光記』に拠っています。このような商品はアイヌ人たちとの冬期間の交易用にその場に置かれていたものでしょう。（おそらくこのときにロシア人が持ち去ったと考えられる「大福帳」がロシアの文書館で見つかったそうで、目下、ロシア語の翻訳づきで公刊の準備段階にあるということを耳にしました。）

この事件は知らせるべき手立てがなくて、即座には松前藩に知らされていませんでした。翌年の春三月になってサハリン支配人の柴田角兵衛という人物がやってきて異変に気づき、飛脚をもって松前に報告しました。飛脚が松前に着いたのが四月六日、その翌日に仕立てられた飛脚が四月一〇日に箱館の奉行所に着きました。この時期、東蝦夷地は幕府の直轄地になっていて、箱館に奉行がおかれていたのです。

目のある人にとって、北辺防備は時代の急務と見なされていました。ロシアの勢力が南下してくるという恐れは数十年前から知られていました。工藤平助の『赤蝦夷風説考』などの影響もあって、幕府が蝦夷地の調査を開始しました。そこへ伊勢漂流民の大黒屋光太夫らを伴ったアダム・ラクスマンが来航し、その一二年後にはさらに皇帝アレクサンドル一世の勅書をたずさえたニコライ・レザーノフが長崎へ来航したのです。日本国の扉をロシアはたたきつづけていたわけです。北方問題は松前藩だけの手に負えないと考えた幕府は、まず一七九九年に東蝦夷地を直接統治にします。ついで一八〇七年三月サハリンを含む西蝦夷地をも幕府の直轄地にしました。はじめから蝦夷支配を担当してきた松前藩は、東北地方や関東の各地に所領を与えられて、根拠地から追われた恰好です。その国替えとフヴォストフの襲撃が重なったので、文化四年（一八〇七年）は蝦夷地全体がテンヤワンヤの状態だったことでしょう。大砲や鉄砲をそなえた外国の船が襲来したのですから、当然です。

同じ年の四月二九日にはフヴォストフがもう一隻のアヴォシ号を引き連れてクリル諸島のエトロフ島のシャナに来襲しました。そこには幕臣と津軽や南部の侍が駐屯していましたから、はじめて戦闘らしいものが発生しました。ただ戦力と軍備に大差があったので、一方的に日本側が敗退しました。

このさい特に注意を要するのは、エトロフ島の混成守備隊は前の年にサハリン島で起きた事件について何一つ知らされていなかった可能性が高いことです。つまり、ロシアの軍艦がやってきたとき、どのような対応をとるべきか、部隊の内部で意思の統一がなかったのです。

南部藩の火業師（砲兵士官格）大村治五平が足に傷を負い武運つたなくロシア軍の捕虜になり、その後解放されてから戦況をくわしく書き綴ったものが有名な『私残記』という作品であります。（中公文庫に現代語訳とともに収められています。）守備隊長格の戸田又太夫は敗戦の責任をとって自決しました。この事件のことは五月一八日に箱館奉行に知らせが届きました。

『休明光記』によると、ロシア軍来襲の第一報を受けた箱館奉行の羽太正養はその翌日には江戸の幕府に飛脚を立てると同時に、津軽と南部の二つの藩に援軍の派兵を要請しました。エトロフ島へも攻撃が仕かけられたことがわかると、今度は羽州秋田の佐竹家と同州庄内の酒井家に出兵を求めました。羽太は諸藩が協力的だったことを述べていますが、とりわけ佐竹家に関してはこう述べています。

わきて佐竹は書簡到着の翌日直に人数を出し、……不意に達したることとなるに、神速なる計ひ、家柄とはいひながら格別なる事也

公文書では三〇〇騎ほど出していただきたいとあったのですが、秋田藩は五九一人を派遣してきました。派遣要請のあった翌日にこれだけの人数をそろえて出発させたなどということは、ちょっと信じられません。何かいわくがあったことでしょう。さらに『通航一覧』を見ると、五九一人というのは武士だけの数で、大工や厩務員などを含めて数えると「総人数三千余人」とあります。これだけの大動員は、さぞ壮観だったことでしょう。

それはそれとして、やがて騒ぎはますますひろがって、仙台藩や会津藩からも応援の将卒が出兵する事態に発展します。

ロシアの意図

噂とは恐ろしいもので、相馬家の古文書にカラフトで奪われた米は「五千俵程」とありますが、実際は五百ないし六百俵だったことが『休明光記』から判明します。

また当該古文書の中の位置としては、ペリーの来航が冒頭に置かれていて、合わせて七点の文書のうち、後ろから二番目にフヴォストフの事件の記事が八行でまとめられています。この文書がつくられた当時、ペリーの黒船来航がとびきりのホット・ニュースで、それより半世紀も以前の出来事はもはや昔話になっていたのも当然です。地元の秋田からも大動員があったのに、それには全然ふれていないのも、そのため

でしょう。

深刻な災難が生じたときその理由がわからなければ、不安は益々増大します。フヴォストフ事件の場合、捕虜となって捕えられていた人々のうち、五郎次と左平衛の二人をのぞき、前記の南部の負傷者大村治五平をはじめ八人が利尻島から小舟で帰され、そのときロシア船のミカライサンタラエチから日本語で書かれた手紙を持参したので、事情が判明しました。ミカライサンタラエチという長い名前は、正しく書けばニコライ・アレクサンドロヴィチ、つまりフヴォストフのことです。姓よりも名前と父称（父親の名前）を名乗ることが、ロシアでは形式ばった表現なのです。

『休明光記』の中で作者はカタカナの手紙の文章を読みやすく漢字に書き直しているので、要点を抜粋しましょう。

近く近所之事に御座候間、下之者に申付、渡海商ひ之事、希ひに遣し候而、傍輩同様に寄合、吟味相談之上、首尾好致し候はば、誠に仕合に存候得共、度々長崎へ使者を遣し候得共、只返事もなく返辨被成候故、異変初而、此元之天下様より大きくして腹立て商ひもなくば、赤人同様にカラフト夫に依て最初願ひ置候得共聞受なく夫故、此度此元之手並見せ申候而、きかない時には北の地取上可申候

……

オロシヤ

松前奉行さま

語と語のつながりがはっきりしない箇所もありますが、おおよその文意は明瞭です。相当に見事な日本

語です。羽太をはじめ幕府の要人たちはこの文書を読んで、ロシア船来襲の理由をかなり明確に理解したにちがいありません。先方の希望を「きかない時には北の地取上可申候」という脅迫めいた文言には、非常な恐怖を感じたことでしょう。

フヴォストフは、一八〇四年に長崎へやってきたロシア使節レザーノフの部下でした。日本との交易を求めて大西洋と太平洋をわたってきたロシアの使節に対して、幕府の対応はじつに素気ないものでした。半年もせまい湾内で待たせた末に、話合いを行なうことさえ拒否したのです。ラクスマンが幕府から長崎入港証を与えられ、レザーノフはその許可証を持参したのですから、彼は交易開始の交渉をはじめることに大きな期待をかけていました。失望し憤激したレザーノフは、一八〇六年八月八日の日付で、フヴォストフにサハリンとクリル諸島への襲撃を命ずる指示を与えました。単なる腹いせではなく、ショック療法も外交手段の一つと考えていたフシがあります。外国の領土を武力で荒らすことは重大な行為ですから、レザーノフは本国政府の許可を得てからその指示を出そうとしましたが、時間的な余裕がありませんでした。フヴォストフのユノナ号がサハリンに向けてオホーツクを出航したその日（露暦の一八〇六年九月二四日、和暦では文化三年八月二五日）に、レザーノフは陸路でペテルブルグに向かいましたが、翌年の三月一日、シベリアのクラスノヤールスクで病死しました。

蝦夷地での日露間の対立がすっかり解消するためには、それからなお六年の年月のほかに、ロシアの海軍士官ゴロヴニンらの捕囚事件、彼らを助け出そうとする豪商高田屋嘉兵衛やゴロヴニンの僚友リコルドらの懸命な奔走が必要だったのです。

もう一つのウラー

ユノナ号から戻された人々の報告を、羽太正養は『休明光記』の中で綿密に記録しています。繰り返しになりますが、ユノナ号とアヴォシ号の二つの船がエトロフを襲ったのが文化四年（一八〇七年）の四月の二九日、ロシア側が八人の捕虜を利尻島で解放したのが六月六日、捕われの不運にあった者たちが箱館に戻ったのがこの月の二八日です。

帰還の翌日の二九日にさっそく彼らは奉行所に呼びだされて尋問を受けたのです。敵方の事情を知るのにこれ以上の証人はいなかったからです。八人のうち前の年にカラフトで捕らえられた四人の番人たちは、カムチャトカ半島のペトロパヴロフスクで越冬していました。右に掲げたフヴォストフの手紙は冬営中に書かれたものです。手紙だけは飛脚にもたせて急送したので、一九日に箱館に着いていました。

捕虜となった番人たちから得られた情報は実に多岐にわたっていました。例の手紙で述べられている事情も彼らはすっかり飲み込んでいました。フヴォストフの手許には手書きの日本語辞書があったらしいのです。レザーノフが編んだ辞書は有名ですが（最近東北大学から刊行されました）、彼はその写しをカムチャトカにのこしていったのでしょう。

フヴォストフらの行動が国家の意思によるものではないことを知って、幕府の役人たちはひとまず、胸をなでおろしたことでしょう。

ここではエトロフ島シャナでの衝突がいかなるものであったかだけ、抜書きしてみましょう。番人の語った言葉を現代風に直しています。羽太が注で述べている日本側当事者の語り口と一致しないところに格別の興味があります。

［われわれは］二九日［和暦で語っている］にはシャナの沖に停泊しました。一〇時ころ大船（ユノナ号）が島に近づき、半里ほどへだてて小船（アヴォシ号）がとまりました。やがて大船から首領をはじめ二〇人ほどが艀にのって上陸し、小船からも八人くらいが乗り出しましたが、風がはげしくて陸に近寄りがたく船に戻りました。それから陸地での始末がどうなったかはわかりません。夕方の五時過ぎて浜辺の五、六箇所に火の手が見えて、まもなく大船から上陸した者たちが戻ってきました。そこで富五郎［サハリンの番人の一人］がフヴォストフにシャナの様子を尋ねてみると、通商願いの書簡をもって上陸し、ロシア側の礼儀にしたがって鉄砲の筒先を空に向かって撃ったところ、日本側からは鉄砲を撃ちかけてきたのでやむをえずこちら側からも応戦して日本人五、六人を射殺し、味方にも三人負傷者が出たが、いずれも浅手であるとのことでした。火の手が見えたのはなぜかと尋ねると、あれはロシア人が焼いたのではない、みんなが引揚げたあとで燃え上がった、という答えでした。（以下は作者の割注。この発砲事件の経緯は間違いで、ロシア側から鉄砲を撃ちかけてきた云々、というのが大村治五平らの言い分であった。番人らは船の中にいたので実際に見ていたわけではない。）その夜は二隻ともこの島の近くに停泊し、翌日五月一日には大小の船からおよそ四〇人ばかり上陸し、大筒を撃ち、一同大声にて「ヲラヲラ」と叫び、船中からも声を合わせました。夕方になって大船の中に次のような品々を運び込みました。酒五、六〇樽、米三〇俵ほど、具足五、六〇領、弓一〇張ほど、長柄二〇張ほど、五〇〇匁以上とおぼしき大筒一挺、二、三〇〇匁の短筒三挺、金丸籠の纏一本、金屏風二双、十手一本、大小の刀三組、脇差四、五〇、腰玉薬一ツ、火縄並び衣類椀類……

ロシア側の戦利品がこのようにこまごまと列挙されています。実は、その前にある「ヲラヲラ」という掛け声に注意を向けていただきたいのです。私はこれこそウラー、ウラーという勝ち鬨《どき》の声にほかならなかったと思います。

蛇足をもう一つ付け加えましょう。

フヴォストフらの所業のひきおこした日本側の怒りや厳重な警備を知ってか知らずか、一八一一年軍艦ディアナ号に乗ってきてクナシリ島へ上陸した海軍士官ゴロヴニンが七人の部下とともに捕虜になりました。彼を救出しようとして、その翌年副艦長のリコルドが、持ち舟に乗ってこのあたりの海域を航行していた豪商の高田屋嘉兵衛をつかまえてカムチャトカへ連行します。嘉兵衛の忠告にしたがって、ロシア側がフヴォストフらの行なったことは私的な海賊的行為であったとして謝罪文を差し出し、ゴロヴニンらは釈放されました。

捕虜の境遇におかれても、嘉兵衛が沈着冷静な態度をくずさなかったこと、彼の賢明で高潔な人柄はロシア人将士の尊敬をかち得ました。これはリコルドの手記に書かれていることですが、事件が全面的に解決して、文化一一年（一八一三年）九月三〇日ディアナ号が箱館を出帆するとき、ディアナ号の乗組員全体が嘉平衛にむかって「タイショウ、ウラー」を三唱しました。「タイショウ」というのは、嘉兵衛の手下たちが常々彼に呼びかけるときに使っていた言葉でした。これに対して、嘉兵衛もまた「ディアナ、ウラー」と叫び返したそうです。

エトロフ島合戦余話——陽助の白旗

史料について

ずいぶん昔のことだが、文化四年、つまり一八〇七年の四月二九日（今の暦で示せば六月五日。以下の括弧内は現行暦の日付を示す）にクリル諸島の中のエトロフ島の首邑シャナにロシア軍が襲来し、島の守備隊とのあいだで戦闘が行なわれた。それはまったく小規模のもので、ごく短時間で決着がついたが、二つの国の正規軍が干戈を交えたという点では、史上まれに見る大事件であった。その後、両国間の対立関係を外交的に収拾するのも容易なことではなかった。

それだけに、この戦闘については記録がたくさん残されている。主要な文書は幕府の外交史料集成ともいうべき『通航一覧』の第七巻と八巻に収まっているが、そのほかにも当時の箱館奉行羽太正養《はぶとまさやす》の手になる『休明光記』をはじめ、おびただしい資料が存在することはよく知られている。

たとえば大村治五平の『私残記』。エトロフ島で負傷して捕虜となった南部火業師［砲術家］治五平の陳述書は『通航一覧』にも記載されているが、それはおそらく江戸に呼び出されて尋問をうけ、その席で陳述したときの記録に近いものであろう。『私残記』は治五平が南部藩から咎めを受けて領内の辺地に流されているあいだに縷々と綴った私的な記録（中公文庫、一九七七年）である。国文学者梅谷文夫氏の「新楽閑叟《にいらかんそう》がエトロフ島オイトより発したシャナ事件に関する書簡」（閑叟は幕府御雇医師、ウルップ島検分に赴く途上でエトロフの合戦が起きた。『一橋論叢』一九九五年九月号）やロシアの日本史研究家A・キリチェンコ氏の「海賊船ユノナ号とアヴォシ号——ロシア側当事者の行動から見る樺太・択捉島襲撃事件」（『東北アジア研究』二〇〇一年、第六巻）などがとりわけ重要なものと考えられるが、つい最近になって、吉田秀文著、江越弘人・浦川和男両氏校訂による『異国船渡来雑記』（二〇〇九年）という書物が長崎文献社から公刊された。「あとがき」によると、本書は筑後久留米藩に仕えた吉田秀文なる藩士が一七七一年から一八一二年のあいだに、仕事の合間に種々のツテで入手した外交関係文書の史料を自分の手で書き写したものであるという。「長崎版通航一覧」という編者の比喩は的を射ている。

最も私の興味をひいたのは、本書には上記の大村治五平と彼の上役にあたる千葉政之進のくわしい報告書が含まれていること（『通航一覧』の記事は両者の上申書の抜粋にすぎないことがわかる）、筑後心光寺の住職運誉師に宛てた蝦夷善光寺（有珠《うす》山の近くにあった。今は伊達市）の若い寺僧大基からの長大な書簡三通を含んでいることである。発送されたのはいずれも文化四年のことで、六月一六日づけの第二信などは徹頭徹尾「エトロフ合戦記」である（第一信は詳細な蝦夷の地理とアイヌの民俗誌）。ちなみに、この手紙は『通航一覧』には収録されていない。

戦況

「海霧濠々たる中より夷賊之軍船、忽然として襲ひ来、石火矢、大筒を放つ事、響き雷の如く、玉雨の如く、和人［日本人］夷人［アイヌ人］に手負せ候間、此方よりも大筒、小筒を並て打候処、忽賊兵数人を海岸に打倒し、尚も防戦に気を激し候に、如何致しけん、敵より津軽家の陣屋に火を掛しかば……」（仮名づかい一部変更、以下同じ）と有珠の善光寺の僧大基は手紙の中で書いている。オロシアの二隻の賊船から上陸したのは「数百人」ともある。戦後ひと月半ほどのあいだにエトロフ合戦はまるで軍記もののような文体で南の蝦夷地につたわっていたのである。

合戦の実況はその場に居合わせた治五平や政之進の叙述のほうがはるかに真実味がこもっているのは当然であろう。事実はもうすこし間の抜けた展開だった。

東蝦夷地は一七九九年以来幕府の直轄地になっていたから、エトロフ島にも若干の幕臣をはじめ盛岡の南部家、弘前の津軽家がそれぞれ一〇〇人近い兵士を出していた。しかし、この寄合所帯の部隊は戦闘のためにどの程度軍事訓練をつんでいたか、まるでわからない。

前年の一八〇六年の九月一一日（一〇月二三日）にロシアの軍船一隻が西蝦夷地サハリン島のクシュンコタンの会所（交易所）を襲う事件があった。海軍中尉フヴォストフの指揮するユノナ号が訪日使節レザーノフの命をうけてアニワ湾に来航し、松前藩の者が引揚げたあとの会所を攻撃したのである。このとき四人の番人が捕虜として連行され、大量の米や酒などの商品が奪われ、会所は焼かれた。戦利品が多すぎてユノナ号に積みきれなかったという。この事件は翌年春になって初めて松前藩に告げられ、四月一〇日に箱館奉行に報じられた。奉行はただちに幕府に飛脚を立ててサハリンの乱を知らせたが、私の想像では、東蝦夷地の最前線エトロフ島の駐屯地には、この月の二九日に合戦が起こるまでにそのことが伝えられていなかったと思われる。

とはいえ、一八〇七年、ユノナ号のフヴォストフ中尉が僚友ダヴィドフ少尉の指揮するアヴォシ号をともなって四月二四日（五月三一日）にシャナの南一五〇キロほどに位置するナイボを襲撃し、番屋にいた五人の日本人を捕らえたことは、シャナにいち早く知らされていたのである。

それにもかかわらず、守備隊の隊長格の幕臣戸田又太夫や関谷茂八郎らは、二つの藩の責任者と作戦会議を開き、先方に「願之筋もあらば承届可申、米穀などの事に候はば、弐三百俵位は何れにも繰合せ与ふても宜し」などと申し合わせていた。今の言葉で言えば、彼らは武装したロシア軍の襲来を予想せず、平和的に対応しようと考えていたのである。

二九日の朝、晴れた海のかなたに二隻の異国船の姿が現れた。その大船から三隻の小舟が下ろされて、二〇人あまりの武装したロシア兵がシャナの湾内を乗りまわしているあいだに、守備側の対応として、まず会所の支配人陽助を使者として浜辺に送り出すことに決まっていた。支配人といっても、陽助は武士ではなく、下北半島の田名部うまれで、漁師あがりだった。はじめの名前は寅吉といった。アイヌ語の知識を買われて支配人の職を得ていたらしい。

陽助は大いにしぶっていたが、幕府の役人の命令とあれば断るわけにいかなかった。彼はゆっくりと歩き出したことであろうが、そのとき「長き木の先に白き紙を結付……其紙を振らせ候」と治五平は述べているが、同じ場面を上司の千葉政之進は別の表現をしている。「陽助は竹に手拭様のものを結付、海面に向うて頻りに招く」というのが彼の回想である。これはいずれも『異国船渡来雑記』からの引用である。

この手拭のことは『通航一覧』の政之進の記事にも含まれている。

もっとも治五平は『私残記』の中では「旗之先へ白木綿を結付振廻候」と書いている。あとになって正しい記憶がよみがえったのであろうか。

不思議なことに、アヴォシ号の艦長だったダヴィドフの航海日誌には、陽助の掲げた白布の旗のことが書かれていない（平川新監修『ロシア史料にみる18～19世紀の日露関係』第1集、東北大学東北アジア研究センター、二〇〇四年）。ロシア側はまったく気づかなかったらしい。

政之進と治五平が筆をそろえているのは、陽助には一〇〇間（一八〇メートル）ほど距離をおいて護衛として三人の足軽が銃をもって付き添うことになったことである。足軽の一人が忠平というものだった。政之進の言うには、陽助が歩きだす前に、その忠平の身なりがあまりにみすぼらしいと治五平が同情して自分の陣羽織と頭巾を与え、大小の刀まで帯びさせた。ただし「是より治五平、何処に行候や、知らず」とあるのは、治五平の敵前逃亡を示唆していて毒を含んだ言分である。

敗因

実のところ、治五平の右の足の甲を敵の銃弾がかすめ、彼は傷の応急処置をしてその夜は山陰にかくれていた。『私残記』によると、翌五月一日になると、四〇人ほどのロシア兵が午前八時ころ上陸して大筒や鉄砲を打ちかけ、会所のまわりで「ウラー、ウラー」と鬨の声をあげた。さらにその翌日の五月二日、治五平は川下で川を渡ろうとしたときに、銃をもった六人のロシア兵に囲まれ、負傷した足を踏みはずしたところを捕らえられた。彼はさぞ空腹で、疲れ果てていたことだろう。丸一日洞穴にこもっていたからである。彼の姿を見ると、ロシア兵たちは「そら日本人がいたぞ」と叫びながら集まってきたという。

ユノナ号に連行されてゆくと、そこには前年サハリンのクシュンコタンで捕まった番人や今度エトロフ島でつかまった番人たちがいた。武士の身分の者は大村治五平だけであった。

その後、宗谷に近い利尻島まで日本船を求めて航行したユノナ号は、六月五日になって日本人捕虜を解放した。ただナイボでつかまえた番人五郎次と左兵衛だけはロシア領に連れ去られた。二人とも陽助同様に、下北半島の田名部出身の百姓だった。

同胞のもとに返された捕虜たちはまず函館で奉行の取調べをうけた。治五平が江戸まで呼びだされたのは前述のとおりである。『私残記』が面白いのは、遠慮なく日本側の対応のまずさを指摘していることである。もはや幕府や藩当局の監視の目がとどかない僻遠の地で、彼はエトロフ合戦を振り返る。陽助に白旗をもたせたことからわかるように、日本側は初めから和戦両様の構えだった。戦意が薄かったのである。小舟の上でロシア軍が鉄砲を三回発射すると、有名な間宮林蔵などは「これは他人の家を訪れるとき両刀をあずけると同じで〈玉どめ〉の合図でござる」などと物知り顔で言って、鉄砲を置かせた。総じて、指揮官の下知が無かった。うろたえるばかりで、的確な命令が下されなかったというのである。相手は二〇人ほどで、味方は二〇〇人近く人数があったけれども、敵が全員揃って一斉射撃をするのに、守備側は散発的な応戦しかできなかった、というのが治五平の敗因分析である。

治五平の最初に流された鹿角大湯（現在は秋田県）といい、二度目の下閉伊千徳村といい、いずれも温泉があったことだけが救いであったと思われる。

ゴロヴニンのもたらした仏露辞典

はじめに

言葉を習ったり、正確に書くためには、辞書が欠かせない。とくに外国語を勉強するときには、二つの言語にわたる辞書が必要になる。

多分、日本に持ち込まれたヨーロッパ二言語辞書の中でも最も古いものの一つが、イワン・タチーシチェフのフランス語＝ロシア語辞書であろう。一七九八年にロシア帝国の首都サンクト・ペテルブルグで刊行されたものである。この辞書は上下二巻からなり、AからKまでの上巻は現在一橋大学の社会科学古典資料センターに所蔵され、LからZまでの下巻は静岡県立中央図書館の蔵書に含まれている（江戸幕府旧蔵図書、別名葵文庫として別置）。

この辞書は江戸時代でも末期に近い一九世紀の初めの文化年間に日本にはいったことは確実であるが、どのような経緯で日本にはいり、なぜ、今は二カ所に分かれて所蔵されているのか。また表紙の見返しに記されたおびただしい書き入れは何を示しているのだろうか。

254

以下の小文はそれらの疑問に対して答えようとするものである。

ペテルブルグから日本までの長い旅

まず、手短かに日露関係の古い歴史をふり返ってみなければならない。

一七九二年にラクスマン使節がはじめて日本人漂流民の大黒屋光太夫らを根室まで送り届けて開国を求めたとき、とりあえず幕府は蝦夷地（今の北海道）で交易に関する交渉を行なうことを断り、外国との話し合いはすべて長崎奉行の所管であるとして、長崎港への入港証を交付した。一八〇四年にその入港証をもってレザーノフ使節が長崎へやって来た。彼は津太夫をはじめ四人の仙台漂流民をともなっていた。幕府はレザーノフを長崎に半年近く待たせたうえ、鎖国の「祖法」にしたがってロシアとは交易を行なわない、と一方的に通告した。

日本当局の対応に不満をいだいて日本を去ったレザーノフは、部下の海軍士官フヴォストフとダヴィドフに日本の北の辺境を襲うよう命令を下した。単なる腹いせともとれるが、幕府に対する一種のショック療法をねらったのかもしれない。最近では、それが長崎のオランダ通詞の示唆にもとづくものであったらしいという見方もあらわれている。(1)二人の士官は一八〇六年の秋と翌年の春の二度にわたって、樺太（今のサハリン島）と千島列島（今のクリル列島）中のエトロフ島を襲い、日本側の倉庫を破壊したり、番人を拉致したりした。幕府はこの知らせを受けて、驚愕した。日本は数百年にわたって外国から攻撃をうけるという経験をしていなかったからである。急遽蝦夷地を幕府の直轄地とするとともに、南部藩、津軽藩ばかりでなく、秋田や仙台や会津などの諸藩などからも兵力を動員して、北辺の防備を固めた。

一八〇七年にロシアはワシーリイ・ゴロヴニンを艦長とするスループ艦ディアナ号を北太平洋における海域調査のためカムチャトカへ派遣した。一八一一年の夏にディアナ号はクリル列島の最南端にあるクナシリ島に近づいた。そこで日本側から薪水と食料の補給を受けようとしたゴロヴニンは、二人の将校と四人の水兵、それに一人のアイヌ人をともなって上陸したが、待ちかまえていた幕府と南部藩の守備隊によって捕らえられてしまった。八人は函館を経て松前に護送され、牢獄に閉じこめられた。

幸い、ディアナ号の副艦長のリコルドは沈着で機敏な士官だった。彼はゴロヴニンらを助け出すために、箱館の豪商の高田屋嘉兵衛を人質に取ったり、その嘉兵衛の勧めでイルクーツクの知事に釈明書を書かせたりするなど、人質救助のためにあらゆる手段を尽くした。幕府もまたゴロヴニンらの弁明にもとづき、フヴォストフらによる暴行は個人的な略奪行為であると断定して、捕虜とした士卒の全員を一八一三年の秋に釈放し、迎えに来たディアナ号で帰国させた。

ゴロヴニンは一七七六年、古い家柄の貴族の息子としてモスクワの南東二〇〇キロばかりのリャザンの領地で生まれた。幼いときに両親を失って孤児となったが、一三歳で海軍兵学校にはいり、在学中に早くもスウェーデン艦隊との海戦に参加して勲章を授けられた。西欧ではフランス革命の直後で、ナポレオンの率いるフランスの国民軍がヨーロッパ諸国を席巻していた。兵学校を卒業したゴロヴニンは田舎地主として領地に落ち着くようにという親戚のすすめを斥けて、一八〇二年からイギリスに留学する。兵学校の卒業生の中からとくに選ばれたのである。例の仏露辞書は渡英直前に購入したのであろう。イギリスはこのころロシアの同盟国で、ネルソン提督がフランスとスペインの艦隊を相手に勇名をとどろかせていた。ゴロヴニンも実際にネルソンのもとで武勲をたてたことがあった。帰国してまもなく、彼は極東ロシア領への航行を命じられた。仏露辞書は海軍少佐ゴロヴニンの座右の書として、目的地のカムチャトカに着いてからも、艦長室の書架に立てられていたにちがいない。

捕らわれのあいだも

ゴロヴニンらがクナシリ島で捕虜になったのは、ロシアの暦で一八一一年七月一一日だった。場所は東北から西南の方向にのびているクナシリ島の南の端の泊と呼ばれた場所で、時は『通航一覧』巻二九八（第七巻、三九六ページ）によると、日本の暦で文化八年六月四日にあたる。彼らは飲料水を求めて日本側に接触しようと考えたのだが、日本側は彼らを捕らえようと待ちかまえていた。いわば、ワナにかかったようなものだった。予期しない咄嗟の出来事だったから、そのときに上下合わせて二〇〇〇ページもの辞書をたずさえていたのではない。（ロシア人らが捕まった場所であるかつての泊は、現在ゴロヴニノと呼ばれている。）

日本側が八人の捕虜の両腕をしばり上げ、松前に向かって連れ去った日の翌々日、ディアナ号に残されたリコルドは不幸な同僚たちのために、彼らの日用品をクナシリ島の岸辺に届けた。リコルドの書いた手記によると、その間の経緯は以下のとおりである。旧仮名づかいなので読みにくいが、そのまま示そう。

日本人も礼儀ある者ともおもへは、我等も礼儀をもて待遇する意なりといふことをかれにしめさんより外なしと思ひけれは、ヒラトツに命して日本人の棄てありし崎岬の小村にやり、日本へ捕はれたる人々の衣服、剃刀、書籍すこし計《ばかり》を荷物に作り、牌子に姓名を記して彼所に残しおかしめたり。（かなづかいは印刷のまま。漢字は新字体に改めている。）

これはリコルドがゴロヴニンらを救出しロシアに送り届けてから書きあげ、一八一六年にペテルブルグで出版した記録である。言い回しが古めかしいのは、彼の手記の最も初期の邦訳のせいで、『遭厄日本紀事付録』としてやはり『通航一覧』巻二九八（第七巻、四〇七ページ）に収められているのである。ヒラトツというのは、ディアナ号に乗り組んでいた士官ニカンドル・フィラートフ中尉をさしている(2)。

同じことが、日本側の記録にはこう書きとめられている。

文化八年……六月六日、又々端船にてケラムイに上陸之様子遠く見張居候処、右ケラムイ番所脇草之中へ隠置候米八俵奪取、其跡に箱一つ包物三つ残置、本船は乗戻り候由、夫より七日、右ヲロシヤ船沖合に乗出し出船いたし候由、追々早飛脚を以注進有之、尤右跡にて差置候雑物改見候処、右之通、

一水豹袋一つ　一羊角袋一つ　一同錠前附箱一つ　一琉球包一つ［その中身は］本三冊、頭巾四つ、箱入髭剃刀九、浅黄紙二枚、曲物二つ、ケリ一足、羅紗股引一つ、櫛一つ、沓六、ぱっち二つ、足掛二つ、肌着一六……諸書物……〆て二九品、八人之者共衣類手道具之由。」（『通航一覧』同巻、四〇二ページ）

ケラムイというのは、泊湾の東側に細長くのびている岬である。見通しがいいから、品物を置き去るのに安全かつ便利である。この荷物はロシア人たちの身の回り品とわかったので、すぐに捕虜のあとから運ばれた。ゴロヴニンがそれを目にするのは箱館に着いてからで、八月二五日のことだった（むろん彼の使っているのはロシア暦）。日本側は「ディアナ号がクナシリ島を出帆する直前にこれらの荷物を陸岸に運んで来て、置いて行ったのです」と説明した。「それを聞いて私はやっと安心した。私は、同僚たちはおそ

らく無事に帰国し、われわれの運命は皇帝陛下の上聞に達するだろうと想像して、大いに喜んだ。[3]」こう書いているのは、ゴロヴニンである。リコルドと同じように、彼も捕虜として日本で過ごした体験を帰国後に執筆し、『一八一一～一八一三年のゴロヴニン少佐日本幽囚記』と題して一八一六年に出版した。この本は卓抜な日本観察を含んでいる名著として知られ、たちまちヨーロッパのさまざまな言語に翻訳された。オランダ語から訳されたのが『遭厄日本紀事』本篇である。

日本側の記録で「本三冊……諸書物」とある中に、タチーシチェフの仏露辞書が含まれていた。リコルドはこの辞書がゴロヴニンらにとって何かと役に立つだろうと予想したのだ。捕らわれの身となった持ち主のあとを、辞書が追いかけてきたのだった。

通訳者たち

意志の疎通には言葉の理解が欠かせない。はじめゴロヴニンから事情聴取をするために選ばれた通訳は上原熊次郎だった。熊次郎はアイヌ語ができたので、捕虜の中のアイヌ人アレクセイを介して幕府の役人とロシア人捕虜の問答が行なわれた。やがて熊次郎が村上貞助という若者を連れてきて、彼にロシア語を教えてくれるように頼んだ。それはゴロヴニンらが松前に到着してからで、一八一一年の一〇月の前半（これもロシア暦）だったようである。『日本幽囚記』によれば、初対面のときゴロヴニンは貞助の年齢を二五歳ほどとみたが、実際には三一歳だった（村上貞助は一七八〇年の生まれとされる）。役人としての身分は松前奉行支配下の同心だった。

貞助のロシア語学習は急速にすすんだ。「われわれの生徒の上達には目覚ましいものがあった」と、ゴロヴニンは驚嘆している。熊次郎も幾分かはロシア語を身につけたようで、やがて貞助は熊次郎と共同で、ロシア側の文書を和訳したり、日本語の文書をロシア語に翻訳したりするようになる。さらに、貞助はロシア人の肖像を墨で描いた。彼には、絵筆を使う素養もあったのである。

翌年の夏、奉行の交替にともなって貞助は江戸に出た。やがて江戸の貞助から手紙が来た。そのことで、ゴロヴニンはこう書いている。「ロシア人のうちだれひとり彼の手紙（複数形である）を正確に理解できたわけではないが、彼がふだんわれわれと話すときのしゃべり方や言い回しに慣れていたので、彼の言わんとするところは難なく理解できた。こちらのほうも、彼にわかりやすいような表現を用いてロシア語の返事を書き、彼はそれを充分に理解してくれた。」貞助はかなり込み入ったことまで手紙で伝えることができた、とゴロヴニンは書いている。

明けて一八一三年の春に、新任の奉行とともに貞助はまた松前へやって来た。身分は調役下役に昇進していた。ゴロヴニンらと貞助の付き合いはますます深まっていき、その年の秋にロシア人が日本を去るとき、貞助は彼らにロシア語で手紙を書き、送別の辞を述べたほどである。そのおよその文面は「さらば、まことの友たちよ、私の心を汲み取ってくだされ。その他の事は語ることができません。別れが辛くてならないのです」である。和紙に筆で書かれたこの手紙は現在、ペテルブルグの国立図書館手稿部に所蔵されている。(4)

貞助は江戸から幕府の天文方に勤める足立左内と馬場佐十郎をともなってきた。足立は暦学の専門家で天文測量にくわしく、馬場は長崎の蘭通詞の出身ながらヨーロッパの言語の専門家として江戸に召し出されていた。江戸では馬場も足立も、ロシアから帰国していた漂流民の大黒屋光太夫から多少ともロシア語の手ほどきを受けていたらしい。光太夫のロシア体験の聞書きである『北槎聞略』やその他の書物に千語を優に超えるロシア語の単語が記載されているところをみると、彼は日常の用を便じるのに不自由がない程度にこの言語を習い覚えていたのである。少なくともアルファベットの文字だけは完全に習得していた形跡がある。

馬場はもともとオランダ語の文法に通暁していたから、ロシア語の理解も早かったようである。『日本幽囚記』の中でゴロヴニンはこう書いている。〔 〕の中は筆者の注釈。「日本の学者〔足立左内〕と通詞〔馬場佐十郎〕は毎日われわれのもとへ通ってくるようになった……後者はこれまで集めたあらゆるロシア語辞書の検討をはじめ、それらを訂正したり増補したりした。彼は印刷されたオランダ語＝フランス語辞書をもっていて、自分の知らないロシア語に相当するフランス語の言葉を聞くと、さっそく持参の辞書でその言葉を探すのであった。この青年は二七歳くらいの青年で〔実際は二六歳〕、記憶力がきわめてすぐれていた。彼はヨーロッパの一言語の文法をマスターしていたのでロシア語の上達も早かった。私は結局彼のために、自分で思い出せるかぎりのところで、ロシア語の文法を書いてやる羽目になった。」

このロシア語文法が今に伝わっている。『約略魯語文範　日本訳家諸君ノ為ニ　千八百十三年　松前ニ於テ誌ス』別名『魯語文法規範』と題された写本が一部だけ静嘉堂に所蔵されているのである。(5) 全六巻からなるが、五冊目の巻五が欠けている。言うまでもなく、ゴロヴニンがロシア語で書いたものを、四人の通訳たちがただちに邦訳したのである。この文法書の仮定法の例文の中にこういう一節がある。「貞助、馬場、左内、上原等ノ諸君ハ数年間魯西亜ニアルナラバ、彼等ハ魯西亜語ヲ悉ク知ルナラン。」ゴロヴニンが即席にこういう作文をしたのである。

自分がふだん使っている言葉の文法を外国人のために記述することは、かならずしも容易なことではない。ゴロヴニン自身が『日本幽囚記』の注で弁解しているように、彼は捕らわれの身で手許にいかなる参考文献もなかった。記憶だけでかなり水準の高い文法書をものしたのだから、彼の受けた一般教養の教育がいかに良質のものだったかわかる。ゴロヴニンがフランス語や英語などの外国語にも熟達していたおかげで、ロシア語の特徴を客観的に把握していたことも、指摘しておかねばならない。

海上勤務を終えてから一八二三年にゴロヴニンは海軍主計総監に任じられ、ロシアの海軍力の増強に尽くした。中将の位まですすみ、一八三一年チフスにかかって没するのが五五歳のときである。なお、息子のアレクサンドルも海軍にはいったが、のち政界に転じ、農奴解放後の大改革時代と呼ばれる一八六二年から六六年まで文部大臣の要職にあった。

一八一六年にロシア語で出たゴロヴニンの『日本幽囚記』は、一八一七〜一八年に二冊になってオランダ語に翻訳された(6)。それはドイツ語からの重訳といわれる。オランダ語訳は長崎のオランダ商館を通じて日本にもたらされ、一八二一年(文政四年)幕府の命令を受けて馬場佐十郎が天文方の高橋景保とともに翻訳に着手した。しかし馬場はその翌年に若くして病没するので、杉田元卿、青地林宗があとを継いだ。一八二五年にリコルドのものと合わせて邦訳が完成し、二人の手記に『遭厄日本紀事』という題名が与えられた。

仏露辞書

馬場佐十郎は江戸からオランダ語＝フランス語のバイリンガルの辞書をもってきたとゴロヴニンは言

う。そういう馬場にとってゴロヴニンの所有していた仏魯辞書がとくに役に立ったことは容易に想像できる。

彼が江戸から松前へやって来たのが一八一三年の三月の末で、ゴロヴニンらが蝦夷地から去るのが九月の下旬だから（いずれも『日本幽囚紀』によるロシア暦）、馬場がロシア人についてロシア語を勉強できたのは、半年ほどである。帰国が近づくと、ゴロヴニンらは松前から箱館へと移った。もはや獄舎ではなくて役人用の官舎が提供された。そのころになると、佐十郎らのロシア語学習はますます熱をおびるようになった。『日本幽囚紀』の中でゴロヴニンはこう書いている。

通訳たちと学者は毎日われわれのところへ通ってきて、朝から晩まで腰をすえ、昼食を届けさせることにした。彼らはそれぞれ分担を決め、ディアナ号がやって来る前に少しでも多くの知識をわれわれから吸収しようと努めた。中でも、オランダ通詞〔馬場〕はタチーシチェフの仏露辞書を数ページ筆写して、その辞書にあるフランス語の言葉のロシア語による説明を日本語に訳そうと思い立った。こうすれば、永遠に不明のままになるかもしれない多くの言葉の意味を正しく理解できるだろうというわけだった。この仕事はわれわれにとってはなかなか退屈で、少なからず心配したり、苦労させられたりした……〔以下、その苦労の実例があげられる〕

細かい活字でびっしり印刷された仏露辞書を書き写すほどだったから、それは馬場にとってはあたかも「垂涎」の書物だったことだろう。

ゴロヴニンらは帰国のさいに、身の回りの所持品を日本の関係者に記念として贈ろうとしたが、日本人は何一つ受けとろうとせず、書物だけが例外だったという。通訳者たちに対して書物は受け取ってもよろしいという許しが出ていたのだった。そればかりか、ゴロヴニンらは正式に釈放の申し渡しのあった一〇月六日の夜、通詞たちの訪問を受けて極上の酒と九皿か一〇皿からなる晩餐のご馳走を供されたが、食事のあと、「書物への返礼」として「さまざまな種類の漆塗りの食器をつめたいくつかの箱」が部屋に持ち込まれ、ゴロヴニンに進呈された。表面上、その贈物は通詞たちからという形になっていたが、ゴロヴニンにはその食器類が政府の費用で調えられたものであることがわかっていたという。おそらく、幕府は馬場や足立の申し立てによって例の仏露辞書の価値を認識し、ゴロヴニンから譲り受けるようにという指示を与えたものであろう。(上記の文章で、書物は複数形である。リコルドがゴロヴニンらのためにクナシリ島の岸辺においた荷物の中には、「本三冊」「諸書物」があった。仏露辞書以外にも、このとき日本側に贈られた本があったかもしれない。)

仏露辞書の正式な題名は次のとおりである。『フランス・アカデミーの辞書の最近版にもとづくフランス語＝ロシア語辞書、第二版、フランス語原文との綿密なる校訂・増補を経たるもの、訳者　五等文官イワン・タチーシチェフ、サンクト・ペテルブルグ、一七九八年刊行』　表紙を開いたトビラに、この書名が見開きの左側にフランス語で、右側にロシア語で印刷されている。

一九世紀の末にロシアで出版された大きな人名辞書にイワン・タチーシチェフ(一七四三〜一八〇二年)の項目が立っている。それによると、彼はウクライナ生まれで、父親のイワンは聖職者だった。のち彼は宮廷づきの司祭になる。息子のイワンはケーニヒスベルグ(現在のカリーニングラード)で教育を受け、外務省にはいって西欧諸国で勤務した。中年以後はモスクワで郵便局長をつとめた。彼の著作として最も重要なのは『スウェーデン王の弁明に対するエカテリーナ女帝の歴史的注釈』で、これは女帝直々の命令で執筆され、その校閲を経て一七八九年に出版されたものであるという。もっとも、これは現在は非常な稀覯書で、筆者未見。それ以外では、上記の仏露辞書（初版は一七八六年に匿名で出版された）のほか、『ドイツ語辞書』（一七八六年）、『レイノルズ氏講演集』（一七九二年、レイノルズは英国の画家）の著書があり、ほかにもいくつかの雑誌に論文や物語を発表している。

ところで、日本に伝わった仏露辞書のその後の運命はどうなったか。おそらく、文化文政の時代に、この辞書を使いこなせる人物は馬場佐十郎ひとりしかいなかったと考えられる。江戸に持ち帰られてからは、浅草の天文台附属の蕃書和解御用局の蔵書となったことであろう。馬場がここに勤務していたからである。

馬場が没して三〇年あまりのち、ペリーの黒船来航の翌々年の安政二年（一八五五年）に蕃書和解御用局を独立させて洋学所が設立され、翌年それが蕃書調所と改称される。蕃書調所はその後、洋学調所、開成所などと名前を変えながら、やがて東京帝国大学へと発展する。明治六年（一八七三年）にその一部が分離独立して東京外国語学校となった。

仏露辞書の上巻のトビラには、蕃書調所、東京商業学校、高等商業学校の三つの所蔵印が捺されている。これは私の想像であるが、明治一八年（一八八五年）に東京外国語学校が東京商業学校と合併したときに、本書がその他のロシア語図書とともに、商業学校の図書に加わったことを示しているのであろう。東京商業学校は現在の一橋大学の前身である。

一方、仏露辞書の下巻は、蕃書和解御用局が洋学所を経て小刻みに名前を変えていく過程のある時点でいつしか上巻とはぐれ、維新後、旧徳川将軍家の静岡移封にともなって他の多くの幕府蔵書とともにこの地に運ばれ、駿府学校開校にさいしてその基本財産となったものであろう。捺されている蔵書印は「駿府学校」である。下巻の裏の見返しに「一番甲　魯辭　魯西亜辭書　下　千七百九十八年」と墨書された細長い付箋が貼られているのは、蕃書調所時代の整理番号である。(7)

いずれにしても、この辞書はフランス語とロシア語に同時に通じていなければ使いえない。上巻と下巻が袂をわかったこと自体、馬場佐十郎以後は絶えて使用されることがなかったことを示しているといえよう。

仏露辞書への書き入れ

この辞書は出版されてから二〇〇年以上たつが、革表紙が古びている以外、本文は汚損や摩耗を免れて、保存がよい。ただし、見返しや遊び紙にかなりの書き入れが見られる。ゴロヴニンの手沢本であったことは疑いがないので、彼自身の書き込みと思われる。

まず第一に上巻と下巻の見返しの左側に三行にわたって「ワシーリー・ゴロヴニン蔵書／ペテルブルグにて、一八〇二年五月一六日／価格　上下二巻で一四ルーブリ」という記入がある。おそらく、ゴロヴニンはこの辞書を買い求めた当日にでもこの識語を書きしるしたのではあるまいか。伝記によれば、この年に彼は英国へ留学に派遣されている。ついては留学の準備のためにこの本を購入したのだろう。フランス語はこの当時すでに国際語であったから。

英国嫌いで知られた先帝のパーヴェルと異なり、アレクサンドル一世は親英政策をすすめ、ロシアと英国は良好な関係にあった。それればかりか、ネルソン提督の指揮のもとフランスやスペインの艦隊にしばしば苦杯を飲ませていた英国海軍で修業することは、ロシアの海軍士官にとって一種のエリートコースであったと思われる。

一四ルーブリという金額がどれほどの価値をもったか、正確に判断することはむずかしい。ゴロヴニンの伝記を書いたニコライ・グレーチによると、海軍中佐で退職すれば年額一五〇〇ルーブリの年金が与えられるはずだったという。月額では一二五ルーブリである。一四ルーブリはその一割を上回る額に相当したのである。

上巻の一ページ目にはこのほかに年表らしきものが書き込まれている。全体に薄くなっていて判読は困難であるが、旧約聖書の記事にもとづくさまざまな出来事の年代的な記載であろう。最初に「ギリシャ式暦法　五五〇八」とあるのは、ビザンツの暦で、天地の創造が紀元前五五〇八年に起こったとされていたことを示している。この暦法は一〇世紀末キリスト教とともにコンスタンチノープルからロシアにもたらされたものだった。

ロシア人によるキリスト教は西暦九八八年とされているが、古いロシアの年代記にはそれが六四九六年の出来事として記録されているのである。キリスト生誕からではなく、天地の生成からかぞえたのである。この暦法は長いあいだロシアで使用され、公的にはピョートル一世の治世の一七〇〇年に西暦に移行したことになっているが、ゴロヴニンは古来のビザンツ風の天地開闢の年を書き留めておくのを必要とみとめたのである。これは、ロシアの古文書を読むときには欠かせぬ知識であったことはまちがいない。この行から一行おいて下の行に、「大洪水　二二三と二分の一」とあるのは、いわゆるノアが方舟《はこぶね》をつくった洪水が紀元前二三世紀の半ばに起こったことを意味するのであろう。

上下巻とも第二ページには、「辞書にない語」とロシア語で注され、それぞれ次のページにかけて二〇語ほどのフランス語が書き留められている。要するに、アカデミー版フランス語辞書には見当たらないが、ゴロヴニンが目にし耳にして興味をおぼえた単語を折りにふれて書きつけたものであろう。上巻のトップはBracelet〈ブレスレット〉、下巻の最初はLa Nutation de l'ax de la terre〈地軸の振動〉のように、単語の種類は雑多である。上巻の見出しはA—K、下巻のそれはL—Zであって、ゴロヴニンが記入した語もほぼそれに見合っているが、本来上巻におかるべきAphrodisiaque〈催淫剤〉が下巻に書かれているのは、秩序を乱している。

上巻四ページ目に、四桁から五桁の数字が一〇行並んでいる。数字の前に文字があるが、それは読めない。

上巻五ページ目にはロシア語で「若干のロシア語」とあるが、見出しにとっているのは二三語のフランス語の単語で、右側にそれに相当するロシア語が与えられている。三語ほどかすれて読めないフランス語があるが、最初のun Brelan〈手札三枚のトランプ遊戯〉から最後のgrabat〈粗末な寝台〉にいたるまで、一貫性のある単語が並んでいるとは思われない。

それにつづく六ページ目はやはりロシア語で「よく知られない稀用語」として四語のフランス語が挙げられている。このうちhure〈マストの飾〉、hunier〈上檣帆〉、avarie〈海上の損害〉は船舶に関係があるが、最後のEmeri〈金剛砂〉はどうであろうか。

下巻に移ろう。

第一ページ目は例の識語。その下に何か英語のポケット辞書の書名のようなものが書きつけられているが、貼り紙が貼りつけられているために読めない。その紙葉には上記のように「一番甲　魯辭／　魯西亜辭書……とあることは上述した。

二ページ以下は「辞書にない語」である。ただ、こちらにはRouge-quere〈ジョウビタキ〉、Rollier〈ブッポウソウ〉、Palmipède〈水かき鳥〉さらにoiseaux péagiens〈遠洋の鳥〉など鳥に関係する語彙の多いのが興味深い。

四ページの下から五ページの全体にかけては英語でよく使われる省略表記が三〇あまり列挙され、それぞれが何を意味するかが、主として英語、ときにラテン語、ロシア語、イタリア語などを使って示されている。略語の種類は多岐にわたっている。

最後の省略表記のリストはインクの色にムラがないが、上下巻ともに「辞書にない言葉」の場合にはインクの色に濃淡がある。これは、さまざまな単語が一度にではなく、間をおいて書かれたためであろう。

これらの書き込みによって、われわれはゴロヴニンが相当に几帳面で、用心深い性格の持ち主であったことをうかがうことができるだろう。

注

（1）平川新氏らの研究によるとして『朝日新聞』（二〇〇五年一〇月一八日夕刊）に紹介された。
（2）リコルドの手記は馬場佐十郎以後何回も邦訳されている。現在入手しやすいものとしては、井上満訳「艦長リコルドの手記」『日本幽囚記』下巻のうち、一九四六年（初版）、岩波文庫。その後何回も版を重ねる。徳力真太郎「海軍少佐リコルドの手記」『ロシア士官の見た徳川日本』のうち、一九八五年初版、講談社学術文庫。『通航一覧』に引用されているのは馬場がはじめた「遭厄日本紀事」である。

（3）ゴロヴニンの手記も馬場佐十郎以後何回も邦訳されている。現在入手しやすいものは上記と同じ。井上満『日本幽囚記』上、中、下、一九四三～一九四六年、岩波文庫。徳力真太郎『日本俘虜実記』上、下、一九八四年、『ロシア士官の見た徳川日本』、一九八五年。

（4）拙著『ロシアの木霊』、風行社、二〇〇六年、一六〇～一六七ページ。

（5）拙著『おろしや盆踊唄考――日露文化交流史拾遺』、現代企画室、一九九〇年、一八六～一九八ページ。

（6）このオランダ語訳が葵文庫にはいっている。一九七〇年発行の目録によると次のとおり――Golownin, W. "Mijne lotgevallen in mijne gevangenschap bij de Japanners". 2dln., Dordrecht, 1817-18, 2v.

（7）石山洋「蕃書調所に移管された紅葉山文庫洋書の考察」『実学史研究Ⅸ』、思文閣出版、一九九三年、三三ページ以下。

追記　本稿執筆の契機となったのは、しずおか世界翻訳コンクール一〇周年と静岡県立中央図書館八〇周年を記念して、二〇〇五年九月に静岡市で《「しずおか」の貴重書》と題する古文書と古書籍の展覧会が開かれ、問題の仏露辞書の上下二巻が合わせて展示されたことである。

五　研究ノートから

淡路島に花開く日露交流

淡路島五色町にて

「菜の花が真っ盛りでした。黄色が海の青に映えて、それはきれいでしたよ」と話しだすと、まわりの人々が不思議そうな顔をした。「菜の花の咲くのは桜のころです。夢でも見てきたのではありませんか」という声もあった。その中に千葉県に住む人が一人だけいて、「南房総ではもう咲いています。今年は早いらしいんです」と救いの手を差し伸べてくれた。これでやっと私が淡路島へ出かけたことが信用してもらえた。

淡路町の五色町は、『菜の花の沖』の主人公である高田屋嘉兵衛の生まれ故郷である。もっとも、嘉兵衛の生まれたころは淡路島の西海岸にあるこのあたりは都志（つし）村と呼ばれていた。この浜で貧しい少年時代を過ごし、二〇歳をこえたころになってようやく親類をたよって港のある兵庫に出た。彼の古里での生い立ちや兵庫で船乗りになった経緯については、司馬遼太郎氏の大作『菜の花の沖』に生き生きと描かれている。いや、司馬氏の筆は嘉兵衛の全生涯にわたっていて、非凡な才知と度胸と運命にめぐまれた主人公の波乱万丈の生き方を、読者に充分納得が行くように提示してくれている。司馬氏のこの長編小説は、一九七九年から一九八二年まで二年あまりにわたってサンケイ新聞に連載された。その後は単行本や文庫本になって発行されている。テレビ・ドラマにもなったから、大ベストセラーといっても過言ではない。

むろん高田屋嘉兵衛の名前は司馬氏が小説にする前から、燦然と日本史の中で輝いていた。古くから嘉兵衛のことはよく知られていたわけである。嘉兵衛の起こした海運業者である高田屋は、ロシアとの間で密貿易を行なったという嫌疑を受けて幕府によって取りつぶされたものの、明治一三年には嘉兵衛が蝦夷地との通商の道を開いたことを賞されて孫の高田鶴喜代氏に日本政府から二五円が下賜された。また明治四四年になると、嘉兵衛は北海航路開発の功を認められて最上徳内や近藤重蔵らとともに、正五位の位記を追贈されている。このことを記念するため、大正年間になってから、海岸の近くに記念碑が建立された。そこには嘉兵衛の人柄と事績が漢文で彫られている。高さが六メートルあまりの花崗岩の巨石を、私も仰いできたばかりである。

それほどよく知られている嘉兵衛について、私は何か新しいことを加えるものではないが、淡路島を訪ねて感銘を受けたのを機会に、あらためて嘉兵衛の偉業を振り返ってみたくなった。

蝦夷地（北海道）へ

嘉兵衛の伝記の中でまず驚かされるのは、出世の早さである。彼は二一歳のとき、はじめて船の最下級の水夫ともいうべき炊事係になった。西暦でいえば、一七九〇年である。それが三年後には長い航海をする船の船長になり、一七九八年には自前で船を動かす船持船頭となり、箱館に店を出した。クリル諸島の中でも最南端にあるクナシリ島から北のエトロフ島にわたる航路を開いたのは、その翌年の一七九九年のことである。一八〇〇年には、自分が所有する五隻の船をひきいてエトロフ島にわたって開発にあたった。一介の水夫になってからたった一〇年の間に、おそらく当時の日本の中でも指折りの船舶業者兼漁業家に急成長を遂げたわけである。

私が今度淡路島で嘉兵衛の縁者の方からいただいた『高田屋嘉兵衛翁伝』（一九三三年刊）によると、財産没収時の所有船数が「五〇〇石以上の船舶が四五〇隻」だったという。これはちょっと過大評価かもしれないが、嘉兵衛の手で造船した幕府御用船として名前のあがっている船だけでも、小は三五〇石の瑞穂丸と栄通丸から大は一五〇〇石の万全丸と翔鳳丸まで、全部で四一隻を数える。

長男の嘉兵衛をトップにいただく高田屋がこれほど急速に勢力を伸ばしたのは、幕府が折しも蝦夷地の経営に本腰を入れはじめた政策とうまく歯車がかみ合ったからである。長いあいだ蝦夷地は松前氏の所領とされてきたが、まず一七九九年に東半分が幕府の直轄地となり、一八〇七年には蝦夷全地が幕府奉行の支配を受けることになった。その動きはロシアの東方進出とも深く関わっていた。

アダム・ラクスマンに伴われて大黒屋光太夫が根室に戻ったのが一七九二年、そのとき入手した長崎入港許可書を持参してレザーノフ使節が日本へ来航するのが一八〇四年である。レザーノフはいかなる成果もあげられずに帰国するが、彼の命を受けたロシアの海軍士官フヴォストフらが、一八〇六〜一八〇七年にサハリンやエトロフ島を襲撃した。番屋を焼きはらい、日本人の番人たちを拉致していった。周章狼狽した幕府は、東北の諸藩から三千人もの武士を動員して、北辺の警備に当たらせた。その結果、一八一一年に水を求めて上陸したロシア軍艦ディアナ号の艦長のゴロヴニンらが、クナシリ島で日本側に逮捕されるという事態になった。

カムチャトカへ

嘉兵衛は思わぬ形でこの事件に巻き込まれた。一八一二年の夏、持船観世丸に乗ってクナシリ沖を航行中、ゴロヴニンに代わるリコルドを艦長とする軍艦によって捕らえられたのである。リコルドたちはゴロヴニンらの救出を策して、この海域で待ち伏せていたのだった。

感心するのは、嘉兵衛が少しもあわてなかったことである。彼が二人の弟に宛てて書いた手紙がある。ロシアの軍艦につかまって二日後、いよいよカムチャトカへ向けて出帆する直前に書かれたものである。現代風の文章にしてみればこうなるだろう。「拙者儀、この度天運が尽きたのであろうか、異国へ行くことになった。しかし、其方両人、なおまた弥吉［息子］や其他の者たちも心配は無用である。お役人方の気持も少しはわかっているので、先方と掛け合いをするつもりである。だが、決して日本のためにならないことはしない……」

この手紙には筆の乱れも文章の渋滞もなく、嘉兵衛が実に肝のすわった人間で、頭脳がいかに明晰だったかをよく示している。嘉兵衛は自分独りでカムチャトカへ連行されることを望んだが、ロシア側が心配して、四人の日本人従者と一人のアイヌ人を同行させた。この件をめぐっての意志の疎通はすべてジェスチャーによっている。手紙では、「しかた」（仕方）と言う言葉で表現されている。手や足や顔などの身体部位をつかって意志を伝えあったのだろう。

嘉兵衛が度を失わなかったのは、なぜ自分がつかまったか、その理由がわかっていたからである。また、これはさらに重要なことであるが、どうすれば事件が解決するかも察していた。フヴォストフらの行動がロシアの政府の正式な命令によるものではなく、個人的な発意にもとづくもので、一種の海賊的な行為であったという釈明があれば、ゴロヴニン以下を釈放してもいい、というのが松前奉行以下の当局者の肚だった。嘉兵衛はそのことをよく知っていたにちがいない。

だが、嘉兵衛はどのようにして自分の考えをリコルドに伝えることができたか。

その鍵は、のちにリコルドが書いた手記の中にあった。「相互に理解し合いたいという私たちの願いは、冬の間を通して、私と嘉兵衛の二人だけの言語を発明したことで、まもなく、時には抽象的な事柄まで共に話をすることができるようになった。」（『対日折衝記』と題されたこの手記を訳した斉藤智之さんは五色町にある高田屋顕彰館の学芸専門員である。）〈二人だけの言語〉がいかなるものであったか興味津々で、コミュニケーションの歴史上特筆に価する事例であるが、今となっては想像する以外にない。

この年の冬を嘉兵衛はカムチャトカ半島のペトロパヴロフスクで過ごした。彼の尽力によってゴロヴニンらが釈放されて一件落着するのはその翌年である。

子孫たちの交流

リコルドは付き合いを深めるほどに、嘉兵衛の人柄と教養に深い尊敬の念をいだくようになった。ゴロヴニンが嘉兵衛と交際したのは、帰国直前の箱館での九日間にすぎなかったが、彼を「尊敬すべき老人」と呼んでいる。

ここで話は、上記の歴史的事件から一気に現代にとぶ。

嘉兵衛とリコルドとゴロヴニンの三人の主役たちが、時代の荒波の中で予期せぬ出会いを果たしてあわただしく別れなければならなかった無念さを埋め合わせするかのように、彼らの子孫たちが嘉兵衛の生

カムチャトカで机をかこんで語り合う嘉兵衛とリコルドの像
(原案：ナターリア・マクシーモワ)

まれ故郷である五色町で落ち合ったのは、一九九九年の一〇月のことだった。ゴロヴニンの子孫のピョートルさん、リコルドの子孫のアナトーリイ・チホツキイさん（リコルド家は男系が絶え、姓が変わったのである）、嘉兵衛から七代目の高田嘉七さんが一堂に会したのである。時候は秋だったから菜の花が咲いていたはずはないが、もう「菜の花ホール」は開館していたことだろう。

それ以後も五色町はロシア海軍の本拠地のあるクロンシュタット市と姉妹都市になったり、クリル諸島からビザなしで来日したロシア人を受け入れたり（思えば、クナシリ島はゴロヴニンが捕虜となった場所であり、翌年その沖合で嘉兵衛の船が拿捕されたのだった）、ペテルブルグの若者たちを招いたりして、祖先が打ち立てた友愛の関係を深めている。

淡路島中央部の西海岸にある五色町（行政的には洲本市の一部になった）のリクリエーション施設の別名は高田屋嘉兵衛公園であるが、その中心部の小高い丘に嘉兵衛とリコルドが並ぶ全身像が立っている。また「菜の花ホール」のある歴史文化資料館の中には、嘉兵衛とリコルドが越冬中のカムチャトカで机をかこんで語り合う場面が青銅で再現されている。このブロンズ像の原型の作者は画家ナターリア・マクシーモワさんの由。ナターリアさんはペテルブルグ在住の画家で、日本各地に知人をもつ人である。私も二〇年ほどのお付き合いがある。世間は広いようでも狭い。

今度の旅では、淡路島独特の人形浄瑠璃の演目に高田屋嘉兵衛の冒険を取り上げた語りを聴く機会にめぐりあえた。女性の演者による声量豊かな語りだった。声だけは、紙上で再現できないのが残念である。

ニコライ大主教の手紙

先だって偶然のことから、日本のハリストス正教会の創始者聖ニコライの自筆の手紙に接する機会があった。聖者にとっては最晩年にあたる一九〇九年（明治四二年）に、名古屋の正教会に勤務する伝教者（司祭の指示を受けて布教に従事する者のこと）の一人薄井ピーメンに宛てたものである。

薄井一家は奥州佐竹藩出身の正教会では有名な一族で、ワシリー薄井忠治は奥州各地の伝教者を振り出しに、小田原、岡山などの司祭を勤めた。ワシリー司祭は大家族で知られたが、ピーメン忠一はその長男で、ニコライがつけていた日記には一八九六年八月二七日（邦暦）の項に、神学校の新入生としてはじめて登場する。ときに一三歳だった。初対面のときに帽子がほしいとせがみ、同時に将来ロシアの神学大学で学びたいという希望を述べた、とニコライの日記にある。

入学して六年目に不慮の脚部の疾患のせいで学業を継続して司祭になる希望を絶たれた。しかし、伝教者の資格を得て、ニコライの日記にあらわれるだけでも、小田原、名古屋、岡山などの正教会で勤務した。

ここに紹介するのは、一九〇九年一〇月二九日付けのニコライ大主教よりピーメン薄井あての手紙であり、同日のニコライ日記に本状発信のことが記載されている。なお、それから一週間後の一一月五日の日記を見ると、ピーメン忠一は雑誌『ストランニク』（巡礼者）の購読を願い出ている。

ニコライの日記から明らかなことは、ピーメン薄井はその明朗闊達で機敏な性格によって神学生時代からたいそう大主教のお気に入りで、思わぬ事故によって司祭となる道を閉ざされたことについて、大主教は大いに同情していた。

実は、一九〇九年のニコライ大主教の手紙と同時に、一九二〇年二月付けの一亡命ロシア人から薄井ピーメンに宛てた手紙も同時に発見されている。その手紙によっても、ロシア革命後、彼ピーメンがいかに宗教をともにするロシア人に同情と援助を惜しまなかったかがわかる。

本書簡の翻刻にあたってはL・エルマコーワ、E・サーブリナの両教授のご協力をいただき、邦訳にさいしては清水俊行助教授のご助力をうけた。

（ニコライ大主教の書簡の邦訳）

一九〇九年一〇月二九日（明治四二年、日付は露暦ではなく、グレゴリオ暦）

東京

ピーメン・ワシーリエヴィチ殿

あなたの私物として以下の本を送ります。一巻ものの『諸聖人伝』。この本は、あなたの説教や青年向けの講話に大いに役立つことと信じます。それからクロンシュタットのイオアン神父の説教を収めた冊子を七冊。これらの説教のほとんどは日本語に翻訳されています。しかしあなたはロシア語がよくできるので、原文を見ることによって尊敬すべきこの説教の名手のすべての考えを一層明瞭に理解することができるでしょう。

これらの書物を自分の所有物として大切にし、キリストにおける兄弟姉妹を教え導くために、また自分

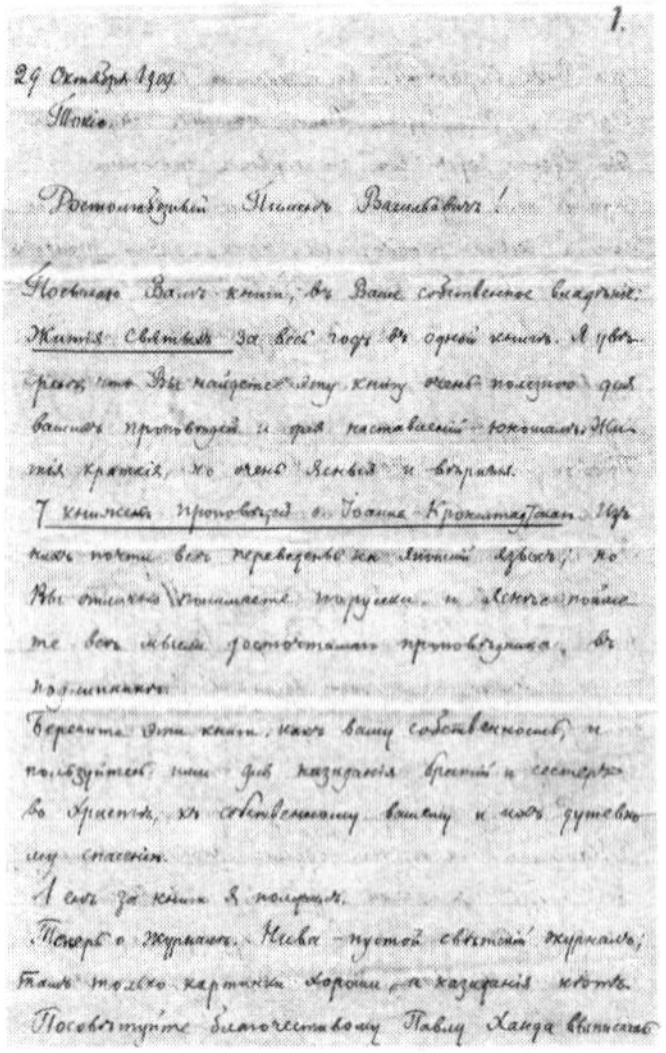

1.

29 Октября 1909.
Токио.

Достопочтенный Пименъ Васильевичъ!

Посылаю Вамъ книгу, въ Ваше собственное владѣніе:
Житія Святыхъ за весь годъ въ одной книгѣ. Я увѣренъ, что Вы найдете эту книгу очень полезною для вашихъ проповѣдей и для наставленій юношамъ. Житія краткія, но очень ясныя и вѣрныя.
7 книжекъ проповѣдей о. Іоанна Кронштадтскаго. Изъ нихъ почти всѣ переведены на японскій языкъ; но Вы отлично понимаете по-русски и лучше поймете всѣ высокія достоинства проповѣдника, въ подлинникѣ.
Берегите эти книги, какъ вашу собственность, и пользуйтесь ими для назиданія братій и сестеръ во Христѣ, къ собственному вашему и ихъ душевному спасенію.
1 енъ за книги я получилъ.
Теперь о журналахъ. Нива — пустой свѣтскій журналъ; тамъ только картинки хороши, а назиданія нѣтъ.
Посовѣтуйте благочестивому Павлу Ханда [illegible]

ニコライ大主教の手紙の冒頭

自身の霊的な救済を受けるために、利用してください。

書籍代として一円を受け取りました。

次に、雑誌について。『ニーワ』（耕作地）は空疎で世俗的な雑誌です。その中で良いのは写真だけで、為になることはありません。あなたのために『ストランニク』（巡礼者）を申し込むよう、篤信なパウェル半田に助言してください。これは宗教的で、真面目な雑誌です。一遍読んだあとも保存しておけば、いつまでも役に立つでしょう。

それのみならず、この雑誌にはたくさんすばらしい付録がつきます。それは、たとえば、『聖書注解』のように、きわめて必要なものでもあります。今年分の広告を同封します。もちろん、来年も同様な条件で発行されるでしょう。これは多年にわたって発行されている雑誌です。（発刊は一八六〇年）

パウェル半田と相談してください。もし彼が購読に賛成すれば、この雑誌が最善です。

雑誌は送料込みで一一ルーブリつまり、一一円五〇銭です。一ルーブリは一円四銭五厘だからです。

もし、半田氏にとって値段が高すぎて『ストランニク』を購読できないとしたら、『キリスト教徒の休息』があなたの役に立つでしょう。それは外国への送料込みで五円二五銭です。

上記の雑誌のうちどれかを購読することに決めたら、直接名古屋のあなたのところへとどくよう、私が申し込んであげます。その場合のアドレスを知らせてください。

ところで、あなたは以下の書物をもっていますか。『アウグスチヌスの基礎神学』、『マリノフスキーの定理神学』の上巻、『ヘラスコフのモーセ五書入門』、『アファナーシエフの旧約聖書注解書』。ここにあげた本のすべて、あるいはその一部でももっていなかったら、知らせてください。送ってあげます。ロシア語の聖書はもっていることでしょうね。

あなたの信徒たちは「先生はよい兄弟をおもちです」と言うそうですが、私も同感です。

あなたの書くロシア語はとても見事です。文法的にも、間違いがほとんどありません。ただし、手紙の書き出しに〈Vysochaishii Vladyka〉（主教陛下に相当）とは書きません。Vladyka（主教以上の高僧）の前に敬称をつけるとすれば、大主教なら〈Vysokopreosvyashchenneishii〉（座下）、主教なら〈Preosvyashchenneishii〉（日本語では同じく座下）と書きます。

ペトル神父によろしく。パウェル半田や教会のすべての信徒の人々にもよろしく。

あなた方を愛する僕《しもべ》で、あなた方のために祈っている　　ニコライ大主教

異国に漂う祖国のにおい――草の根から芽ぶいた日露交流

来日ロシア人研究会

日本の民衆が初めてロシア人を見たときの興奮ぶりはすさまじいものだった。

江戸後期の寛政五年（一七九三年）の夏、アダム・ラクスマンを使節とする一行が箱館（現在の函館）に入港した。伊勢の国の漂流民大黒屋光太夫と磯吉を送り届けに来たのである。彼らを乗せたエカテリーナ号は湾内で無数の小舟にとりかこまれた。なかにはロシアの船の甲板によじのぼろうとする者さえいた。日本側の役人たちは擢をふるってヤジ馬を追い散らさなければならなかった。ラクスマンが航海日誌にそう書き留めているのである。ペリーやプチャーチンが来航するより六〇年も前のことである。箱館の町民は純粋な好奇心に駆られるままに、はじめて見る異国船に群がったのである。

さてそれから二一〇年あまりが経過した現在、事態はすっかり沈静化していても驚くにあたらない。私はここ数年間、来日ロシア人研究会という公開の集まりに顔を出している。最初この会は亡命ロシア人研究会と名乗っていたが、「亡命」の二字に暗い響きがあるという意見が大勢を占めて、改称した。この会自体は民間交流そのものを目的とするものではないが、政府と民間を問わず日露間のさまざまな交流や日本へやってきた個々のロシア人の運命が関心の対象になっているのである。むろん常連の出席者の中にはロシア人も少なくない。

草の種が風に飛ばされるようにロシア人が世界中に散らばったのは、一九一七年の革命のあとである。その正確な数はわからないが、革命直後の五年間におよそ二〇〇万人に達したという説がある。そのうち日本へはどれほどのロシア人がやって来ただろうか。むろん細かく数えられてはいないが、記録にのこっている限りでは、一〇〇〇人前後と極端に少ないものだった。それには理由があった。革命は労農派と称する赤軍派と、かつての支配階級を支持する白軍派の闘いだった。祖国を追われた有産階層や知識人の大部分はヨーロッパの隣接する国々、それにドイツやフランスをめざしたのである。シベリアに向かったグループも満州を経由してアメリカに渡っていった。当時の日本へ来ても、生計をたてられるチャンスは極端に乏しかったからだ。

そうはいっても、日本にとどまってロシア文化を立派に芽ぶかせた人々がいたことも事実である。革命以前から御茶ノ水のニコライ堂に拠る正教会は別格としても、たとえば、日本のチョコレート王と称されるモロゾフ家のコスモポリタン製菓、プロ野球で年間四二勝という空前絶後の記録を打ち立てたスタルヒン投手、バレエを日本の土壌に根づかせたエレーナ・パヴロワやオリガ・サファイアなど、白系ロシア人の貢献はすこぶる顕著なのである。絶対数が少ない割に、存在感は大きいのだ。革命で祖国を追われた人々は初めから民間外交を意図していたわけではなかったけれども、文字どおり、「地に落ちた一粒の麦」となってロシア文化を広める役割を果たした。その白系ロシア人の血を引く人たちがまだ健在なので、彼らから体験談を聞き取り、そのライフヒストリーを記録しておくことも来日ロシア人研究会の主要な目的の一つとなっている。

姉妹都市のかずかず

これも民間団体であるが、ユーラシア研究所が『日本のなかのロシア』という本を出版している（編集は長塚英雄と『日本とユーラシア』編集部）。副題は「ロシア文化と交流史跡を訪ねる」で、興味津々の内容を含んでいる。私はこの本を見てはじめて知ったのだが、日本の多くの自治体がロシアの自治体と姉妹の契りを結んでいる。たとえば、東京はモスクワ、大阪はサンクト・ペテルブルグ、京都はキエフと縁組をしている。キエフは今やウクライナの首都であるが、ロシアという国の発祥の地、ロシア人の魂の古都として、京都に釣り合っている。

北海道は全体としてサハリン州と姉妹自治体の関係にあるほか、札幌はノヴォシビールスク、函館はウラジヴォストークとユジノサハリンスク、小樽はナホトカ、釧路はサハリンのホルムスクと縁を結んでいる。この本の地図を見ると、二〇〇一年夏の時点で北海道の一四の市や町がロシアの都市と姉妹の契約を結んでいるが、九州と四国にはそういう都市は一つもない。他方、本州はといえば、右に挙げたビッグスリーは別として、秋田、酒田、新潟、金沢、敦賀、舞鶴というように、日本海に面した主要な都市がすべてロシア側にパートナーをもっている（富山は県全体が沿海州地方と姉妹関係）。このような分布から、日本とひと口にいっても、北へ行くほどロシアに対する関係と関心が濃密で、太平洋側より日本海側のほうがロシアと結びつきが深いことが一目瞭然である。

『日本のなかのロシア』は評判がよかったらしく、続編が出版された。そこには渡り鳥マップも掲載されている。シベリアでは冬になると大地も湖沼も凍りついてしまうので、たくさんの鳥たちが日本を避寒地としている。ツル、ハクチョウ、カモ、ハクセキレイなどを迎え入れる北海道の河川と湖は、風蓮湖、屈斜路湖、ウトナイ湖をはじめ、二〇地点を超えている。東北地方や新潟県にも彼らを受け入れる川や湖がある。面白いのはツルの越冬地が九州や四国にまで広がっていることである。地表であくせくしている人間に比べると、鳥のほうがはるかに自由に二つの国を行き来していることがわかる。彼らには姉妹関係などという約束は不要なのだから。

ロシアの中の日本

欧米をはじめとする諸外国にスシ・バー的なレストランが出現したことは、かなり以前から耳にしていた。西洋人でも刺身をつまんだり、海苔をかぶせたおにぎりにかじりついたりするのが奇異な現象ではなくったのである。その流行がついにモスクワにも及んでいるのを、私は二〇〇二年の秋に目のあたりにした。ロシア人に味噌汁は無理、紙のようなノリも禁物、いわんや寿司はタブー、という昔の神話は崩れ去ったのだ。

〈ヤキトリヤ〉という看板が町の盛り場で目についた。モスクワ市内に一〇店ほどはありそうである。〈イズミ〉と名乗る日本レストランも何店かある。そのほか、単独のレストランでは〈鎌倉〉、〈富士〉、〈札幌〉、などなど。ロシア人の友人の話では、和食店はイタリア料理や中国料理のレストランより目立っているという。

私が留学していた一九七〇~七一年には、外で日本料理を食べようとすれば、モスクワ市内にただ一軒の〈さくら〉というレストランに行く以外になかった。今のところ〈ヤキトリヤ〉はかなり繁昌していて、食事どきには広い店内が満席になることすらある。ここでは焼き鳥だけでなく、寿司やラーメンなどもメニューに入れている。私の経験では、客の中に日本人の姿を見かけたことはなかった。モスクワでは、日本料理を食べることが流行になっているらしい。

もっとも、ロシア人の日本文化受容は彼らなりに独特である。私の滞在中に、日本大使館の近くのホールで「和服と生け花」の展覧会があった。開会式に招かれて行ってみると、和服をまとったファッションモデルの何人かがハダシで現れたのにびっくりした。そのキモノも、前身頃のバストのあたりがこれ見よがしに、レース状に透けている大胆なデザインである。

極めつけは、車である。タクシーの運転手たちに聞くと、トヨタ、ミツビシ、ホンダ、ニッサンなどはロシアのドライバーたちには憧れのブランドであるという。高価だけれども、性能がずば抜けている、という評価である。車の品質のよさがすべての日本製品のイメージの保証になっているらしい。

〈ヤキトリヤ〉のイメージも同様で、東京にある回転寿司や赤提灯に比べて、値段が相当に高めなのである。それでも余裕のある階層の連中は日本食がダイエットに有効であると信じこんでいるらしい。肉類よりも魚を中心とする日本食メニューが健康的なことは確実だから、日本ブームは続いてもらいたい。

二〇〇二年に私はイルクーツク市を訪ねたことがある。かねてから町の真ん中に〈金沢通り〉があると聞いていたので、ガイド役のドライバーに連れて行ってもらった。確かに目抜き通りからちょっと脇にはずれた場所に標識がかかっていた。イルクーツクは金沢の姉妹都市なのだ。その通りには、漂流民の大黒屋光太夫一行にささげられた記念碑も立っていた。彼らは一八世紀の末に二年あまりをここで過ごし、仲間の何人かはこの町に骨を埋めたのだった。二〇〇年の時間をこえて、その一角には日本のにおいがした。

浦潮空港の一夜

三年ぶりに訪れたウラジヴォストーク（昔風に以下では浦潮と表記する）の冬には雪がなかった。といってもそれは街路だけのことで、木立の下や建物の陰には多少とも消えのこっていた。土地の人の話では、やはり今年は例年より雪が少ないとのことだった。それが油断のはじまりだったかもしれない。

着いて三日目、火曜日の朝から雪が降りはじめた。寒さも増した。その日はひっきりなしに降りつづけ、訪問先の博物館と隣り合わせの書店をのぞくにも、厚いコートに身をかため、ロシア製の毛皮の帽子をかぶる必要があるほどだった。夜になっても雪の勢いは衰えない。ホテルの部屋のガラス窓から外を見ると、風も相当に出ていた。もともと浦潮は風の強さで知られているのだ。

宿舎のホテルはヴァンクーヴァというスーパーと向かい合っていた。ソビエト風の国営の食料品店は姿を消して、新しいタイプの商店が出現しているのだ。右側が坂の下手にあたっていて、多分金角湾に通じているらしい。その方角からはげしく風が吹き上げて、道路につもったばかりの新雪を巻き上げる。道に捨てられていたビニールの空袋が夜空に向かって舞い上がり、落ちてくる途中でステップを踏むように左右に揺れ、地上に着かぬうちに新しい風でまた坂の上に飛ばされる風情は、天狗が気まぐれに大団扇をあおいでいるかのようである。私は小一時間この光景を眺めていた。

翌朝も雪は降りやまなかった。窓を眺めると、スーパーのはいっている五階建ての建物の屋上にもかぶさるように雪がつもっていて、風が吹くたびに雪庇から雪煙が上がるさまが美しかった。ただその翌日の木曜日は帰りのフライトの予定日である。この天候でも飛行機は飛べるだろうかとちょっと心配になってきた。夕方になって雪はやんだ。

当日の朝は曇天だった。飛行機の出発時刻は午後一時過ぎである。ヴェーラさんが一〇時に迎えに来た。ヴェーラさんは探検家として名高いアルセーニエフの名前を冠した沿海州国立博物館の学芸員である。私は彼女と二〇年ほど前、ノヴォシビールスクの国際学会で知り合った。互いにロシア正教会の中の旧教徒と呼ばれる一分派を専門領域としているので親しくなり、今回も研究上の打ち合わせに私はこの町を訪れたのだった。仕事熱心な彼女は今では博物館の一つの部の部長のポストについている。

正午まで飛行場は閉鎖だそうです、と開口一番彼女が心配そうに言った。では、午後から飛行機は飛ぶわけだ、と私は反射的に考えた。その考えが甘かったことは空港に着いてすぐにわかった。飛行機の出発を示す掲示板に、新潟行きのフライトの表示がないのである。ときどき、くぐもった声のアナウンスがある。聞きとれないのでヴェーラさんに尋ねると、今のはモスクワ行きの飛行機ですとか、カムチャトカやイルクーツク行きの案内ですという。滑走路はどうやらはたらいているらしい。そのうちにやっと新潟行きのフライトについては、午後三時にお知らせしますというアナウンスがあった。そのお知らせの時刻が五時、六時半と次第にずれこんでいった。

この空港は待合室が国際線と国内線に分かれている。私のまわりには韓国の釜山へ行くロシア女性とその娘や、北朝鮮の平壌へ帰る出稼ぎ労働者の一群などがいた。行き先が「ピョンヤン」と書かれた大小のダンボールが山のようにもちこまれた。ダンボール自体は中古で、中には日本製の電気器具の容器だったものもある。もちろん、新潟へ戻るらしい日本人やロシア人もいた。彼らは三々五々かたまっている。みんな辛抱強く待っている。飛行機が遅れることで失望の表情はあらわれていても、格別に不平がましい声は聞かれない。空港側のアナウンスでも「申し訳ありません」などという謝罪の言葉は、いっさいない。気象のせいにせよ何にせよ、物事の予定というものはどんなに狂っても動顚しない、というのがロシア流である。私はベンチで待っている間に釜山へ行く親子と話を交わし、小学三年生になる娘のスヴェータの学校の成績やら一週間の塾がよいのプログラムを暗誦できるほどになった。子どもでもピアノ、バレエ、英語と連日多忙なのである。母娘の旅の目的は、ドイツの貨物船に機関士として乗り組んでいる父親が釜山に入港するので、久しぶりの面会に赴くとのこと。

ヴェーラさんには運転手づきの車があるので私は大船に乗った気でいたのだが、念のために尋ねると、空港から市内までのバスの連絡は取りやめになっているらしい。この町には空港から市内への地下鉄の便があるわけではない。ときどき待合室までタクシーの運転手が客をあさりに来る。

やっと七時を過ぎたころ、本日の新潟便は取りやめ、明日の午前中に飛びます、という放送が流れた。それからのヴェーラさんの行動がすばやかった。彼女は国内線待合室のある別の建物へ出向き、ロシア語でアドミニストラートル（辞書にも適訳がない、宿泊施設管理主任とでもいうべきか）のもとへ掛けあいに走った。走ったといっても、建物の外は、氷が張りつめているのである。用心深く急がなければならない。私もあとにつづいた。大きなスーツケースは運転手のパーシャがひきずってくれる。ここでも待つこと一時間あまり、とうとう空港付属のホテルに無料の部屋を与えられることになった。

このアドミニストラートルのおばさんが偉観だった。五〇代のマトリョーシカ然としたご婦人で、どう贔屓目に見ても体重は一〇〇キロを下らない。旧ソビエト風の官僚主義を絵に描いたようなタイプで、こちらのパスポート、航空券の番号を念入りに検査し、実に傲然と許可証を発行してくれた。部屋が実際にあるかどうか確かめると言っていったん外へ出るときには、コートを着用してスカーフをかぶり鏡で自分

の身なりを点検する作業に優に五分はかけた。

空港から問題のホテルまでは、薄暗い街灯に照らされた五〇〇メートルほどの道のりである。凍てついた細い道をおっかなびっくり歩く。どうやら、この宿は空港職員や乗務員などの宿泊所らしい。それでもこのさい、文句を言える状況ではない。部屋が足りないので、私はもう一人の日本人と相部屋ということになった。ヴェーラさんとパーシャが荷物を運んでくれる。この日一番驚いたのは、ホテル側のアドミニストラートルからキーをわたされ、七階の部屋にたどり着いたとき、そこには先客がいて、ぐっすり寝込んでいたことである。それでもヴェーラさんはあわてず騒がず、しつこくドアをたたいて相手を起こし、毅然とした態度で若い男を部屋から追い出して私たちを中に入れてくれた。そこには普段の印象とまったく異なる彼女がいた。

あとになって、浦潮のヴェーラさんからeメールが届いた。私たちの部屋を占拠していたのは、名前が「ア」ではじまるロシアで人気の高い有名なロックバンドのメンバーだったそうである。自然界にかぎらず、予想外のことが起こるところがいかにもロシアらしかった。

思いがけず私と同じ部屋に泊まることになった日本人は、畳半帖くらいの大きさの黒いビニールの包みをかかえていた。姓は白田さんという人である。風邪をひいて咳がとまらないとのことで、顔にマスクをしている。私はヴェーラさんの機転のおかげで、昼飯も夕飯もすませていたけれども、白田さんは朝飯を食べてから十数時間何一つ口に入れてないという。

そこで、部屋を確保してから私たち二人は一階の食堂に向かった。白田さんはこういうときのビールが実においしいのですと楽しみにしていたが、この食堂にはアルコールの類いが一切置いてないことがわかって、大いに落胆した様子だった。ただし、紅茶はセルフサービスで、アルマイト製の大きな薬缶がカウンターに置かれていた。値段を聞くと、二ルーブリ（一〇円）だという。白田さんは食事にとりかかる前に、グラスに五杯たてつづけに飲んだ。二ルーブリは一杯分ではなく一人分の料金だった。

白田さんにビニール袋の中身を尋ねると、「この町で買った絵です」という。寝る前に「お宝」を見せてもらった。展覧会で気に入り、二万ルーブリを払って手に入れたのだそうだ。集合住宅の一室でロシア特有の広い窓枠に犬が長々と寝そべっている油絵である。女流画家の作品で、その画家の住んでいる住まいも訪ねた由。一九世紀に建てられた建物だったという。ほかにも、幾分小ぶりの作品が二枚ある。はじめ白田さんはヴェーラさんの質問に対して、浦潮の海に張った氷を見に来たと言っていたが、展覧会が本当のお目当てだったのかもしれない。話をしているうちに、白田さんは大のロシア通でこの国へ何回も来たことがあり、シベリア鉄道で浦潮＝モスクワ間を往復した経験さえあることがわかった。年齢は五〇代の半ばである。私は彼の職業を知りたくなった。「東京で、タクシーを運転しています」というのが彼の答えだった。

予想外のことが起こるのは旅の常で、それはロシアの自然やロシア人の場合に限らなかった。東京のタクシー・ドライバーの中に親露家で絵画のコレクターがいることは日本の誉れであろう、と私は感服した。

翌日新潟に着いてわかったことであるが、前の日には新潟地方では台風並みの強風が吹いて、鉄道の列車が止まり、空港では滑走路が閉鎖されていたという。浦潮から飛行機が飛ばなかったのは日本側に原因のあったことが判明した。

あとがき

人が書物の出版を企てる動機はさまざまである。本書について言えば、旧満州に住んだロシア人旧教徒たちのアルバムが一昨年の暮れにモスクワで発行されたことが大きな契機になっている。このアルバムに私はさまざまな形でかかわった。第一に、収められた写真の大半の撮影者である山添三郎博士の存在を発見したのが私だった。はじめてお目にかかったときに博士はすでに九四歳のご高齢だった。もっとも、その他の点では私の貢献はごく微力であったが、ロシアやアメリカの研究者たちの協力があって、立派な本が出来上がった。私はそのアルバムが一冊の書物の形に出来上がるまでの一部始終を書きたいと思った。書物の本体が執筆され、編集され、印刷されたのがすべて外国であるから、私の知り得た事柄は主観的な想像と伝聞に過ぎない恐れがあるけれども、異なる国籍をもつ七人の学者の共同作業の過程を、部分的にせよ、記録にとどめておくことはまんざら無意味ではないだろうと考えたのである。

ロシアの旧教徒（古儀式派と同義）は私の研究テーマの主要な柱となっているが、そのほかにも日露間の文化交流に私は関心をいだいている。とりわけ江戸期や明治維新以後にロシアを訪れた日本人、その反対に日本にやってきたロシア人が互いに相手の国でどのような待遇を受け、どのような印象を受けたか知りたいと思ってきた。そのような問題意識にもとづく文章を何編か本書に収めている。現代に近づくにつれて、人の往来は大衆的な観光旅行（マス・ツーリズム）中心へと変化してゆくが、それはそれで興味深い研究テーマであろうと思う。日露関係はアカデミックな国際関係論者だけの独占領域ではないからである。

私がロシアのことを勉強しはじめたのは半世紀も以前のことである。この間にソビエト体制が崩壊してロシアはふたたび市場経済の国に復帰した。国家の基盤をなすイデオロギーとともに制度が大きく変わったが、変わったのは国だけではない。人も変わった。私が付き合ったソビエト時代の知識人は御茶ノ水のニコライ堂（日本ハリストス正教会の総本山）にはいかなる興味も示さず、寿司や刺身は箸を持つ前から、毛嫌いしていた。しかし現代のロシア人にはそういう偏見は見受けられない。寿司バーばかりか、モスクワやペテルブルグにはもううどん屋が何軒か開業しているという。

昔に比べれば、日本人のロシア観にも大きな変化が生じていることを私は願っている。

本書に収めたのは、冒頭の一編をのぞいて、ここ数年のあいだに研究会の論文集や、雑誌に発表した文章である。風行社から『ロシアの風』を刊行したのが二〇〇一年、『ロシアの木霊』が出たのは二〇〇六年のことだった。本書をもって「ロシア」三部作が完結したことになる。三部作がそろって風行社から出版されたことに私は格別の喜びをおぼえている。

一冊の本でありながら文体が異なっているのは、文章のいくつかは講演記録だからである。一つひとつの文章の出典はまとめて示しているが、刊行に当たって多少とも手を加えている。編集にたずさわった犬塚満、伊勢戸まゆみのお二人に感謝したい。

二〇一四年正月

多摩市関戸にて　中村喜和

初出一覧

一　旧教徒たち

・『ロマノフカ村の日々』が世に出るまで……（書き下ろし）
・国境にこだわらなかった旧教徒（原題「国境にこだわらなかったロシア人たち」）……『しゃりばり』二〇〇〇年四、五、六号、北海道総合研究調査会
・ルーマニアのリポヴァン（原題「ルーマニアのロシア人旧教徒のこと」）……『なろうど』六二号、ロシア・フォークロア談話会会報、二〇一一年

二　漂流民たち

・大黒屋光太夫の足跡をたずねて（原題「漂流民の原語のことなど——一九六五年のロシア旅行をめぐって」）……池田哲郎編『日本語の探求　村山七郎先生生誕百年記念論文集』北斗書房、二〇〇八年
・『環海異聞』の中の人情（原題「『環海異聞』の魅力」）……『ナジェージダ』二二号、石巻若宮丸漂流民の会、二〇〇九年（講演記録・今村享嗣）

三　幕末・明治の人々

・橘耕齋正伝――帝政ロシア外務省に勤務した日本人の話……長塚英雄責任編集『ドラマチック・ロシア in Japan 第2集』生活ジャーナル社、二〇一二年
・万里小路正秀――思春期を露都で過ごした公卿留学生（原題「明治初期の公卿留学生万里小路正秀」）……長塚英雄責任編集『ドラマチック・ロシア in Japan 第1集』生活ジャーナル社、二〇一〇年
・「見覚えのため」――万里小路少年の写真の裏面をめぐって……『異郷』二九号、来日ロシア人研究会、二〇〇九年
・万里小路正秀のロシア語書簡（翻訳）（原題「公卿正教徒のロシア語書簡」）……『なろうど』五四号、ロシア・フォークロア談話会、二〇〇七年
・榎本武揚のペテルブルグ通信（原題「榎本武揚のペテルブルグ通信余話」）……『異郷』二七号、来日ロシア人研究会、二〇〇八年
・シベリアの月――榎本武揚の詩情……『なろうど』五七号、ロシア・フォークロア談話会、二〇〇八年
・『シベリア日記』現代語訳余滴（原題「榎本武揚「シベリア日記」現代語訳余滴」）……『なろうど』六〇号、ロシア・フォークロア談話会、二〇一〇年

四　日露文化交流の諸相

・秋田県の「ウラー」――日露のいろいろなつながり……『なろうど』六〇号、ロシア・フォークロア談話会、二〇一〇年

・エトロフ島合戦余話――陽助の白旗（原題「陽助の白旗――エトロフ島合戦余話」）……『異郷』三一号、来日ロシア人研究会、二〇〇九年
・ゴロヴニンのもたらした仏露辞典（原題「ロシアから伝わった仏露辞典の話――鎖国時代の日露文化交流の一面」）……柳富子編『ロシアの森へ』第二集、ナダ出版センター、二〇〇八年

五　研究ノートから

・淡路島に花開く日露交流……『異郷』二三号、来日ロシア人研究会、二〇〇七年
・ニコライ大主教の手紙（原題「ニコライ大主教の薄井ピーメン宛て書簡」）……『異郷』二一号、来日ロシア人研究会、二〇〇六年
・異国に漂う祖国のにおい――草の根から芽ぶいた日露交流……『外交フォーラム』二〇〇三年五月号、都市出版
・浦潮空港の一夜……『リャビンカ・カリンカ』二四号、二〇〇七年

人名索引

《か》

《さ》

《た》

《な》

《や》

《ら》

《わ》

中村喜和（なかむら よしかず）

1932年　長野県に生まれる
1962年　一橋大学大学院社会学研究科博士課程修了
日本貿易振興会（JETRO）勤務後，東京大学教養学部，一橋大学，共立女子大学で教壇に立ち，現在一橋大学名誉教授
1970～1971　モスクワ大学留学
1999年　ロシア科学アカデミーのロモノーソフ記念金メダル受賞
専　攻：ロシア文化史，日露文化交流史
著　書：『聖なるロシアを求めて』（平凡社，1900，第17回大佛次郎賞），『おろしや盆踊り唄考』（現代企画室，1990），『遠景のロシア』（彩流社，1995），『武器を焼け』（山川出版社，2002），『世界歴史の旅 ロシア』（和田春樹氏と共著，山川出版社，2013），『ロシアの風』『ロシアの木霊』（いずれも風行社，2002，2006）他
編著書：『イワンの暮らしいまむかし』（成文社，1994）『国際討論ロシア文化と日本』（彩流社，1995），『遥かなり，わが故郷』（成文社，2005）
訳　書：『ロシア中世物語集』（筑摩書房，1970），『ロシア民話集』（岩波文庫，1987），『ロシアの英雄叙事詩ブイリーナ』（平凡社ライブラリー，1992），ベローフ著『村の生きものたち』（成文社，1997），チェーホフ著『箱に入った男』他7編（未知谷，2008－2011）

ロシアの空の下

2014年3月1日　初版第1刷発行

著　者　中村喜和
発行者　犬塚　満
発行所　株式会社 風行社
〒101－0052　東京都千代田区神田小川町3－26－20
電話／Fax. 03－6672－4001
振替 00190－1－537252
印刷・製本　モリモト印刷株式会社

 ISBN978-4-86258-080-1